코리안 리더십

세종에 묻다

이영관 지음

(주)백산출판사

Prologue

한류문화는 아시아를 뛰어넘어 세계 전역으로 확산되며, 우리 민족의 문화적 창조성과 위대함을 세상 사람들에게 각인시키고 있다. 역사적으로 대륙문화와 해양문화를 통섭한 한민족은 문화적 다양성을 창조적으로 해석해 왔고, 고구려의 광개토대왕 때는 동북아의 강대국으로 발돋움했다. 통일이 되면 서울이나 부산에서 기차를 타고 개성과 평양을 거쳐 중국과 유럽의 명소들로 향하게 될 것이다.

역사적으로 로마제국을 탄생시킨 이탈리아반도는 한반도와 여러 면에서 닮아 있다. 기후도 우리와 비슷하고 국토의 면적이나 예술가적 기질뿐만 아니라 가부장적인 전통문화도 우리와 닮아 있다. 원형 경기장인 콜로세움 주변의 도로변에는 소나무가 위용을 뽐내고 있는데, 보면 볼수록 우리와 닮아 있음을 느낀다.

세월의 흐름 속에서 15세기에 혜성처럼 나타나 훈민정음을 창제하
며, 한민족의 위대함을 일깨워 준 세종대왕은 코리안 리더십의 초석
을 놓았다. 그는 훈민정음을 창제하는 과정에서 신하들을 힘으로 누
르거나 겁박하기보다 뜻을 같이 신하들과 밤을 지새우는 길을 선택
했다.

본래 충녕대군(세종)은 임금이 될 수 없는 처지였다. 그의 큰형이었
던 양녕대군이 모범적인 삶을 살았다면 충녕대군은 임금이 되지 못
했을 것이다. 하지만 충녕대군은 좌절하지 않았고, 왕자로서의 소임
에 충실했다. 또한 성군 정치를 펼친 세종의 품격을 생각해 보면 그
가 왕세자였던 양녕대군을 몰아내기 위해 음모를 꾸몄을 것이라고
상상하기 어렵다.

왕이란 하늘이 도와야 될 수 있고, 세상살이의 이치와 순리를 밝히
는 하늘은 스스로 돕는 자를 돕는다. 조물주는 인간에게 보석처럼 빛
나는 인생을 살 수 있도록 천부적 재능을 부여했다. 성공적인 인생을
살아가려면 글로벌 에티켓을 소중히 여기며 성실해야 하고, 자신에
게 주어진 임무를 빈틈없이 완수해야 한다. 또한 타고난 천부적 재능
을 발휘해야만 뛰어난 성과를 창출할 수 있다.

인생이란 꿈꾸는 순간부터 도전정신이 불타오르는 법이다. 인생길
에는 숱한 위기가 도사리고 있지만, 위기를 극복하고 나면 멋진 기회
들이 불현듯 찾아온다. 지도자는 독단적 의사결정을 경계하며, 환경

변화를 주도할 수 있는 창조적 해법을 모색해야 한다.

경영자는 탁월한 용인술로 적재적소에 인재들을 배치하며 난제들을 해결해 나가야 한다. 세종은 때론 엄한 군주의 모습으로, 때론 다정한 친구처럼 신하들과 소통하며 해법을 도출했다. 사람들은 누군가 자신의 고민거리를 들어주기만 해도 위로가 된다. 고민거리를 털어놓으면 누군가는 선지자의 눈빛으로 난제의 해법을 일러 준다.

우리의 삶은 전쟁에 비유된다. 자칫 방심하면 삶의 균형을 잃기 쉽고 행복과 거리가 먼 불행의 늪에 빠져든다. 마음이 통하는 사람들과 고풍스런 거리를 산책하면 문화도시의 매력에 빠져든다. 옛사람들은 종교적인 이상세계를 꿈꾸었지만, 현대인들은 현세에서의 무릉도원을 갈망한다.

세종은 그 어떤 군주보다도 열정적으로 일했기에 피곤한 나날들이 많았다. 조선시대 유일의 왕실온천이었던 온양행궁에 그는 세 차려 방문하여 온천욕을 즐기며 피부병과 안질을 치료하고, 켜켜이 쌓여 있던 피로도 풀어냈다. 인생이란 노동과 여가생활의 균형을 통해 행복한 삶으로 나아가야 한다.

2020년 2월
이영관

Contents

세·종·에·묻·다

1

세종,
코리안 리더십의
아이콘

고조선 이후 우리 민족은 흥망성쇠를 거듭했지만, 고구려는 당당하게 중국 대륙의 국가들과 경쟁했던 대제국이었다. 고구려는 700여 년 동안 동아시아의 북방지역과 한반도를 중심으로 찬란한 문명을 꽃피웠다.

군사무기가 고도로 발달하지 못했던 2000여 년 전에 적군을 향해 말을 타고 이동하면서 쏘아댄 화살들은 가공할 만한 위력을 발휘했을 것이다. 고구려의 국력은 점점 강해져 391년 즉위한 광개토대왕 대에 접어들어 명실상부하게 강대국의 면모를 갖추었다. 그는 신라를 침략한 왜를 물리치기 위해 신라에 5만의 병력을 파견했으며, 백제를 공략해 영토를 넓히는 데 주력했다.

중국대륙을 통일한 수나라는 고구려를 무너뜨리기 위해 총공세를 퍼부었다. 고구려는 중국대륙에서 크고 작은 나라들의 흥망성쇠를 지켜보며, 그들의 권력구조와 군사력의 특성을 너무도 잘 알고 있었다. 612년 을지문덕 장군이 진두지휘한 살수대첩에서 고구려가 대승을 거두자 수나라는 역사의 뒤안길로 사라졌다.

세월의 흐름 속에서 이성계 장군은 고려왕조를 무너뜨리고 조선왕조를 건국했다. 태종은 후계자의 치세에 걸림돌이 될 만한 인물들을 처단하고, 신하들의 만류에도 불구하고 셋째 아들인 충녕대군(세종)에게 보위를 물려주었다.

세종은 준비된 임금으로서 군주로서의 자질뿐만 아니라 학문적으로 대학자와 견주어도 손색이 없었다. 그는 훈민정음 창제를 반대하는 신하들과 대립하기보다 뜻을 같이 하는 집현전 학자들과 함께 훈민정음을 창제하여 한민족의 우수성과 조선왕조의 자주적 역량을 대내외에 알렸다. 백성들은 성군의 애민정신에 감동의 눈물로 보답했다.

세종의 연금술을 탐하라

21세기에 접어들어 세계 열강들의 주도권 다툼은 그 어느 때보다도 치열해지고 있다. 트럼프 대통령이 이끄는 미국 정부는 급부상하고 있는 중국을 견제하기 위해 관세전쟁을 벌이고 있으며, 중국의 대표적인 전자회사인 화웨이를 공개적으로 견제하고 있다. 일본의 아베 정부도 대한민국의 도약을 견제하기 위해 반도체 생산에 필수적인 일본산 소재 부품의 한국 수출에 제동을 걸고 나섰다.

역사적으로 한민족은 대륙문화와 해양문화의 다양성을 융합하여 창조적인 한류문화로 승화시킬 때 발전해 왔다. 오늘날 한반도를 둘러싼 복잡한 국제정세 속에서 우리는 결코 녹록지 않은 난제들을 해결해야 하는 상황에 놓여 있다. 남과 북은 평화적으로 통일을 해야 하고, 가깝고도 먼 나라인 일본과의 갈등문제도 창조적으로 해결해야 하며, 급부상하고 있는 중국과의 역학구도도 우리에겐 큰 도전이 되고 있다.

그동안 대한민국은 서구의 자본과 과학기술, 교육제도 등을 수용하여 서양사회가 수백 년에 걸쳐 이룩한 경제부흥을 50여 년 만에 달성하며 세계인들을 놀라게 하였다. 하지만 대한민국은 다양한 분야에서 선진국들과 경쟁관계에 놓여 있으며, 외국의 자본과 기술로 선진국들과 경쟁하기 어려운 시대적인 전환기에 놓여 있다.

이제 우리는 코리안 리더십을 바탕으로 한류경영의 토대를 공고히 하고, 한국적인 강점과 서양문화의 장점을 창조적으로 결합하고 융합하여 세계인들을 이끌어야 한다. 즉 우리의 역사 속에 축적된 한국형 리더십을 심도 있게 연구하고 글로벌 리더십의 가치를 창조적으로 해석하며 글로벌경쟁을 헤치고 나아가야 한다.

세종대왕은 코리안 리더십의 아이콘으로 손색이 없다. 세상의 빛이 되는 영웅이 되려면 덕치로 조직 구성원들을 이끌어야 하며, 엄격함이 요구될 때는 법치로 조직을 바로 세울 수 있는 냉철함을 갖추어야 한다. 또한 산적한 난제들을 창조적으로 해결해 낼 수 있는 강인함과 위기 속에서도 도약을 위한 발판을 마련하는 주도면밀함이 요구된다. 이밖에도 자기계발에 만전을 기해 노동과 여가생활의 조화를 도모하여 여유롭고 행복한 삶을 이끌 수 있어야 한다.

성군 세종은 우리 역사를 빛낸 수많은 영웅들 중에서 위의 재능들을 겸비한 대표적인 인물이라 평할 수 있다. 한국인들은 역사적으로 축적된 코리안 리더십의 DNA를 함축하고 있는 세종의 연금술에 대한 체계적인 학습이 필요하다.

훈민정음 창제와 과학기술 등을 획기적으로 발전시킨 세종대왕의 역량들을 본보기로 삼는다면, 21세기가 지향하는 코리안 리더십은

전 세계적으로 빛을 발하게 될 것이다.

코리안 리더십의 DNA

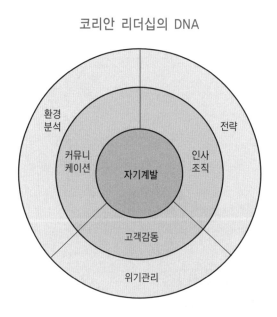

이제 우리는 급변하는 국제정세 속에서 환경분석, 전략, 위기관리, 커뮤니케이션, 인사조직, 고객감동, 자기계발 등의 영역에서 남다른 능력을 발휘해야 한다.1)

첫째, 경영환경의 변화를 체계적으로 분석하여 최적화된 해법을 모색해야 한다. 경영환경은 대내외의 다양한 요인들과 상호작용하며, 예기치 못한 방향에서 문제가 발생하여 어려움에 처할 수도 있고, 때론 우호적인 여건이 조성되어 도약할 수 있는 발판을 마련할 수도 있다.

경영환경은 일반환경, 과업환경, 내부환경으로 나뉜다. 일반환경은 정치·경제·사회·문화 등 거시적인 차원의 환경을 의미한다. 따라서 경영자는 자신이 처리해야 하는 업무와의 직접적인 관련성이 적더라도 국내외의 환경변화와 자신이 소속된 기업이나 단체와의 직간접적인 연관성을 시기적절하게 분석하고 대응할 수 있어야 한다.

과업환경은 특정 기업이나 단체에 간접적으로 영향을 미치는 일반환경과 달리, 직접적으로 영향을 미칠 수 있는 주주·정부·공급자·언론·소비자·노동조합·금융기관 등을 의미한다. 예를 들어 전문

경영인은 주주들과의 관계에서 장기적인 성과를 중시하는 지도력을 발휘하고 싶어도 단기적인 경영성과가 나빠지면 곧바로 문책을 받을 수 있다. 따라서 기업의 의사결정권자인 대주주는 조직의 단기적인 성과와 중장기적인 성과의 인과관계를 적절히 조절해야만 조직경쟁력을 지속시킬 수 있다.

또한 내부환경은 경영자와 종사원으로 구성된다. 양자 간의 갈등과 협력은 조직 경쟁력을 좌우하는 핵심적인 요인이기에, 경영자와 조직 구성원들은 상생할 수 있는 해법 마련에 집중해야 한다.

둘째, 환경변화에 효과적으로 대응하는 전략 개발에 집중해야 한다. 전략 수립은 미래지향적이며 차별화된 비전을 수립하고 창조적 혁신을 통해 해법을 모색하는 데 초점을 맞추고 있다. 비전은 미래예측, 긍정의 힘, 직관과 창의성 등이 뒷받침되어야만 좋은 결실을 맺을 수 있다. 또한 멋진 비전을 설정했을지라도 창조적으로 혁신하지 못하면 좋은 성과를 창출하기 어렵다. 혁신은 난관을 극복해 낼 수 있는 열정이 뒷받침되어야 하고, 일류기업에 대한 벤치마킹을 토대로 시간과 비용을 절약하며 신기술을 이끌어 낼 수 있어야 한다.

셋째, 위기가 닥쳐왔을 때에도 의연하게 대처하며 위기를 극복해 낼 수 있는 리더십을 발휘해야 한다. 위기와 기회는 동전의 양면처럼 동행하기에, 위기 속에서도 성공의 씨앗을 찾아낼 수 있어야 한다. 기업 차원의 경영상 위기는 잘 나갈 때도 찾아올 수 있다. 현재의 성공에 안주하게 되면 더 이상 발전하지 못할 뿐만 아니라 퇴보하는 비운을 맞이하기 쉽다.

또한 세계적인 제국들이 몰락했던 원인을 분석해 보면 외부의 침

략 이전에 내부의 분열과 향락 생활, 권력 암투로 인해 스스로 무너
진 예가 너무도 많다. 유럽 문명의 토대를 구축했던 로마제국도 외침
이전에 내분에 의해 멸망한 것을 보면, 정상에 섰을 때부터 위기는
시작된다고 볼 수 있다.

넷째, 자신의 이미지 관리 외에도 커뮤니케이션을 효과적으로 활
용해야 한다. 인간관계에서는 자신에게 유리한 방향으로 결과를 이
끌어 낼 수 있는 커뮤니케이션 기술을 연마해야 한다. 이를 뒷받침하
려면 친화력을 강화하여 실효성을 높여야 한다.

친화력이란 사람을 끌어당기는 힘이라 할 수 있다. 어떤 이들은 몇
마디 말로써 충성심을 이끌어 내기도 하고, 어떤 이들은 서로의 눈빛을
통해서 결혼에 이를 수도 있다. 친화력을 개선하려면 전문가의 자문,
봉사와 관용, 배려와 감사, 여유로운 삶과 유머 등을 실천해야 한다.

다섯째, 맞춤형 우수인재를 시기적절하게 영입하고, 그들이 신명
나게 일할 수 있는 근무여건을 조성하며 적절한 교육을 통해 업무성
과를 높여야 한다. 정보통신기술의 비약적인 발전과 함께 도래한 디
지털혁명은 경영방식에 많은 변화를 가져왔다. 전통적으로 기업들은
권위주의적이고 위계질서를 존중하는 경영풍토 속에서 운영되었지
만, 첨단기술과 인터넷을 중심으로 고부가가치를 창출하는 일류기업
들은 권위주의를 벗어던지고 자율적인 근무환경 속에서 높은 생산성
을 창출하고 있다.

여섯째, 고객감동을 실현해야만 생존과 번영을 추구할 수 있는 시
대가 도래하였다. 고객만족은 고객이 원하는 것을 발 빠르게 제공하
면 달성할 수 있는 수준이지만, 고객감동은 고객이 원하는 것을 고객

이 원하기 이전에
능동적으로 제공해
야만 달성할 수 있
는 경지로서 고객심
리를 고려한 능동적
인 서비스가 수반되
어야 한다. 이를 뒷

받침하려면 내부고객을 우선적으로 만족시키는 인터널 마케팅Internal
Marketing이 전제되어야 한다.

　일곱째, 자신만의 차별화된 능력을 계발하고 관리해야 한다. 즉 자
신의 브랜드가치와 영향력을 객관적으로 검토하고 향상시켜야 한다.
성공을 꿈꾸는 사람들의 자기관리는 건강관리에 만전을 기하고 외국
어능력을 향상시키는 등 자신의 전문영역에서 두각을 나타낼 수 있
도록 선택과 집중을 한다. 이러한 자기계발을 통해 경쟁자들을 선도
해야 한다. 이를 위해 주도적이며 적극적인 삶의 태도, 자기 사랑과
유머, 인내력 향상과 스트레스 관리, 효율적인 시간관리, 가족구성원
간의 결속과 코칭, 노동과 여가생활의 조화 등에 만전을 기해야만 성
공의 실크로드에 다다를 수 있다.

천부적 재능으로 도약하라

국가를 경영하는 군주는 냉철해야 하고, 해야 할 일과 하지 말아야 할 일을 명확히 구분해야 한다. 남의 여자를 탐한 양녕대군의 도발적 행위는 백성들의 눈높이에 부합하지 못했다. 그는 이즈음 부왕인 태종의 의중을 읽고, 자신의 속마음을 솔직하게 표현했을 수도 있다.

충녕대군(세종)은 1397년(태조 6) 4월 10일 태종과 원경왕후 민씨의 셋째아들로 한양에서 태어났다. 이름은 도裪이고 자는 원정元正이다. 1408년(태종 8) 충녕군에 봉해졌고 1412년(태종 12) 충녕대군에 진봉되었으며, 1418년(태종 18) 6월 왕세자에 책봉되었다. 비는 심온의 딸 소헌왕후이다.

그는 책을 좋아해 어린 시절부터 태종의 각별한 사랑을 받았다. 세종의 큰형인 양녕대군은 의도적으로 기행을 저질렀다는 평가도 있고, 스스로 세자에서 물러나기 위해 돌출행동을 일삼았다는 견해도 있다. 그러나 세자에서 쫓겨나면 목숨을 부지하기 어려운 절대 권력의 속성을 고려할 때, 양녕대군이 아우인 충녕대군의 대권가도를 위해 스스로 물러났다고 보긴 어렵다.

충녕대군은 임금이 되기 전에도 세자인 양녕대군의 행동이 올바르지 못하면, 왕세자의 행동을 지적할 만큼 왕자로서의 품격을 중시했다. 태종은 충녕대군을 세자로 책봉한 지 한 달 만인 1418년(태종 18) 7월 6일 왕위를 물려주려는 전위 파동을 일으켰다. 양녕대군이 세자로 있을 때도 여러 번 전위파동을 일으켰었는데, 이번에는 태종의 의지가 확고해서 그 누구도 막지 못했고, 전위 파동은 한 달 만에 끝이 났다.

양녕대군이 세자에서 쫓겨난 결정적 계기는 전 중추中樞 곽선의 첩 기생 어리於里와의 일탈에서 비롯되었다. 태종은 세자의 비행을 전해 듣고 대노하였다. 세자는 풍류 가객의 성품을 지닌 인물로서 술과 여자를 탐닉했다. "악공 이오방이 몰래 동궁에 들어가 전 중추 곽선의 첩 어리의 자색과 재예가 모두 뛰어나다고 칭찬하니, 세자가 즉시 이오방으로 하여금 그를 도모하게 하였다." 이오방

> 어리와 함께 이법화의 집에 가서 자고, 그를 궁중으로 납치한 다음, 세자가 활을 이승에게 보내고, 어리도 또한 비단을 이승의 처에게 보냈으나, 이승은 활만 받고 비단은 받지 아니하였다. 〈태종실록〉 17년 2월 15일

은 미인으로 소문난 타인의 첩을 통해 자신의 지위를 높이려는 모사꾼이었다.

그래서 높은 자리에 오르려면 이오방과 같은 모사꾼들을 경계해야 한다. 그들은 그럴듯한 감언이설로 권력자들의 눈과 귀를 가리며, 궁극적으로는 자신이 추구하는 탐욕을 드러낸다. 그들은 정의보다는 쾌락적 욕구를 지렛대 삼아 자신의 욕망을 채워나간다. 2019년에 또

다시 부각된 권력자들의 성 스캔들과 양녕대군의 일탈은 다른 듯 같은 느낌이 든다.

양녕대군은 한양에서 소문난 미인을 놓쳐서는 안 된다는 간신들의 유혹의 늪에 빠져버렸다. 그는 비밀리에 수행원 몇 명만을 거느리고, 대궐 담을 넘어 이오방의 집에 가서 그와 함께 이승의 집에 다다랐다. 세자가 어리를 찾았으나 이승이 어리와의 만남을 돕지 않자, 양녕대군은 이승을 겁박하여 어리를 만날 수 있었다.

어리도 세자와의 만남을 피하지 않았다. 그녀는 양녕대군을 발판 삼아 사회적 영향력을 키워보려는 야심가였다. 첩보영화 '007 시리즈'에는 미인계를 통한 첩보전이 치열한데, 위계질서와 남녀유별을 중시했던 조선 초기에, 세자인 양녕대군과 곽선의 첩 어리의 밀거래는 위험천만한 불장난이 되고 말았다.

이 일은 가뜩이나 왕세자의 행동거지를 면밀히 관찰해오던 태종에게 알려졌고, 양녕대군이 폐세자가 되는 단초가 되었다. 왕위 계승권자인 왕세자의 자질 검증은 단순히 여자 문제만은 아닐 것이다. 그러나 양녕대군과 어리의 치정 사건은 그가 폐위되는 상징성을 내포하고 있다.

반면 정치적 소용돌이 속에서도 묵묵히 왕자로서의 소임에 충실했던 충녕대군의 삶은 모범적이었다. 세종은 조선왕조를 대표하는 성군의 반열에 올랐는데, 그의 남다른 노력과 뛰어난 군주로서의 천부적 재능이 결합되어 탁월한 업적들을 일궈냈다.

태종은 건강을 해칠 정도로 밤낮으로 공부하는 충녕대군을 걱정했고, 혹시라도 충녕대군의 모범적인 삶이 세자인 양녕대군의 심기를 불편하게 할 수 있음을 염려했다. 그러면서도 부왕은 충녕대군의 성숙된 학식과 인간 됨됨이에 반하곤 했다. 임금이 "집에 있는 사람이 비를 만나면 반드시 길 떠난 사람의 노고를 생각할 것이다." 말하니, 충녕대군이 대답하였다. "『시경』詩經에 이르기를 '황새가 언덕에서 우니, 부인이 집에서 탄식한다.'고 하였습니다." 태종이 기뻐하여 "세자가 따를 바가 아니다."라고 충녕대군을 칭찬하였다.

세자가 일찍이 임금 앞에서 사람의 문무를 논하다가, "충녕은 용맹하지 못합니다." 하니, 임금이 말하였다. "비록 용맹하지 못한 듯하나, 큰일에 임하여 대의를 결단하는 데에는 당세에 더불어 견줄 사람이 없다."

〈태종실록〉 16년 2월 9일

이때에 이르러 임금이, 세자가 어리를 도로 받아들이고 또 아이를 가지게 하였다는 소식에 노하여, 세자로 하여금 구전舊殿에 거처하게 하고, 나와서 알현하지 못하도록 하였다.

〈태종실록〉 18년 5월 10일

부왕은 세자인 양녕대군의 부적절한 처신으로 말미암아 큰 충격을 받았지만, 처음에는 세자의 비행을 덮어 주려고 했다. 그러나 양녕대군은 어리와의 사랑놀이를 멈추지 못했다. 부왕이 어리와의 만남을 반대하자 양녕대군은 자신을 보필하는 내관 및 관료들과 공모해 가며, 어리와의 비밀 데이트를 지속하였다.

급기야 어리와의 만남을 청산하라는 태종의 마지막 경고가 전해졌다. 하지만 양녕대군은 부왕의 명을 받들지 못했다. 당시의 미인은 오늘날의 미인과는 다른 모습이었겠지만, 세상의 귀한 것을 독차지하려는 권력자의 탐욕은 때때로 비극적인 결말로 귀결된다.

양녕대군이 태종을 알현하자, 임금은 처리해야 할 일들을 세자에게 맡기며 만회할 기회를 주려고 했다. 부왕은 세자와 함께 교외에 나가 부자지간의 정으로 달래보기도 하고, 세자를 미혹시킨다고 판단되는 내관과 수행원들을 의금부에 가두기도 했다.

결국 태종은 어리와의 만남을 청산하지 못하는 양녕대군에게 엄중한 조치를 취했다. '이토록 자기관리를 못하는 양녕에게 나라를 맡길 수는 없어. 세자는 군주로서의 자격이 부족해.'

높은 자리에 오를수록 경쟁은 치열하기 마련이며, 궁극적으로는 천부적 재능을 발휘하는 사람이 지존의 자리에 오르는 것이 세상의 순리다. 보통 사람들도 최선의 노력을 다하면 어느 정도의 성공은 거둘 수 있지만, 비범한 성과들은 최선을 다하는 노력과 천부적 재능이 결합되어야 완성될 수 있다.

천부적 재능은 자신이 좋아하는 일이나 힘들게 일하면서도 재미를 느끼는 곳에서 확인할 수 있다. 신은 모든 인간에게 보석처럼 빛나는 인생을 살 수 있도록 천부적 재능을 부여했다. 치열하게 살다 보면 자신이 좋아하는 일을 하기보다 경쟁에서 살아남을 수 있는 일에 매진하기 쉽다. 그러다 보면 자신도 모르게 일 중독자의 삶이 전개될 수 있다. 경쟁사회에 갇혀 있으면 자신의 내면세계에 갇혀 있는 천부적 재능을 발견하기 어렵다. 때로는 타인과의 경쟁에서 벗어나 자기 자신에게 여유로운 삶을 선물해야 한다.

선각자들의 외침이 아니더라도, 인생이란 자신에게 부여된 천부적 재능을 발휘해야만 행복한 삶으로 나아갈 수 있다. 또한 자신이 처한 현재의 상황을 무리수를 써가며 바꾸려 하면, 나아지기는커녕 점점 더 불행의 늪으로 빠져든다. 늪은 허우적거릴수록 점점 더 빠져나오기 힘들어진다.

비현실적인 성공에 올인 하기보다 천부적 재능을 발휘하며 자아실현 하는 삶이면 족하다. 오랜만에 만난 대학친구들은 내가 학생들을 가르치고 있다는 사실에 놀라기도 한다. 나는 대학을 졸업할 때까지 교수가 되겠다는 생각을 해본 적이 없었다.

내가 학생들을 가르치는 직업을 선택해야겠다고 마음먹게 된 것은 대학 졸업 후 여행사에 근무하면서부터다. 한 달에 한두 번씩 다양한 직업을 가진 사람들과 해외여행을 다니면서, 나는 가르치는 직업이 나에게 적합하다는 확신을 가지게 되었다. 그리고 7년이 지난 후에 나는 그 꿈을 이뤘다.

또한 멋진 삶이란 혼자 있을 때에도 부끄럽지 않게 행동하는 것과 밀접한 관련이 있다. 양녕대군의 일탈행위는 사회적으로 지탄받는 행동을 제어하지 못해 발생했다. 큰 꿈을 꾸는 자는 사회적으로 용인될 수 있는 범위 내에서 자신의 욕망을 적절하게 관리해야 하고, 상대방에게 함부로 화를 내는 어리석음을 범해서는 안 된다.

화가 나면 몸에 많은 변화가 일어난다. 아드레날린이 자극되어 싸울 준비를 하고, 몸에는 갑자기 거인이 된 것 같은 힘이 솟구친다. 맥박은 거칠어지고 기회가 주어지면 상대방에 대한 공격을 감행하도록 자극한다. 화가 심해지면 면역체계가 약해지고, 판단력이 저하되어 의사결정과정에서 심각한 오류를 범할 수 있다.

화로부터 자유로워지면 심리상태는 안정된다. 화가 나면 스트레스가 커지지만 외부자극을 줄이면 화를 다스리는 데 효과적이다. 화를 스스로 통제하기 어렵다면 그 상황에서 벗어나는 것이 좋다.

또한 자신과의 약속을 타인과의 약속 못지않게 중히 여기고 실천하는 자라야 세상에서 빛을 발하는 인생을 펼칠 수 있고, 자신의 내면세계를 지배하고 있는 잘못된 습관과의 싸움에서 승리할 수 있다. 사람들은 타인과 함께 있을 때는 조심하며 예의바르게 행동하려고 애쓰지만, 혼자 있게 되면 마음속의 악한 호기심이 분출되며 반사회적 행동에 빠져들기 쉽다.

새로운 행동방식도 처음에는 어색하고 낯선 일이지만 익숙해지면 자신을 다스리는 힘이 생긴다. 담배를 끊어야겠다고 다짐해놓고 담배를 끊지 못하는 사람도 있고, 폭음하지 않겠다고 다짐했지만, 자신과의 약속을 지키지 못하는 사람도 있다. 반면 술과 담배를 끊고자 결심한 순간부터 평생 동안 자기 자신에게 한 약속을 지키는 사람도 있다.

자기 사랑이야말로 혼자 있을 때에도 부끄럽지 않게 행동할 수 있는 원동력이며, 세상의 주인공으로 발전하기 위한 출발점이다. 자기 자신을 사랑하는 힘을 키우지 못하면 잘못된 습관을 고치려 해도 개선하기 어렵다.

아침형 인간이 되고자 다짐하고, 아침 일찍 일어나 집 주변의 공원을 산책하는 것은 참으로 귀찮고 어색한 일일 수 있다. 그러나 아침형 인간으로 생활하다 보면 자신도 모르는 사이에 아침 일찍 일어나기 위해 늦은 밤까지 술 마시던 습관에서 벗어날 수 있고, 일찍 잠자리에 드는 습관이 자라게 된다.

자발적인 동기부여와 의지로써 과거의 잘못된 습관을 고치면 전에 느끼지 못했던 자신감을 회복할 수 있다. 자신이 바라는 소망을 위해 인내하고 노력하는 과정 속에서 잠재능력은 현실화된다. 그러나 인간의 본성은 현재의 삶이 최상은 아닐지라도 그럭저럭 살 만하면 변화보다 안정된 삶을 선택하려는 유혹을 쉽게 떨쳐버리지 못한다.

성공적인 삶이란 자신의 내면세계에 잠재해 있는 나약한 마음과 반사회적인 충동을 타인의 간섭 없이 스스로 극복하는 테스트를 통과해야만 이룰 수 있는 경지이다. 혼자 있을 때와 타인과 함께 있을 때의 행동이 다르면 능력을 발휘하기 어렵다. 겉과 속이 한결 같아야만 사람들로부터 신뢰와 존경을 이끌어 낼 수 있다.

흐르는 물에는 이끼가 끼지 않는다

충녕대군(세종)은 자신을 되돌아보며 자기계발에 혼신의 힘을 다했다. 그의 삶이 허점투성이였다면 태종 18년(1418)에 불현듯 찾아온 왕세자의 자리는 그의 것이 되지 못했을 것이다.

고인 물가의 바위에는 이끼가 자라기 마련이다. 인간들이 살아가는 세상도 비슷한 이치로 흘러간다. 어렵고 힘들 때는 살아남기 위해 온갖 노력을 기울이지만, 살 만해지면 도전정신이 무뎌진다. 인간은 심장박동이 지속되어야 생명을 보존할 수 있는 것처럼, 영웅이라도 도전정신을 잃어버리면 순식간에 위험에 노출된다. 모험을 즐기는 자도 있고 안정된 삶을 선호하는 자도 있지만, 도전정신이 식어버리면 도약하는 삶과는 거리가 멀어진다.

1418년(태종 18) 6월 3일 궁중에서는 양녕대군을 폐하고 새롭게 왕세자를 세우는 일로 임금과 왕실가족 및 신하들 간에 다양한 의사소통이 이루어졌다. 태종은 세자의 일로 조계청朝啓廳에 모인 신하들에게 명하여 세자의 행동이 지극히 도에 어긋나기에, 왕세자로서의 자격이 없다는 견해를 피력했다.

그 와중에 양녕대군의 세자 폐위를 목숨 걸고 반대하는 인물이 등장했다. 바로 세종 대에 영의정을 지내게 되는 황희가 태종의 심기를 건드렸다. 공신들의 영향력 아래에서 크게 주목받지 못하던 황희는, 태종이 주도한 양녕대군의 세자 폐위와 관련하여 유교적 명분을 내세우며 공개적으로 반대했는데, 태종의 노여움이 극에 달하면 목숨을 잃을 수도 있는 긴박한 상황이 전개되었다.

본래 황희는 고려 말의 혼돈기에 신왕조 건국에 가담하지 않은 인물이었고, 고려왕조에 끝까지 충성한 정몽주와 뜻을 같이한 인물도 아니었다. 그래서 황희는 조선왕조 건국 후에 임금의 총애를 받을 수 있는 처지가 아니었다.

그럼에도 불구하고 세자를 교체하려는 태종의 의사결정에 반대한 황희는 목숨을 잃을 수도 있는 상황 속에서 그의 인생을 베팅했다. 이 사건은 황희에게 크나큰 아픔이었지만, 장기적으로는 임금은 물론이고 대소신료 및 전국 각지의 사대부들에게 강한 인상을 심어 주었다.

조선왕조에 출사한 것으로만 보면 황희는 시대의 흐름에 순응한 인물처럼 보인다. 반면 그

> 사헌 감찰 오치선을 보내어 황희에게 선지하기를, "나는 네가 전일에 근신 近臣이므로 친애하던 정을 써서 가까운 땅 교하에 내쳐서 안치하였는데, 이제 대간에서 말하기를 그치지 않으니 남원에 옮긴다. 그러나 사람을 보내어 압령하여 가지는 않을 것이니, 노모를 거느리고 스스로 돌아가는 것이 가하다." 하였다. 오치선은 황희의 누이의 아들이었다. 〈태종실록〉 18년 5월 28일

는 자신이 받게 될 불이익을 감수하면서까지 세자를 교체하려는 태종의 견해를 반박할 정도로 유교적 명분을 중시했다.

당시 유교적 규범에 따르면 장자가 세자가 되어야 하고, 부득이하게 장자가 승계할 수 없을 경우에는 차자次子가 왕위를 계승해야 한다. 유교적 건국이념으로 나라를 세운 지 얼마 되지 않은 상황하에서, 셋째 아들인 충녕대군의 세자 책봉은 그 이념에 어긋났던 것이다.

황희는 세자 책봉에 연루되어 남원으로 유배를 떠나게 되었는데, 그의 유배지 선정과 유배지에서의 생활상을 들여다보면, 태종이 특별히 배려했음을 짐작할 수 있다. 그가 유배 생활을 했던 전라도 남원은 장수 황씨의 본거지인 장수군과 맞닿아 있다. 황희는 일가친척과 지인들이 모여 사는 장수군 인근인 남원으로 유배를 떠난 것이다.

죄인이 어느 고장에서 유배생활 했는지를 살펴보면 임금이 죄인을 어떻게 인식했는지를 짐작할 수 있다. 죄질이 나쁘거나 정치적인 목적에 의해 오래도록 고립시켜야 한다고 생각한 죄인은 한양에서 멀고도 험한 섬이나 오지로 보내졌고, 유배는 보내야겠는데 죄가 가볍거나 아끼는 인물이라면 한양에서 가까운 곳이나 생활하기 편리한 곳으로 보내졌다.

황희가 유배생활 했던 광한루터의 초가는 남원 고을에 부임했던 관료들에 의해 점차 아름답게 꾸며지면서 광한루원으로 성역화되었다. 세월의 흐름 속에서 광한루원은 춘향과 이도령의 러브스토리를 탄생시켰고, 오늘날에는 해마다 한국적 미인의 표상인 춘향 선발대회가 개최되는 문화도시 남원의 아이콘이 되었다.

결국 태종은 신하들에게 양녕대군을 대체할 왕세자를 추천하라고 명했다. 임금은 왕비에게 여러 신하들의 의중을 따라 어진 사람을 고르자고 하자, 왕비는 형을 폐하고 아우를 세우는 것은 화란禍亂

의 근본이라는 견해를 밝혔다. 태종
도 처음에는 중전의 주장에 동조했
으나, 한참 만에 깨달아 어진 사람
을 고르는 것이 마땅하다는 결론에
도달했다.

> 세자 이제李禔를 폐하여 광주에
> 추방하고 충녕대군(忠寧大君: 휘諱)
> 으로서 왕세자를 삼았다.
> 〈태종실록〉 18년 6월 3일

　박은은 "아비를 폐하고 아들을 세우는 것이 고제古制에 있다면 가可
합니다만, 없다면 어진 사람을 골라야 합니다."라고 했다. 이밖에도
심온과 이춘생 등 15인의 신하들도 "어진 사람을 고르소서."라고 하
였다. 임금은 신하들에게 효령대군보다 충녕대군이 왕세자로 적합하
다는 의견을 분명히 했다.

　마침내 충녕대군은 새로운 왕세자로 자리매김하였다. 태종 18년
(1418)에 왕세자가 교체된 사건은 쉽사리 일어나기 어려운 일이었지
만, 충녕대군이 큰형인 양녕대군이나 둘째 형인 효령대군을 제치고
왕세자가 되자 백성들은 놀라움을 감추지 못했다.

　절대권력의 속성을 고려할 때 충녕대군을 추종하는 사람들은 양녕
대군의 단점을 부각시키며, 충녕대군의 세자 책봉에 힘을 실어 주었
을 것이다. 그는 왕자로서의 소임에 충실했고 학문을 게을리 하지 않
았으며, 왕세자로 임명되는 과정에서 특별하게 반대하지도 않았다.
그는 출세하기 위해 권모술수를 부리는 인물은 아니었지만, 자신에게
주어진 기회를 담대하게 자신의 것으로 만드는 치밀한 성격의 소유자
였다. 그는 세상 사람들의 비판적인 시선을 남다른 실력과 태종의 총
애를 지렛대 삼아 돌파하는 비범함을 보여 주었다.

　태종은 둘째 아들인 효령대군에 대해 자질이 미약하고, 성질이 심

히 곧아서 각양각색의 신하들을 다스리는 데는 부족하다고 평했다. "내 말을 들으면 그저 빙긋이 웃기만 할 뿐이므로, 나와 중궁은 효령이 항상 웃는 것만을 보았다."라고 했다. 효령대군은 인

> 충녕은 비록 술을 잘 마시지 못하나 적당히 마시고 그친다. 또 그 아들 가운데 장대한 놈이 있다. 효령대군은 한 모금도 마시지 못하니, 이것도 또한 불가하다. 충녕대군이 대위大位를 맡을 만하니, 나는 충녕으로서 세자를 정하겠다.〈태종실록〉 18년 6월 3일

자한 성격의 소유자였지만, 한 나라를 다스리기 위해 요구되는 강인한 결단력과 냉철함이 부족했던 인물로 태종에게 각인되어 있었다.

반면 충녕대군에 대해서는 천성이 총명하고 민첩하며 학문을 매우 좋아하여, 추운 때나 더운 때를 가리지 않고 밤이 새도록 글을 읽는 인물이라고 평하였다. 중국의 사신과 교제할 때에도 충녕은 왕자로서의 품격을 지키며, 사신들과 예로서 교제하여 명나라와의 원만한 외교관계를 유지하는 데 탁월한 능력을 보여 주었다고 평했다. 중국의 사신을 대할 때에는 술을 즐기는 편이 아니면서도 늘 분위기를 돋우기 위해 몇 모금을 마시며 사신들을 배려했다.

충녕대군은 왕이 된 후에도 국가와 백성들을 위해 도전하는 삶의 자세를 견지했다. 그래서 예고 없이 찾아오는 위기상황을 슬기롭게 극복하려면 틈나는 대로 도전정신을 연마해야 한다. 도전정신이란 기존에 경험해 보지 않았던 길을 인도하는 에너지로서 난관을 극복할 수 있는 강인한 신념이자 위기상황을 창조적으로 극복할 수 있는 원동력이다.

또한 세종은 관노였던 장영실을 중용했을 만큼 신분 못지않게 실력을 중시했다. 그에게는 신하들의 단점보다 장점을 소중히 여기는 안목이 있었고, 엄하게 다스려 충성을 이끌어 내기보다 솔선수범하

고 배려하는 덕치로써 신하들의 자발적인 충성을 이끌어 냈다.

그는 훈민정음을 창제하면서도 도전정신을 일깨워 주었다. 세종은 우리글을 반대하던 신하들을 권위로 다스리며 난관을 돌파할 수 있었지만, 그리 하지 않았다. 공개적으로 충돌하기보다 뜻을 같이하는 신하들과 함께 밤을 지새우는 길을 선택했다. 훈민정음이 완성되자 백성들은 위대한 군주의 결단과 성과에 찬사를 보냈다.

하지만 신하들이 훈민정음 창제를 반대한 명분은 도전정신과는 거리가 멀었다. 독자적인 우리글을 만들게 되면 대국인 명나라의 심기를 불편하게 할 수 있고, 글이란 본래 어려워 아무나 손쉽게 배울 수 없다는 논리로 기득권을 지키려 했다. 그들은 차마 반대하는 명분으로 내세우지는 못했지만 일반 백성들이 글을 알게 되는 것 자체를 꺼려했다. 중세 기독교사회에서 성직자들이 일반 신도들의 성경 공부를 방해했던 행태와 흡사했다.

이제 기업들도 종사원들이 도전정신을 연마할 수 있도록 지원해야만 앞서나갈 수 있다. 미지의 세계에 대한 도전정신이야말로 도약을 위한 원동력이다. 경쟁환경에 주도적으로 적응하다 보면 성장하는 자신을 발견할 수 있다. 에베레스트산을 등반하는 산악인들은 악천후에 발을 잘못 디뎌 목숨을 잃을 수도 있다. 그럼에도 불구하고 그들은 해마다 만년설의 봉우리들을 정복하기 위해 모여든다. 생명의 위험을 감수하면서까지 그들은 빙벽에 오르며 도전정신을 충전한다.

현대사회는 예전과는 비교할 수 없을 만큼 환경변화가 극심하다. 가전업계의 강자였던 소니는 삼성전자에게 추월당했고, 1980년대만 해도 핸드폰시장의 강자였던 모토로라는 노키아에게 패권을 넘겨주었다. 21세기에는 스마트폰을 출시한 애플이 세계 핸드폰 지형을 바꾸며 새로운 강자로 등장했지만, 몇 년 지나지 않아 삼성전자가 두각을 나타내면서 경쟁이 치열해지고 있다.

선도자라 할지라도 혁신을 게을리하면 새로운 강자에게 패권을 넘겨주어야 한다. 그래서 목적을 달성했을 때가 위기상황에 빠져드는 전환점이 될 수 있다. 또한 공익을 중시하는 삶은 단기적으로는 고통스런 여정일 수 있지만, 기나긴 시간의 흐름 속에서는 존경과 찬사를 불러일으킨다.

아울러 능력을 발휘해야 하는 지도자가 실력과 덕을 겸비해야만 뛰어난 성과를 일궈 낼 수 있다. 능력이 부족한 지도자가 도전적으로 사업을 추진하다 보면 구성원들로부터 존경과 찬사를 이끌어 내기보다 조직 운영상의 비효율과 갈등을 증폭시키는 부작용을 초래할 수 있다.

하늘은 스스로 준비하는 자를 돕는다

충녕대군은 어린 시절부터 공부를 게을리하지 않았고, 주변 사람들의 칭송을 받을 만큼 모범적인 삶을 살았다. 그는 왕이 될 수 없는 처지를 비관하기보다 현실에 충실하며 대학자와 견주어도 손색이 없을 만큼 학문 연구에 매진했다.

양녕대군이 대군으로서의 품위를 상실해 충녕대군이 보위를 물려받게 되었다고 세간에 알려져 있지만, 왕권국가였던 조선왕조에서 폐세자가 되면 정치적인 희생양이 될 수 있는 처지였기에, 양녕대군이 왕이 되는 것을 포기했다고 볼 수는 없다.

〈태종실록〉은 세자인 양녕대군의 행적에 대해서는 상세하게 기록하였지만, 양녕대군과 충녕대군의 갈등에 대해서는 거의 언급하지 않았다. 충녕대군이 임금이 되기 위해 음모를 꾸미거나 양녕대군을 몰아내기 위해 권력 암투를 벌였다는 기록은 찾아볼 수 없다.

하지만 충녕대군이 왕이 될 수 없는 자신의 처지를 비관했다면 조선의 운명은 크게 바뀌었을 것이다. 그는 왕자로서의 삶에 충실했고,

왕세자인 양녕대군에게도 늘 예를 갖추었다. 또한 왕세자인 양녕대군이 흐트러진 모습을 보일 때는 충고를 아끼지 않을 정도로 올곧은 성품을 지니고 있었다.

역사란 승자의 관점에서 기록하는 경향이 짙어 〈태종실록〉의 기록만으로 양녕대군과 충녕대군의 권력다툼이 있었는지 여부를 정확히 파악하기는 어렵다. 그러나 양녕대군을 추종했던 세력들은 그를 권좌에 앉히기 위해 온갖 계략을 세웠을 것이다.

항아리에 물이 차면 넘치듯, 충녕대군은 태종으로부터 보위

> 왕세자가 내선內禪을 받고 근정전에서 즉위하였다. 임금이 최한을 보내어 승여乘輿와 의장儀仗을 보내고, 또 명하여 궐내에 시위侍衛하던 사금司禁·운검雲劍·비신備身·홀배笏陪를 보내어 왕세자를 맞이하여 오게 하였다.
>
> 〈태종실록〉 18년 8월 10일

를 물려받을 수밖에 없었다. 충녕대군은 스스로 자신의 학문은 부족하고 나이도 어려 임금이 되기에는 역부족임을 역설하며, 보위에 오르는 것을 주저했지만 부왕의 의중을 꺾을 수는 없었다.

부왕이 충녕대군에게 보위를 물려주려 하자 신하들의 저항은 거셌지만, 태종의 뜻을 거역하지는 못했다. 마침내 왕세자 충녕대군은 1418년(태종 18) 8월 10일 경복궁 근정전에서 백관의 조하朝賀를 받고, 태종을 상왕으로 높이고 모후를 대비大妃로 높이었다. "일체의 제도는 모두 태조와 우리 부왕께서 이루어 놓으신 법도를 따라 할 것이며, 아무런 변경이 없을 것이다."

군신들이 세자가 충천모衝天帽를 쓴 것을 보고 곡성을 멈추고 혹은 꿇어앉고, 혹은 땅에 엎드려 서로 돌아보면서 한 마디의 말도 없었다. 급박하게 전개되는 상황 속에서 박은이 말하기를 "세자는 우리 임금

의 아들이다. 군이 사양하였
으나 윤허하지 않았고, 이미
상위上位의 모자를 쓰셨으니,
신 등이 군이 다시 청할 이유
가 없다." 하였다. 드디어 군
신들도 충녕대군이 즉위하는
것을 기정사실로 받아들이고
후속 업무들을 처리하였다.

임금이 근정전에 나아가 교서를 반포하기를, "삼가 생각하건대, 태조께서 홍업洪業을 초창하시고 부왕 전하께서 큰 사업을 이어받으시어, 삼가고 조심하여 하늘을 공경하고 백성을 사랑하며, 충성이 천자에게 이르고, 효하고 공경함이 신명神明에 통하여 나라의 안팎이 다스려 평안하고 나라의 창고가 넉넉하고 가득하며, 해구海寇가 와서 복종하고, 문치는 융성하고 무위武威는 떨치었다. 〈세종실록〉 즉위년 8월 11일

　본래 충녕대군은 어린 시절부터 주변사람들을 힘들게 하지 않는 성품으로 평이 좋았다. 그는 임금이 될 수 있는 가능성은 희박했지만 꿈을 저버리지 않았다. 무리수를 써가며 임금이 되려 하지도 않았지만, 임금이 될 수 있는 기회가 찾아왔을 때 순리라 여기며 기회를 놓치지 않았다.

또한 그는 보위에 오른 후에도 양녕대군과 교제하며 훈훈한 형제애를 보여 주었다. 신하들은 지속적으로 양녕대군을 경계해야 한다는 상소를 올렸지만, 세종은 묵묵히 양녕대군을 지켜 주었다.

인간에게 꿈이란 기쁠 때나 슬플 때나 간직해야 할 소중한 자산이다. 기쁠 때 기뻐하는 것은 쉬운 일이지만, 슬프고 힘든 상황에서도 용기를 내어 꿈을 꾸는 것은 결코 쉬운 일이 아니다. 사람들은 피해의식에 사로잡히면 앞으로 나아가기 어려워진다. 피해의식은 타인과의 경쟁의욕을 저하시키며 패배자의 삶으로 인도한다.

꿈을 잃어버린 사람은 망망대해에서 나침반을 잃어버린 배와 같다. 그래서 힘든 시기가 닥쳐오면 시간적 여유를 가지고 자신의 삶을 되돌아봐야 한다.

현자는 자신에게서 구하고 소인은 타인에게서 구한다, 했다. 군자는 좋은 일이 생기면 주변 사람들의 덕으로 돌리고, 책임질 일이 생기면 스스로 책임을 진다. 또한 타인에 대한 책망을 가볍게 하고 자신에 대한 책임은 엄하게 한다. 반면 소인은 개인적인 이익을 위해 노력하고, 함께 일할 때는 동료들보다 많이 차지하려고 애를 쓰며 시기와 질투를 일삼는다.

무엇보다도 꿈이란 현재의 고통을 이겨낼 수 있는 힘이자 성공적인 삶으로 인도하는 등불과 같다. 꿈이 큰 사람은 그만큼 삶에 대한 희망이 넘쳐날 뿐만 아니라 현재의 어떤 난관도 헤쳐나갈 수 있는 용기가 충만해진다. 글로벌기업의 회장이 되는 꿈도 좋고, 세계시장에서 한류열풍을 일으키는 가수나 영화배우가 되는 꿈도 좋다.

멋진 꿈은 명확한 시간계획과 실천을 통해 실현가능성을 높일 수 있다. 막연하게 "꿈을 꾸세요."라고 외치는 소리는 실속 없는 메아리에 불과하다. 경영현장에서도 연도별, 월별, 주별, 일별 계획이 체계적으로 수립되어야 실효성을 높일 수 있다.

자신이 수립한 멋진 꿈과 시계열적인 스케줄과의 괴리를 분석하고, 구체적인 개선책을 마련해야 한다. 그래야만 오늘의 고통스런 삶 속에서도 미래의 성공에 대한 희망과 열정으로 성공의 빛을 예감할 수 있다.

대학 졸업 후 나는 여행사에 입사하여 한 달에 한두 번씩 해외여행자들을 인솔하며 새로운 꿈을 키워나갔다. 업무적인 스트레스는 적지 않았지만, 그동안 내가 자라고 성장했던 우리나라와 다른 세상이 나에게 새로운 꿈을 꾸게 해 주었다. 지금은 대학에서 학생들을 가르치고 있다. 20대의 젊은 나이에 유럽과 미국 등지에서의 체험들이 오늘의 나를 이끌어 주었다.

세상을 긍정적으로 바라보는 가치관을 정립하는 것도 중요하다. 세상을 바라보는 관점이 부정적이라면 사회적으로 지탄받는 극단적인 선택을 위해 마음을 집중시키는 어리석은 행위에 빠져들 수 있다. 때때로 산책하거나 운동하면서 자신을 되돌아보며, 마음속에 이글거리는 탐욕과 시기와 질투를 내려놓아야 한다.

인간 본연의 마음은 거칠고 스스로 통제하기도 어렵지만, 자신의 마음을 아름답게 가꾸려면 부단히 노력해야 한다. 부정적인 욕망을 위한 충동과 불행으로 향하려는 파괴적인 본능에서 벗어나 억압을 뛰어넘는 자유로운 생각과 행복한 인생여정을 이끌려면 내적 성찰이 뒷받침되어야 한다.

성공하는 사람들의 나침반

성군 세종의 치적은 일류국가를 꿈꾼 태종의 설계도가 있었기에 가능했다. 임금은 불협화음을 경계하며, 두 형인 양녕대군과 효령대군뿐만 아니라 부왕인 태종과도 관계가 좋았다.

그는 왕이었지만 늘 교만함을 경계했고, 실력으로 문제를 해결하는 정공법을 선호했다. 경쟁자를 제거하며 자신의 지위를 지키려 하기보다 위기관리에 만전을 기했으며, 관료들과 백성들을 감동시켜 자신의 지위를 공고히 하는 결코 쉽지 않은 지도자의 길을 선택했다.

1418년(태종 18) 8월 8일 왕세자(충녕대군)는 임금으로부터 국보國寶를 받을 수밖에 없었다. 대언代言 등이 옳지 않다고 반대하니, 태종은 신하들을 타이르며 자신의 의중이 확고함을 재차 전하였다. 그럼에도 불구

> 임금이 세자에게 국보를 주고, 연화방蓮花坊의 옛 세자궁으로 이어移御하였다. … 세자가 대보를 받들고 전殿에 나아가 대보를 바치며 굳이 사양하였다. 세자가 이명덕으로 하여금 대보를 받들고 나가서 경복궁에 돌아가게 하고, 대언 김효손으로 하여금 대보를 지키면서 자게 하였다. 〈태종실록〉 18년 8월 8일

하고 신하들은 성상의 병환도 정사를 돌보지 못할 만큼 심하지 않고, 새롭게 세자를 책봉한지도 얼마 되지 않아서 옳지 않다는 견해를 피력했다.

그러나 태종의 의중을 돌리지 못했다. 대언 등이 소리 내어 울며 임금의 마음을 돌리려 눈물로 호소하였지만 소용이 없었다. 태종은 세자를 급히 불러, 대보大寶를 받으라고 명하였다. 세자가 부복하여 일어나지 않자, 임금이 세자의 소매를 잡아 일으켜서 대보를 전해 주고 곧바로 안으로 들어갔다. 세자는 몸 둘 바를 몰라 하며 극구 사양하였고, 군신들도 세자와 함께 태종께 통곡하며 국새를 되돌려 받도록 청하였지만, 그의 결정을 되돌리지 못하였다.

유교적 예법을 중시했던 조선사회는 임금이 세자에게 보위를 물려주려 해도 명분이 약하면 신하들의 반대를 극복하는 것이 결코 쉽지 않았다. 본래 이방원(태종)은 승부욕이 강한 인물이었고, 고려왕조를 무너뜨리고 조선왕조를 세우는 과정에서 수많은 정적들을 제거한 일등 공신이었다.

그는 권력욕도 대단하여 두 번에 걸친 왕자의 난을 통해 형제들을 죽여 가며 권력을 장악한 인물이었다. 권력욕이 남달랐던 태종이 보위를 물려줄 만큼 건강이 나쁘지도 않은 상황하에서 상왕으로 물러난 이유는 쉽게 이해하기 어렵다.

아마도 그는 조선 건국 과정에서 공로가 컸던 일등공신들의 폐단을 자신의 손으로 피를 묻혀가며 해결하기에는 부담이 컸을 것이다. 다른 한편으로 무인 기질이 강했던 태종은 문치혁명을 통해 조선왕조의 기틀을 새롭게 정립하고픈 열망을 지니고 있었다.

이처럼 충녕대군은 태종의 전폭적인 지원하에 권좌에 올랐다. 부왕은 상왕으로 물러난 후에도 국정의 난제들에 직간접적으로 개입하고 조언하며, 세종의 치세에 걸림돌이 될 만한 일들을 처리해 주었다. 조선왕조를 통틀어 이토록 완벽하게 상왕이 임금의 통치를 조력하며 국정을 이끈 예는 찾아보기 힘들다.

태종은 충녕대군이야말로 조선왕조가 일류 문화국가로 나아가는 데 최적의 인물이라 판단했을 수 있다. 전직 대통령들의 비극적인 결말을 너무도 자주 접하는 한국사회에서 태종이 보여 준 멋진 권력승계는 시사하는 바가 크다.

힘이 강했고 스스로 절대권력을 내려놓지 않아도 되는 상황하에서 자발적으로 보위를 물려준 태종의 용기는 참으로 대단하다. 권력을 탐했던 무수히 많은 조선의 권력자들이 사약을 받았던 교훈과 대조되는, 최고경영자의 자기절제와 사회적으로 존경받는 권력이양 문화가 우리 사회에 널리 확산되었으면 좋겠다.

존경받는 지도자가 되려면 극심한 경쟁환경하에서도 승리를 이끌어 낼 수 있는 리더십을 발휘해야 한다. 경쟁환경을 주도하지 못하는 경영자는 능력을 발휘하기 어렵다. 그뿐만 아니라 무한전투가 벌어지는 난세에는 일일이 전쟁을 통해 상대방을 제압하기 어렵다. 피를 흘려야 하는 전쟁에서의 승리는 아군 피해의 최소화가 중요하다. 전쟁에서 이겼다 할지라도 또 다른 적이 그 틈을 노린다면 단번에 제압당할 수 있다.

사람들은 사소한 명분을 지키기 위해 경제적으로 큰 손실을 보기도 하고 때로는 목숨을 잃기도 하지만, 세계 역사를 빛낸 위인들을

분석해 보면 공통점이 발견된다. 그들은 명분을 중시했지만 때때로
아군 피해를 최소화할 수만 있다면 자존심을 억누르고 창피함도 무
릅쓰곤 했다.

임진왜란 때 불세출의 영웅인 이순신 장군이 투옥되자 새롭게 삼
도수군통제사가 된 원균은 거제도의 칠천량 해전에서 왜의 수군과
전면전을 감행했지만, 크게 패하여 자신도 목숨을 잃었고 대부분의
조선 전함을 잃게 되는 화를 자초하였다. 정면승부를 선호하고 물러
서는 것을 싫어했던 원균의 지도력은 상황에 따라서는 큰 성과를 창
출할 수 있지만, 칠천량 해전의 교훈처럼 아군에게 심각한 타격을 주
기 쉽다.

그런데 사람들은 때때로 체면을 지키기 위해 막대한 경제적 손실
을 감수한다. 원균과 같은 성격의 소유자가 최고경영자의 위치에 오

르게 되면, 한 번의 무모한 도전으로 조직 전체를 파멸의 길로 인도하는 우를 범할 수 있다.

반면 이순신 장군은 아무리 상황이 급박할지라도 적군에 대한 완벽한 분석과 승리를 위한 대안이 마련되지 않은 상태에서는 섣불리 조선 수군을 출동시키는 우를 범하지 않았다. 장군은 전쟁에 대한 준비가 부족한 상태에서 일본 수군이 싸움을 걸어오면 뒷걸음질 치는 것도 마다하지 않았다.

또한 개인용 컴퓨터의 대중화를 선도한 마이크로소프트의 빌 게이츠는 컴퓨터 운영체제인 윈도우를 개발하여 세계적인 부자가 되었다. 그는 기술자로서의 자질 못지않게 경영자로서의 안목이 뛰어났고, 마이크로소프트의 규모가 커지면서 자신의 단점을 보완해 줄 수 있는 경영진을 시기적절하게 영입했다. 또한 자선사업가로 변신하여 자신이 축적한 부를 과감하게 사회에 환원하고 있다.2)

예나 지금이나 각 분야의 영웅들은 남다른 안목과 기회를 포착하는 비범함을 보여 준다. 자신의 분야에서 인정받을 수 있는 전문가가

> 신이 달아나면서 일면 돌아보니 왜노 6~7명이 이미 칼을 휘두르며 원균에게 달려들었는데 그 뒤로 원균의 생사를 자세히 알 수 없었습니다. 경상 우수사 배설과 옥포·안골의 만호 등은 간신히 목숨만 보전하였고, 많은 배들은 불에 타서 불꽃이 하늘을 덮었으며, 무수한 왜선들이 한산도로 향하였습니다.
> 〈선조실록〉 30년 7월 22일

> 우리 주사舟師는 멀리 나주 경내의 보화도에 있으므로 낙안樂安과 흥양興陽 등의 바다에 출입하는 왜적이 마음 놓고 마구 돌아다녀 매우 통분스럽습니다. 그리고 바람이 잔잔하니 이는 바로 흉적들이 소란을 일으킬 때이므로 2월 16일에 여러 장수를 거느리고 보화도에서 바다로 나아가 17일에 강진 경내의 고금도로 진을 옮겼습니다.
> 〈선조실록〉 31년 3월 18일

되어야만 성공할 수 있고, 급변하는 세상에서 생존하고 번영하려면 자신감이 충만해야 하며, 세상사에 폭넓게 관심을 가져야만 빛을 발하는 지도자가 될 수 있다.

경쟁자보다 앞서 나가려면 새로운 세상을 경험하며 시장을 선도할 수 있는 지혜를 충전해야 한다. 기업들은 끊임없이 신상품을 출시해야 하는데, 소비자들은 아무리 좋은 상품이라도 익숙해질 때가 되면 싫증을 느낀다.

Korean Leadership

2

환경변화를
선도하는 전략

세종은 훈민정음을 창제하여 백성들을 사랑하는 애민정신을 몸소 실천했다. 당시 평민들과 하층민들은 한자로 된 글을 몰라 힘 있는 사람들과 분쟁이 생기면 억울하게 당하기 일쑤였다. 한자는 조선인들의 발음구조와 달라 공부하는 데 어려움을 겪을 수밖에 없었나.

사대부들은 어려운 한자를 배우며 글이란 본래 어려운 것이고, 아무나 쉽게 배울 수 없는 글이라야 가치가 있다는 생뚱맞은 논리를 받아들이며, 지적 희열을 느꼈다. 당시 중앙권력의 달콤함에 취해 있었던 관료들은 세종의 훈민정음 창제를 비판적인 관점에서 바라보았다. 사대주의 의식이 강했던 관료들은 우리 민족의 독창적인 글을 만드는 것 자체가 대국인 명나라의 권위에 도전하는 행위로 비춰질 수 있다는 우려를 표명했다.

이처럼 훈민정음 창제를 위한 여건은 녹록지 않았지만 세종의 비전은 신하들의 생각을 뛰어넘고 있었다. '너희들의 생각이 틀렸다고 단언할 수는 없을 것이야. 그러나 조선의 백성들은 우리글이 있는 멋진 나라에서 살아야 해.' 배움의 기회도, 기록할 수단도 없어 구전에만 의존했던 백성들에게 훈민정음은 멋진 세상으로 나아가는 문이었다.

혁신의 가치를 터득하라

세종은 부왕이 마련해 준 성군 정치의 터전 위에서 자신의 포부를 마음껏 펼쳤다. 그는 국정의 시급한 과제로 백성들의 굶주림을 해결하는 데 역점을 두었고, 백성들의 식량문제를 근본적으로 해결하기 위해 다양한 천문관측기구 등의 개발에 박차를 가하며 농업생산성을 높이는 데 주력했다.

무릇 백성이란 나라의 근본이요, 백성은 먹는 것을 하늘처럼 우러러본다는 것을 세종은 너무도 잘 알고 있었다. 하늘에 의지해 농사짓다 보면 기후변화로 인해 가뭄과 한파, 태풍 등으로 수확량이 급

> 한많은 백성들의 굶어 죽게 된 형상은 부덕한 나로서 두루 다 알 수 없으니, 감사나 수령으로 무릇 백성과 가까운 관원은 나의 지극한 뜻을 몸받아 밤낮으로 게으리하지 말고 한결같이 그 경내의 백성으로 하여금 굶주려 처소를 잃어버리지 않게 유의할 것이며, 궁벽한 촌락에까지도 친히 다니며 두루 살피어 힘껏 구제하도록 하라. 〈세종실록〉 1년 2월 12일

감하여 굶주리거나 굶어 죽는 백성들이 발생하곤 했다.

그는 식량난이 발생하면 호조에 명하여 창고를 열어 구제하기도

하고, 연달아 지인知印을 보내어 전국으로 두루 다니면서 백성들의 고통에 대한 해법을 제시할 것을 주문했다. 임금은 한 백성이라도 굶어 죽은 자가 있다면, 관할 지역의 감사나 수령이 모두 교서를 위반한 것으로 간주하여 죄를 논할 것임을 분명히 하였다.

세종은 반복되는 식량부족 사태를 해결하기 위해 농업 생산성을 향상시킬 수 있는 방안을 모색했고, 관노였던 장영실을 발탁할 만큼 굶주린 백성이 없게 하겠다는 신념을 실천에 옮겼다. 그리고 측우기, 해시계, 물시계 등 다양한 발명품을 토대로 날씨와 강수량 등을 예측하며 농업기술 향상에 박차를 가했다.

임금은 한자를 몰라 어려움을 겪고 있는 백성들의 고통을 외면할 수 없었다. 훈민정음 창제는 세종의 다양한 업적 중에서 최고의 업적으로 꼽힌다. 아마도 우리글이 없었다면 조선 말기에 불어닥친 외세의 침략과 일제 강점기 등의 굴곡진 역사의 수레바퀴 속에서, 한민족의 대동단결을 이끌어 내기는 쉽지 않았을 것이다.

세종은 '훈민정음' 창제 프로젝트를 야심차게 출범시켰지만, 그 여정은 녹록지 않았다. 명나라로부터 오해를 살 수도 있었고, 신하들의 반대를 극복하는 것도 만만치 않았다. 그는 반대하는 신하들을 엄하게 다스리기보다 뜻을 같이 하는 집현전 학자들과

> 임금이 친히 언문諺文 28자를 지었는데, 그 글자가 옛 전자篆字를 모방하고, 초성·중성·종성으로 나누어 합한 연후에야 글자를 이루었다. 무릇 문자에 관한 것과 이어俚語에 관한 것을 모두 쓸 수 있고, 글자는 비록 간단하고 요약하지마는 전환하는 것이 무궁하니, 이것을 훈민정음訓民正音이라고 일렀다.
> 〈세종실록〉 25년 12월 30일

머리를 맞대고, 훈민정음을 창제하는 길을 선택했다.

　마침내 훈민정음이 반포되자 백성들은 환호했다. 반면 관료들 중에는 훈민정음 창제를 못마땅해 하는 자들이 많았다. 한자를 모르는 백성들은 다툼이 벌어지면 관료들에게 농락당하기 일쑤였다. 그래서 훈민정음은 배우기 어려운 한자와 달리 쉽게 배울 수 있도록 만들어졌다.

　본래 조선의 백성들은 조상 대대로 사용하던 말이 있었다. 세종은 없던 언어를 창조했다기보다 음성으로만 통용되던 우리말을 글로 표현할 수 있도록 훈민정음을 창제하였다.

> 나랏말이 중국과 달라 한자와 서로 통하지 아니하므로, 우매한 백성들이 말하고 싶은 것이 있어도 마침내 제 뜻을 잘 표현하지 못하는 사람이 많다. 내 이를 딱하게 여기어 새로 28자를 만들었으니, 사람들로 하여금 쉬 익히어 날마다 쓰는 데 편하게 할 뿐이다. 〈세종실록〉 28년 9월 29일

　또한 고구려에서 분리 독립한 백제의 건국도 혁신의 중요성을 되새겨보게 한다. 고구려를 건국한 주몽은 왕이 되기 전 두 번째 부인인 소서노를 만나 권력기반을 공고

히 할 수 있었다. 그런데 주몽의 뒤를 이어 첫 번째 부인의 아들인 유리 태자가 왕위를 이어받게 되자, 소서노는 두 아들인 비류와 온조 및 추종세력들과 함께 망명길에 올랐다.

한반도의 한강 이북지역에는 말갈이 통치하고 있어서 망명객들이 한강 이남지역으로 이주하는 여정은 녹록지 않았다. 망명객들은 우여곡절 끝에 말갈과 마한의 접경지대인 충청도지역(또는 한강유역)에 기원전 18년경에 나라(후에 백제로 국호 변경)를 건국하였다.

백제는 권력기반이 안정되자 소서노의 두 아들인 비류와 온조 사이에 치열한 권력다툼이 벌어졌고, 동생인 온조가 비류를 제압하고 백제의 초대 왕이 되었다. 건국 초기부터 중앙집권국가를 지향했던 백제는 무서운 속도로 마한지역을 파고들었다.

마한은 비교적 넓은 영토를 가지고 있었지만, 고대 그리스의 도시국가들처럼 지방분권형태여서 전쟁이 발발하면 군사력을 결집시키기 어려웠다. 결국 백제는 마한지역을 통일하여 한반도 한강 일대와 서해안 지역의 새로운 강자로 부상할 수 있었다.

아울러 팔백여 년 전 광활한 유라시아대륙을 정복했던 칭기즈칸의 거대한 제국 건설도 혁신의 가치를 되새겨보게 한다. 유목민의 후예였던 칭기즈칸은 몽골 초원을 평정하고 중국대륙 외에도 중동지역과 유럽까지 영향력을 확산시키며 세계제국을 건설했다. 그는 속도를 중시했고 군사장비와 군량미를 가볍게 하여 빠른 속도로 이동하며 주변국가들을 정복해나갔다. 정복한 유라시아대륙을 하나로 연결하는 '역참제'라는 정보네트워크를 구축했으며, 포로라 할지라도 혁신을 이끌 수 있는 신기술을 가진 사람은 죽이지 않았다.3)

유목민이 세계사에 본격적으로 등장한 것은 기원전 1000년경이지만, 칭기즈칸이 두각을 나타내기 전까지 몽골의 유목문화는 고도로 발달된 농경문화에 비해 두각을 나타내지 못했다. 중국대륙을 가로지르는 만리장성은 민첩한 북방 유목민족의 침략을 예방하기 위한 상징성을 함축하고 있다.

유라시아대륙의 거대한 초원지대에 거주했던 유목민들은 생활환경이 척박하여 서로 뺏고 빼앗기는 약육강식의 환경 속에서 생활할 수밖에 없었다. 중국대륙의 농경민족에 비해 말 타고 빠르게 이동하며 벌이는 전투력은, 유교적 예법으로 무뎌진 농경민족의 무기력함을 단숨에 제압할 수 있었다.

칭기즈칸은 1206년 거대한 몽골제국을 통일하여 지속되는 분쟁의 소용돌이를 잠재우는 위업을 달성했다. 그는 남다른 친화력으로 부하 장수들과 백성들로부터 지도력을 인정받았고, 아군과 적군을 엄격히 구분하여 아군에 대해서는 놀라울 만큼의 자비심과 포용력으로 대했지만, 적군에 대해서는 펄펄 끓는 거대한 가마솥에 전쟁 포로들을 집어넣어 처형할 만큼 냉혹했다. 그에게 내 편도 네 편도 아닌 중도노선은 통하지 않았다.

그는 제국의 통치에 필요한 지식이나 기술을 지닌 자들은 신분여하를 막론하고 적극적으로 영입하는 열린 인사제도를 도입했다. 유교적 위계질서야말로 인간다움을 높이고 품격 있는 삶을 이끌어 준다는 고정관념에 사로잡혀 있던 한족들은, 격식을 초월하고 기술자를 우대하며 속도전으로 몰아붙이는 몽골의 기마병 앞에 무참히 짓밟히고 말았다.

몽골제국은 그들의 문화를 통치지역으로 전파하기도 했지만, 현지문화를 무리하게 억압하기보다 현지문화의 다양성을 인정해 주며, 몽골제국의 일원으로 참여할 수 있는 길을 열어 주었다. 한마디로 다민족공동체를 지향하는 통치구조였다.

또한 칭기즈칸은 꿈이란 얼마든지 현실화할 수 있다는 신념을 지닌 인물이었다. 그는 원대한 꿈을 지녔을 뿐만 아니라 열린 사고를 통해 자신의 꿈을 공유할 줄 알았다. 그는 꿈을 공유하기 위한 조치로 개인약탈을 금지하였다. 전리품을 상납하는 봉건제식 방법이 아니라 전쟁 승리의 공이 많은 순서에 따라 전리품을 나눠 갖게 하였다. 당시의 전쟁은 일종의 생산인데, 요즘 말로 하면 스톡옵션을 주어 생산력을 증가시키는 수단이었다.

아울러 혁신은 차별화된 비전을 달성하는 여정이다. 차별화된 비전이 결실을 맺으려면 스스로의 실천 의지가 확고해야 한다. 비전이란 자신뿐만 아니라 조직이 지향하는 가치이자 구성원들이 함께 행동하는 동기를 제공한다. 비전은 성장의 원동력이며, 집단의 역량을 결집시키는 힘이다. 집단 구성원들을 자발적으로 참여하게 만드는 비전이 수립되면 혁신을 실행할 수 있는 명분이 생긴다.

기업 경쟁력의 원천인 혁신은 고객가치 창조에 집중되어야 한다. 고객은 자신이 지불한 비용보다 큰 혜택을 누리고 있다고 판단할 때 감동받는다. 고객은 자신이 구매한 상품이 비싸다고 만족하거나 싼 물건이라고 불만족하는 것이 아니다. 비싼 물건이든 싼 물건이든 자신이 지불한 상품 가격이 아깝지 않아야만 재구매할 확률이 높아진다.

관심분야에 대한 독서량을 늘리는 것도 혁신에 따른 부작용을 줄이는 데 효과적이다. 일상생활에서 주요 뉴스에 관심만 집중시켜도 세상살이의 트렌드를 파악하는 데 큰 도움이 된다.

유능한 경영자로 성장하려면 창조적인 방식으로 미래를 내다보는 안목을 키워야 하고, 자신의 잠재력을 이끌어 내는 직관도 갈고 닦아야 한다. 직관은 느낌이나 감각적으로 인식된 아이디어에 관심을 집중시켜 쉽사리 풀리지 않는 난제의 실마리를 순식간에 찾아내는 데 도움을 준다. 검증된 정보와 그동안 축적해 놓은 경험에 지나치게 의존하다 보면, 직관의 음성이 들려와도 무시해버리는 우를 범할 수 있다.

직관의 중요성은 신이 보이지 않는다고 해서 신이 없다고 속단하기 어려운 이치와 일맥상통한다. 자신이 알고 있는 검증된 지식만을 맹신하다 보면 넓은 세상의 깊이를 제대로 이해하기 어렵다. 따라서 경영자는 학습된 지식을 중시하면서도 다양한 정보와 전문가의 자문, 직관적인 확신과 아이디어를 면밀히 검토하여 최상의 결과를 이끌어 내야 한다. 또한 유익이 수반되는 혁신이라야 실효성을 높일 수 있다.

변화를 주도하는 삶

세종은 중국대륙 중심주의의 허와 실을 냉정하게 분석하며 대안을 모색하는 리더십을 발휘했다. 당시 조선은 명나라의 간섭으로 인해 어려움을 겪곤 했는데, 난관을 기피하기보다 창조적 해법 마련에 주력했다.

그는 명나라에서 파견한 외교관들과 원만하게 교류하며 실리외교를 추구했다. 세종은 명과의 외교관계에서 난처한 상황에 부딪히는 경우가 있었지만 피하거나 과하게 대응하는 것을 경계하였다. 명의 사신들이 도를 넘는 것을 원할 때는 맞춤형 전문가를 내세워 소통하며, 나라의 품위를 지키면서 국익을 위해 혼신의 힘을 다했다.

> 예문 제학 정인지가 가대사성假大司成을, 집현전 부제학 김돈·안지 등으로 가사성假司成을, 수찬修撰 김문으로 주부注簿를 삼으니, 이는 사신과의 강론과 제술製述에 대비하기 위한 조치였다.
>
> 〈세종실록〉 17년 3월 21일

국가 간의 교류에서는 엄격한 힘의 논리가 지배한다. 세종이 즉위하자 일본 열도에서 조선왕조에 토산물을 바치는 세력들이 증가하였다. 임금은 조선에 허리를 굽히는 일본열도의 사신들에게 적절한 답례품을 전했다.

　지도자란 맹목적으로 낙관하는 것을 경계하면서도 비관적으로 세상을 바라보지 말고, 명분을 살리며 실익을 챙기는 지도력을 발휘해야 한다.

> 일본 대마도의 종정성宗貞盛이 사람을 보내어 방물方物을 바쳤다.
> 〈세종실록〉 즉위년 12월 6일
> 대마도 종정성과 도만호都萬戶 좌위문대랑佐衛門大郞 등이 사절을 보내와서 조공하였다.
> 〈세종실록〉 3년 4월 1일

　조선 후기의 문예부흥을 이끌었던 정조 또한 리틀 세종이라 불려도 좋을 만큼, 중화中華 중심주의를 경계한 인물로 평가받고 있다. 그는 시대를 앞서간 인물로서 국익을 위해서라면 서학의 수용에도 관대한 입장을 견지했다.

　당시 기독교사상은 유교적 통치이념과 충돌되는 평등사상을 중시했기에 권력자들의 입장에서 보면, 조선의 통치기반 자체를 흔들어 놓을 수 있는 위험성을 내포하고 있었다. 급기야 조선의 고위 관료들은 자신들이 누려왔던 기득권을 지속시키기 위한 희생재물로 천주교인들을 주목하기 시작했다.

　정조는 천주교인들의 탄압 자체를 부정하지는 않았지만, 소극적으로 대응하였다. 그는 조선이 보다 선진화된 사회로 나아가기 위해서는 서양사회로부터 많은 지식과 과학기술을 받아들여야 함을 인지하고 있었다. 수원화성 건설을 진두지휘했던 정약용의 집안 식구들은 독실한 천주교인이었고, 그 자신도 서학 연구에 높은 관심을 보였지만 정조는 정약용을 지켜 주었다.

　수원화성에는 정조가 추구했던 실사구시의 정신이 깃들어있다. 조선시대의 성곽은 읍성과 산성으로 나뉜다. 당시 전쟁에 패한다는 것은 성곽을 빼앗겼다는 의미로 해석될 수 있었다. 조선사회에서 관료들과 백성들은 읍성을 중심으로 생활하다, 전쟁이 발발하면 적군을 물리치기 용이한 산성으로 이동하여 적군과 대치하였다. 하지만 적군은 손쉽게 읍성을 점령하고 약탈과 방화를 일삼아 전쟁의 승패와 상관없이 아군에 엄청난 피해를 안겨 주었다.

정조는 고심 끝에 읍성과 산성의 장점이 결합된 성곽을 구상했고, 전쟁이 발발해도 삶의 터전을 지키면서 적군을 막아낼 수 있는 수원화성을 건설했다.

그는 수원화성 건립을 계획한 후 완성되기까지 신하들의 반대는 물론이고, 성곽의 설계와 재

팔달산에 올라 성 쌓을 터를 두루 살펴보고 상이 이르기를, "이곳은 산꼭대기의 가장 높은 곳을 골라 잡았으니 먼 곳을 살피기에 편리하다. 기세가 웅장하고 탁트였으니 하늘과 땅이 만들어 낸 장대將臺라고 이를 만하다.   〈정조실록〉 18년 1월 15일

원조달 등 다방면의 암초들을 슬기롭게 극복해냈다. 또한 삶의 터전을 지키며 전쟁에 임하는 성곽을 건설함으로써 상업자본을 체계적으로 육성할 수 있었다.

　존경받는 지도자는 강한 신념과 긍정의 힘에 기초하면서도 열정이 넘쳐난다. 열정이란 어떤 일에 몰입하는 마음가짐이다. 해결되지 않을 것 같은 난제도 열정적으로 몰입하면 상상 이상의 결과를 이끌어낼 수 있다. 실력이 뛰어나도 열정이 부족하면 높게 도약하기 어렵다. 반면 열정이 넘쳐나는 사람은 자신에게 불어 닥친 난관을 슬기롭게 극복할 수 있는 에너지가 넘쳐흐른다.

　열정이란 인공위성을 대기권 밖으로 쏘아 올리는 원리와 흡사하다. 로켓이 대기권을 벗어나려면 강력한 엔진을 탑재해야 한다. 그래야만 비로소 인공위성은 본래의 목적대로 자신에게 주어진 임무를 수행할 수 있다.

　미국의 노예를 해방시킨 에이브러햄 링컨Abraham Lincoln이 보여 준 리더십도 변화를 주도하는 삶의 중요성을 일깨워 주고 있다. 그는 1861년 3월 미국의 제16대 대통령으로 취임하면서 미국이 보다 강력한 국가로 나아가기 위한 비전을 국민들에게 제시했다. 그는 분열되었던 미국을 하나의 통합체로 바꾸어 놓았고, 남북전쟁으로 인한 후유증을 슬기롭게 극복했으며, 민주주의 사회의 토대를 공고히 다졌다.

　또한 영국 최초의 여자수상이었던 마거릿 대처Margaret Thatcher의 리더십은 그녀의 강한 신념에 기반을 두고 있다. 사람들은 마거릿 대처 수상을 철의 여인이라 부른다. 신분차별이 존재했던 보수적인 영국사회에서 식품잡화상의 딸로 태어난 그녀의 인생은 수상이 되는 날까지 자신을 둘러싼 역경을 헤쳐 나가는 여정이었다. 그녀가 수상에 취임했던 1979년에 영국은 경제위기상황에 처해 있었다. 영국 국민들은 자신의 어려운 처지를 극복하고 정치적으로도 성공한 마거릿 대처가 영국병을 치유할 수 있는 적임자라 여겼다.4)

대처 수상이 취임했을 당시 영국은 하늘 높이 치솟고 있는 고질적인 인플레이션으로 말미암아 경제성장률은 저조했고, 노조파업이 장기화되면서 사회 혼란은 극에 달해 있었다. 그녀는 위대한 영국 건설을 위한 비전을 제시하며, 국민들의 에너지를 결집하는 데 총력을 기울였다. 나침반이 망망대해를 항해하는 선박들을 목적지로 안내하는 것처럼 난세에는 강력한 추진력을 지닌 지도자가 필요하다.

일본에서 소프트뱅크를 이끌고 있는 손정의 회장의 리더십도 눈길을 끈다. 그는 재일 한국인이며 역경을 불굴의 신념과 열정으로 뛰어넘는 인물로서 사업목표가 설정되면 강인한 도전정신과 확고한 신념으로 돌파하는 저력을 지닌 인물이다. 외국인에게 배타적인 일본에서 재일 한국인이라는 차별과 싸우면서 그는 수많은 시련을 겪었지만 좌절하지 않았다.

기업 내에서 새롭게 정립된 비전이 성과를 내려면 조직 화합이 전제되어야 하고, 조직 내의 적절한 위기감도 필수적이다. 적절한 위기감은 구성원들의 반대여론을 잠재우며 조직 화합을 이끄는 데 효과적이다. 그런데 사람들은 새로운 비전을 쉽게 받아들이려 하지 않는다. 조직 구성원들은 현재의 경영상태가 나쁘지 않다면 변화보다 안정을 선호한다. 이끄는 자와 이끌리는 자는 동일한 경영목표를 서로 다른 관점에서 해석한다.

의사결정의 타이밍에 집중하라

　세종은 성벽을 쌓는 등의 사업을 전개하며 백성들을 동원하면서도 그들의 처지를 살피는 것을 우선시했다. 그는 즉위하자마자 남해안 일대에서 백성들을 괴롭히던 대마도 정벌에도 박차를 가했는데, 상왕인 태종이 주도적인 역할을 담당했다. 세종은 대마도를 정벌하며 강공 일변도로 밀어붙이는 전략 대신 대마도인들을 회유하여 피를 흘리지 않고 제압하거나, 조선군의 피해를 최소화하며 승리하는 전략을 추구했다.

　태종은 상왕으로 물러나면서도 군권을 유지하였고, 임금 교체기에 발생할 수 있는 전란이나 사회적 혼란을 차단하는 데 주력했다. 임금이 되기 전까지 젊음을 불사르며 다양한 전쟁을 치러 낸 태종은, 상왕으로 물러난 후에도 세종의 단점을 보완하는 데 혼신의 힘을 다했다.

　1419년(세종 1) 10월 11일에 태종은 유정현·박은·이원·허조·신상들을 불러 대마도의 투항을 받아내는 방책을 의논하니, 다들 말하

기를 "마땅히 이렇게 설유해야
합니다. '너희 섬 사람들은 시초
에는 도적질하는 것을 일삼아 우
리 땅을 침범하여 노략질을 하다
가, 그 후 종정무宗貞茂가 사람을
보내 항복하겠다고 빌기에, 우리

> 등현·변상들이 대마도로부터 돌아
> 왔다. 대마도의 수호 종도도웅와宗都
> 都熊瓦가 도이단도로都伊端都老를 보
> 내어 예조 판서에게 신서信書를 내어
> 항복하기를 빌었고, 인신印信 내리기
> 를 청원했으며, 토물을 헌납하였다.
> 〈세종실록〉 1년 9월 20일

는 차마 그를 끊어버릴 수 없어 그가 하고자 하는 대로 따른 지가
여러 해 되었다. … 11월까지 기다려도 보고해 오지 않는다면, 우리
도 영영 투항해 오지 않는 것으로 생각하겠다.'고 말해서, 병조와 예
조가 함께 설유하여 보내도록 할 것입니다." 하니, 상왕은 그 방법이
옳다고 하였다.

세종은 대마도를 완전히 제압
한 후 외교적 품위를 지키며 대
마도인들과 교류하였다. 임금은
대마도 정벌 과정에서 예기치 못
한 사태에 대비하여 각 도로 하
여금 병선을 점검하고 정벌할 터
로 가기를 기다릴 것이며, 삼군
도체찰사 이하 여러 장수들과 군

> 삼군도통사三軍都統使 유정현 등 여
> 러 장수를 불러 서울로 돌아오게 하
> 고 선지하기를, "대마도 왜노가 사는
> 땅이 매우 척박하여, 생리生理가 가
> 난한 탓으로 도적질할 꾀를 내는 것
> 이니, 이제 전부터 귀화하여 서울에
> 와서 살고 있는 등현藤賢 등 5명을
> 시켜 먼저 섬 가운데로 가서 그들을
> 불러 안심시켜 거느리고 오게 하라.
> 〈세종실록〉 1년 7월 18일

관들은 다 같이 서울로 오게 하고, 여러 도의 병선은 각각 본처本處에
돌아와 다시 방어를 엄하게 할 것을 명하였다.

태종은 대마도 정벌뿐만 아니라 세종 즉위 후 양녕대군의 신변보
호에도 특별한 조치를 취했다. 양녕대군은 폐위 후에도 천수를 누리

며 무탈하게 생활할 수 있었는데, 후덕했던 세종과 부왕인 태종의 특별한 보살핌 때문이었다.

세종은 수많은 전쟁과 군권에 대한 해박한 지식을 겸비한 부왕 태종의 도움으로 집권 초반기에 발생할 수 있는 권력다툼을 치유하며, 최강의 군사력을 유지할 수 있었다. 본래 세종은 왕자 시절 무인 훈련을 제대로 받지 못했다. 당시 태종은 세자인 양녕대군 이

상왕이 편전에 좌정하니, 임금은 시종하고 양녕도 곁에 있었다. … 또 말하기를, "내가 전위傳位한 것은 본시 세상일을 잊어버리고 한가롭게 지내고자 함에서이다. 유독 군사 관계만은 아직도 내가 거느리고 있는 것은, 주상은 나이 젊어 군무를 모르기 때문이나, 나이 30이 되어 일에 대한 경험이 많아지면, 다 맡길 생각이다.　〈세종실록〉 1년 2월 3일

외의 대군들에게 무인 훈련시키는 것을 꺼려했다. 그는 형제들을 죽여야만 자신이 살 수 있었던 절대권력의 비정함을 자식들에게 물려주지 않으려 했다.

또한 미래를 대비하지 못하는 지도력은 조직 전체를 위험에 빠뜨릴 수 있는 시한폭탄이 될 수 있다. 자동차를 운전하다 보면 사거리를 만나게 되는데 직진하느냐, 좌회전하느냐, 우회전하느냐에 따라 목적지는 달라진다. 마찬가지로 문제를 바라보는 지도자의 접근법에 따라 결과는 크게 달라질 수밖에 없다.

지도자는 의사결정을 독단적으로 처리하기보다 함께 일하는 조직 구성원들과 정보를 공유하며 민주적으로 처리해야 한다. 아울러 스스로 해결할 수 있는 영역과 조언을 받아야할 영역을 명확히 구분해야 하고, 합리적이며 시기적절한 의사결정을 통해 조직이 추구하는 목적을 달성해야 한다.

의사결정은 빠른 것이 좋을 수도 있지만 때에 따라서는 상황을 악화시킬 수도 있다. 최적의 의사결정이란 넘치지도 부족하지도 않은 적절한 시점에 행동으로 옮기는 것이다. 자체적으로 해법 도출이 어려우면 외부 전문가의 도움을 받아야 한다.

인간공동체는 예측 불가능한 난제들을 슬기롭게 해결하는 사람들을 필요로 한다. 기존의 해법을 답습하는 접근법보다는 창조적인 방식으로 생각하고 대안을 모색하는 지도자라야 난세의 영웅이 될 수 있다.

지도자의 의사결정은 다양한 정보 분석을 토대로 최상의 해답을 찾아내야 한다. 타이밍을 놓치게 되면 무용지물이 되고 만다. 부산행 마지막 열차시간이 지나 서울역에 도착하면 계획된 부산여행은 난관에 봉착하는 이치와 마찬가지다.

난제에 대한 해결책은 빈틈이 없으면서도 가급적 빠른 시간 내에 찾아내야 한다. 기존에 존재하는 정보나 기술을 응용하여 해결책을 찾아내는 방식은 기차가 출발하기 전 서울역에 도착하여 시간적 여유를 갖는 것처럼 최적의 타이밍을 선택할 수 있는 여유를 제공한다.

독서를 통해 다양한 정보를 습득하고, 실전 경험과 신세계를 답사하는 여정이나 문화적 다양성에 익숙해지면 의사결정의 실효성을 높일 수 있다.

글로벌기업들은 세계시장에서 무한경쟁을 벌이고 있다. 새롭게 두각을 나타내는 기업은 자신만의 차별화된 전략으로 소비자들을 사로잡고 있다. 최고 경영자는 혁신적인 변화의 필요성에 공감하고 담당부서에서 벤치마킹의 대상 분야를 선정하도록 권한을 위임해야 한다.

벤치마킹은 경쟁상대를 비교하면서 자사의 경쟁력을 확장시키는 데 큰 도움이 된다. 무엇보다도 기존에 사용하고 있는 프로세스와 새롭게 도입하는 프로세스 간의 차이를 면밀히 검토하고 분석한 후 실행상의 우선순위를 결정해야 한다.

사람들은 성공했을 때 타이밍이 좋았다고 말하고, 실패했을 때 타이밍이 나빴다고 말한다. 사업적인 목적으로 선물할 때나 연인에게 선물할 때도 타이밍이 중요하다. 타이밍이란 사진촬영에서 셔터를 누르는 순간에 비유될 수 있다. 빠르게 움직이는 물체를 촬영할 때는, 셔터를 눌러야 하는 순간포착능력이 뛰어나야 좋은 사진을 찍을 수 있다.

한편 2002년 한일 월드컵에서 한국 축구의 4강 신화를 일궈 낸 거스 히딩크Guus Hiddink 감독은 시기적절한 의사결정을 몸소 실천한 인물로 평가받고 있다. 그는 불가능한 목표를 정해 놓고 무모하게 밀어 붙이는 불도저식 CEO가 아니라, 선수들의 경기력을 향상시키고 관중들을 즐겁게 해줄 수 있는 공격축구를 구사해야만 좋은 평가를 받을 수 있을 뿐만 아니라 승리할 수 있다는 스포츠철학을 지닌 인물이었다.5)

당시 한국축구는 공격수와 수비수 중 각 포지션별 역할이 경직되어 있었고, 수비불안 때문에 이길 수 있는 게임에서 지곤 했다. 우리나라 축구팀의 선수들은 유럽이나 남미의 선수들보다 개인기가 떨어졌기에, 그들과 차별화할 수 있는 전략도 필요했다.

한국축구는 강인한 체력을 바탕으로 빠른 스피드와 정신력을 중시했지만, 세계적인 축구팀과 경기하게 되면 속수무책으로 당하곤 했다. 히딩크 감독은 선수들의 볼 컨트롤과 개인기를 보강하며 빠른 공수전환과 팀플레이로 개인기 중심의 유럽과 남미 팀들의 단점을 파고들었다.

그는 성급하게 선수들을 다그치지 않았다. 한국 축구를 개선하기 위한 전략에 따라 히딩크 감독은 단계적으로 국가대표팀의 훈련 강도를 높여나갔으며, 유럽과 남미 축구의 장점을 벤치마킹하여 한국축구에 접목시켰다. 5단계에 걸쳐 진행된 훈련프로그램을 통해 히딩크는 한국축구의 단점들을 획기적으로 개선할 수 있었다. 2002년 3월 27일 터키와의 평가전에서 0 대 0으로 비긴 이후로, 한국 축구는 예전과 확연히 달라졌다.

허망하게 실점하는 약점이 보완되었고, 빠른 공수전환과 지칠 줄모르는 체력을 바탕으로 후반전에도 압박축구를 전개했다. 점차로 한국의 축구 대표팀은 그 어떤 팀과 경쟁해도 이길 수 있다는 자신감이 충만해졌고, '2002 한일 월드컵'에서 4강 신화를 일궈 냈다.

이처럼 계획을 행동으로 옮기는 타이밍이야말로 경영자가 갖추어야 할 핵심적인 덕목이다. 지도자는 때를 기다릴 줄 알아야 하며, 바쁘게 생활하는 중에도 합리적인 의사결정과 계획을 행동으로 옮겨야 할 타이밍을 효과적으로 설정할 수 있는 능력을 함양해야 한다.

정의롭지 못한 권력이동

세종이 성군이라 칭송받는 것은 그가 이룩한 탁월한 업적 때문만은 아니다. 그는 임금으로서뿐만 아니라 한 인간으로서 모범적인 삶을 살았고, 대소신료와 백성들로부터 찬사와 존경을 받았다.

인간의 사회적 책임은 직책이 높을수록 중하다. 높은 자리에 오른 사람이 사회적 책임을 다하지 못하면 그 후유증은 쉽게 치유되기 어렵다. 인간의 욕망 자체가 나쁜 것은 아니지만, 타인의 권리를 유린하거나 조직에 해를 끼치면서까지 자신의 이익을 추구할 때, 욕망은 범죄가 되고 관련자들은 심각한 고통을 받는다.

> 형조에서 계하기를, "안주의 백성 임부개가 그의 어머니와 소를 가지고 다투다가 그 어머니의 목을 매어 끌었는데, 그의 누이동생이 악한 역적이라고 부르짖으므로, 부개는 일이 탄로될까 두려워, 그의 아우 임정과 임원과 더불어 그의 누이동생을 때려 죽였으니, 법률에 따라 부개를 찢어 죽이고 정과 원을 목 베게 하소서." 하니, 그대로 좇았다. 〈세종실록〉 즉위년 10월 4일

세종 대에는 유교문화의 역기능보다 순기능이 발휘되던 시기였다. 그는 죄인을 다스릴 때에도 억울한 피해자가 발생하지 않도록 최선

을 다했다. 법으로 죄인을 엄하게 다스리는 접근법은 매우 신중해야 함을, 그는 몸소 실천했다.

1419년(세종 1) 2월 16일 호조에서 계하기를, "일찍이 각 도 감사와 수령에게 명하여 세궁민을 구호하라고 하였으나, 각기 사무가 복잡하여 시시로 고찰을 못하는 형편이오니, 그 경내에서 드러난 벼슬을 지낸 청렴하고 반듯한 자를 택하여 수령과 더불어 구호 사업에 전심하게 하고, 감사의 수령관이 순찰을 돌며 매 월말에 그 성적 여하를 낱낱이 갖추어 보고하게 하고, 만약 구호를 못하여 굶주리게 된 자가 있으면 중한 법에 처하고, 구호에 공효功效를 나타

> 전라도 태인 사람 노석안은 나이 세 살에 아비가 죽었는데, 열세 살이 되자 어미도 또한 죽으니, 무덤 앞에 여막을 짓고 3년 동안 흙을 져다가 봉분하였고, 아비의 '계수족稽手足 하라.'는 말을 듣지 못한 것을 한하여 울기를 그치지 아니한다고 본도에서 아뢰므로, 사섬 부직장司贍副直長을 제수하도록 명하였다.
> 〈세종실록〉 21년 11월 7일

낸 자는 특별한 상을 내리도록 하여 주시옵소서." 하므로 그대로 따랐다.

임금은 어린 시절부터 평이 좋았고 늘 자만하지 않았으며, 어느 자리에 있든지 간에 자신의 처지에 맞는 합당한 행동으로 주변 사람들을 감동시켰다.

한편 권력에 대한 탐욕은 절대 권력을 꿈꾸는 이해집단에서만 나타나는 현상은 아니다. 조직 내의 관리자들 간에 나타날 수도 있고, 동료 직원들 간에 나타날 수도 있으며, 국회의원 선거에서도 표출될 수 있다.

지도자가 존경받으려면 사회적 책임을 다해야 하는데, 이타주의에

대해 올바로 이해가 선행되어야 한다. 이타주의자가 추구하는 가치

관은 이기주의자와 개인주의자의 가치관과 구별된다.

　이기주의자의 관점에서 부귀영화를 누린 자로 세조의 최측근이었

던 한명회를 꼽을 수 있다. 그는 과거급제에 대한 꿈을 펼치지 못하

고 경덕궁 궁지기로 생활했던 인물이었다. 한명회는 학문적 능력은

부족했으나 출세에 대한 욕망은 차고 넘친 인물이었다.

　단종을 폐위시키고 임금이 된 세조도 이기주의 관점에서 부귀영화

를 누린 인물로 평할 수 있다. 나이 어린 단종이 즉위하자 세상 인심

은 세종의 둘째아들인 수양대군(세조)에 집중되었다. 세조가 즉위한

후에도 관료들은 현재의 임금을 지지하는 세력과 폐위된 단종을 지

지하는 세력으로 나뉘어 대립하였다. 단종을 지지하던 신하들은 명

망이 높은 자들이었으나, 세조를 지지하던 인사들은 명망이 높지 못

한 자들이었다.

　단종은 폐위되어 강원도 영월로 유배를 떠날 수밖에 없었다. 명분

이 약했던 세조 일당의 쿠데타는 성공하여 정권을 잡을 수는 있었지

만, 전국 각지에서 단종을 흠모하는 사람들의 역공은 예정된 수순이

었다. 단종은 노산군으로 강등되

어 영월의 청령포에서 생활하게

되었고, 전국 각지에서의 단종

복위운동은 지속되었다.

　단종이 처형되기 전에 유배생

활 했던 영월의 청령포는 삼면이

서강으로 둘러 쌓여있다. 서쪽은

> "성인은 너무 심한 것은 하지 않았으
> 니, 이제 만약 아울러서 법대로 처치
> 한다면 이는 너무 심하다." 하고, 명
> 하여 송현수는 교형에 처하고, 나머
> 지는 아울러 논하지 말도록 하였다.
> … 노산군이 이를 듣고 또한 스스로
> 목매어서 졸卒하니, 예로써 장사지
> 냈다.　〈세조실록〉 3년 10월 21일

육육봉이 우뚝 솟아 사람의 출입이 여의치 않은 천연요새다. 배를 타고 청령포에 다다르면 권력의 비정함을 저절로 깨닫게 된다.

> 병조판서 한명회의 딸을 왕세자빈으로 정하였다. 형조에 하지하기를, "국가의 큰 경사에 관대한 은전恩典을 펴는 것이 마땅하다. 이날 새벽녘 이전으로부터 간사한 도적 이외에 유형流刑 이하의 죄는 모두 용서하여 면죄하라." 하였다. 〈세조실록〉 6년 3월 28일

세조는 즉위 후에도 여러 차례 위기를 맞이했지만, 꾀가 많은 한명회 등의 지략으로 위기를 넘기곤 했다. 한명회는 자신의 딸들을 왕후로 시집보내며 평생 동안 부귀영화를 누렸다.

이완용 또한 이기주의 관점에서 부귀영화를 누린 인물이란 평가를 받고 있다. 그는 국가나 사회의 발전보다 개인적인 이익을 우선시했다. 고종은 외세의 힘을 빌려 한시적으로 왕권을 유지할 수 있었지만 자주적인 국가를 확립하지 못했다. 조선이 망하는 과정에서 친일매국노의 선봉에 섰던 이완용은 고종의 총애를 받으며 승승장구한 인물이었다.

일본은 한국에 대하여 고문정치를 할 목적으로 1904년 제1차 한일협약을 체결하였다. 대한제국의 총리대신 이완용과 일본의 통감 이토 히로부미가 협약에 사인함으로써 대한제국의 몰락은 돌이킬 수 없는 수순을 밟게 되었다.

"〈한일협약〉 제4조 한국의 고등관리를 임명하고 해임시키는 것은 통감의 동의에 의하여 집행할 것이다. 제5조 한국 정부는 통감이 추천한 일본 사람을 한국의 관리로 임명할 것이다. 제6조 한국 정부는 통감의 동의가 없이 외국인을 초빙하여 고용하지 말 것이다."

이처럼 정의롭지 못한 권력 이동은 다양한 부작용을 초래한다. 19세기 말과 20세기 초 세계열강들의 각축장이 되어버린 한반도에서 기득권 세력이 었던 왕족들과 고위관료들의 행태를 들춰 보면 분노가 치밀

> 한일협약이 체결되었다. … 제1조 한국 정부는 시정施政 개선에 관하여 통감의 지도를 받을 것이다. 제2조 한국 정부의 법령의 제정 및 중요한 행정상의 처분은 미리 통감의 승인을 거칠 것이다. … 광무 11년 7월 24일 내각총리대신 훈 2등 이완용, 명치 40년 7월 24일 통감 후작 이토 히로부미伊藤博文
> 〈순종실록〉 즉위년 7월 24일

어 오른다. 국익을 망각하고 자신의 가문과 개인적인 부귀영화에 눈이 멀어버린 파렴치한 기득권 세력들의 탐욕은 대한제국의 멸망을 가속화시켰다.

한편 국가나 주군을 위해 목숨을 바쳐 충성하지는 않았지만 세상의 흐름에 순응하며, 실익을 추구하는 자들을 개인주의자라 부른다. 세종대왕을 보필했던 맹사성과 황희는 고려왕조가 망하자 잠시 정치적 소용돌이를 피해 있다가 출사하여 큰 업적을 남겼다.

보통 사람들은 감히 흉내 내기도 힘들 만큼의 남다른 처세술과 모략으로 자신의 아들인 이명복을 고종에 등극시킨 흥선대원군의 리더십 또한 참으로 비범했다. 1863년 12월 8일 고종이 즉위하자 흥선대원군은 세도가들에 의해 농락당한 왕권을 바로세우고

> 정원용이 아뢰기를, "빨리 대왕대비의 분명한 전지傳旨를 내려 즉시 큰 계책을 정하시기를 천만 번 빌고 있습니다." 하니, 대왕대비가 이르기를, "흥선군의 적자에서 둘째 아들 이명복李命福으로 익종 대왕의 대통을 입승入承하기로 작정하였다." 〈고종실록〉 즉위년 12월 8일

부강한 나라를 만들기 위해 나름대로 혼신의 힘을 다했다.

하지만 쇄국정책 일변도로 나라를 운영하면서 대한제국은 도약을

위한 원동력을 점차 상실해 갔
고, 일본에게 나라를 빼앗기는
수모를 겪고 말았다.

반면 전봉준이 주도한 동학
혁명군은 부패한 관리를 처단
하고 시정개혁을 요구했다. 삽
과 괭이로 무장한 농민군을 한
양의 관군이 투입되고도 진압
하지 못할 만큼, 조선 말기의
군대는 무기력하기 그지없었
다. 다급해진 고종은 청나라에
원병을 요청했고, 이를 빌미로
일본군이 개입하게 되면서 조

법무대신 서광범이 아뢰기를, "비류匪
類인 전봉준, 손화중, 최경선, 성두한,
김덕명 등을 신의 아문衙門에서 잡아가
두고 신문한 결과 진상을 자복하였습니
다. 그러므로 《대전회통大典會通》〈추단
조推斷條〉〈군복기마 작변관문률軍服騎
馬作變官門律〉의 법조문에 적용시켜 교
형에 처하는 것이 어떻겠습니까?" 하
니, 윤허하였다.

〈고종실록〉 32년 3월 29일

선왕조의 몰락은 가속화되었다. 전봉준은 죽는 마지막 순간까지 개
인적인 부귀영화에 대한 회유를 뿌리치고, 순국하는 길을 선택했다.
그는 진실로 국가와 민족을 위해 이타주의를 실천한 인물이었다.

1910년 8월 29일 한일병합이 선포되기 이전부터 국내외에서 나라
를 되찾고자 하는 애국지사들의 활동은 거세게 일어났다. 1909년 10
월 26일 오전 9시 30분 러시아령 하얼빈 역에서 안중근 의사는 한일
병합을 주도하고 있던 이토 히로부미를 사살하였다. 한반도를 비롯
한 아시아지역으로 식민지 건설에 박차를 가하고 있던 이토 히로부
미 일행이 탄 열차가 하얼빈 역에 들어오고 있을 때, 안중근은 인근
의 찻집에서 거사를 준비하고 있었다.

그가 이토 히로부미를 저격
하며 내세운 명분은 15가지다.
한국 황제를 폐위시킨 죄, 무고
한 한국인을 학살한 죄, 강제로
정권을 탈취한 죄 등이 있지만

> 범인 안중근은 진남포鎭南浦 사람이다.
> 뒤에 융희 4년 2월 14일에 관동도독부
> 지방 법원에서 사형을 선고하여 같은
> 해 3월 26일에 집행하였다.
> 〈순종실록〉 2년 10월 26일

동양 평화를 깨뜨린 죄가 눈길을 끈다. 안중근은 수사기록에서 자신
의 신분은 의병 참모중장이고, 동양 평화를 위해 거사를 단행했음을
분명히 했다.

동학혁명을 주도한 전봉준과 이토 히로부미를 사살한 안중근은 죽
는 마지막 순간까지도 나라 사랑을 실천하는 투혼을 불살랐고, 한국
인들은 그들에게 진정한 영웅이란 칭호를 수여했다. 인간 생명의 소
중함을 간과하지 않으면서도, 국가나 민족이나 인류를 구원할 목적
으로 자신의 생명을 바쳐가면서까지 이타주의를 실천한 영웅들에게
세상 사람들은 진심으로 존경을 표한다.

사회적으로 이타주의의 실천이 확산되려면 스스로 자족하는 삶을
살아가는 사람들이 많아져야 한다. 가진 것이 많든 적든지 간에 자신
의 일에 최선을 다하면 존경받을 수 있는 사회라야, 무리하게 권력을
탐하려는 자들을 제어할 수 있다.

전국 각지를 여행해 보면 왕들의 유적지보다 난세를 구한 영웅들의
유적지에 보다 많은 순례자들이 방문하는 것을 확인할 수 있다. 역사
는 세월이 흐를수록 지위의 높음과 낮음보다 사회발전에 대한 공헌도
를 잣대로 영웅들의 가치를 평가한다. 현세에서의 삶은 찰나에 불과하
지만, 이타주의를 실천한 영웅들의 업적은 대대손손 칭송받는다.

환경변화의 나비효과를 분석하라

조선사회는 유교적 위계질서와 함께 사회변화가 적었지만, 임금의 의사결정이 신하들과 백성들에게 미치는 나비효과는 적지 않았다. 세종은 국민 통합과 관료들의 사기를 북돋우기 위해 그들의 주장에 귀 기울이며 난제들을 해결해나 갔다. 유교적 명분을 중시했던 조선사회는, 임금이라 하더라도 도리에 어긋난 명을 내리면 충신 들은 좌절하기 마련이었다.

세종은 신하들의 처지에서 생 각해 보며 그들의 입장에서도 납 득이 될 만한 판결을 내리는 데 주력했다. 자연스럽게 충신들이 모여드는 정치환경을 조성했고, 세종의 성군 정치는 순풍에 돛을

> 임금이 대언 등에게 이르기를, "궁궐 안에 있어서는 비록 실 한 오라기라 도 훔치면 그 죄가 사형에 해당하거 늘, 하물며 몰래 서로 선물로 주고 희 롱하며 즐겨한 일이겠느냐. 그 불충 불경함이 이보다 더할 수는 없다. 이 제 의금부가 손생의 죄를 무엇으로 논할 것인지. 이전에는 환관이 궁궐 밖에서 사궁私宮의 계집종을 가까이 하면, 의금부는 강간미수 죄로 처리 하였지만, 지금 손생은 이것에 비할 것이 아니다. 마땅히 불충 불경죄로 논하여야 할 것이다." 하였다.
>
> 〈세종실록〉 7년 12월 11일

단듯 순항할 수 있었다. 그의 통치술은 무엇보다도 순리를 중시하였다. 당시에는 급박하게 처리해야 하는 사건들이 오늘날과 비교하자면 많지 않았기에, 사건이 벌어진 후에 시간적 여유를 가지고 진상조사를 통해 사건을 처리하면 큰 탈이 없었다.

> 임금이 설순에게 이르기를, "시중 정몽주는 죽기까지 절개를 지키고 변하지 않았으며, 주서 길재는 절개를 지켜 마음을 변하지 않고 상소해서 물러가기를 청했으니, 찬술撰述한 〈충신도〉안에 모두 얼굴을 그리고 찬贊을 짓도록 하라." 하였다.
>
> 〈세종실록〉 13년 11월 11일

하지만 오늘날에는 사회변화가 극심해 정보 분석과 대응책 마련에 있어서, 조선시대와는 비교할 수 없을 만큼 신속한 대응을 필요로

한다. 도시문명의 혜택 속에서 살아가고 있는 현대인들은 컴퓨터와 인터넷이 없으면 생활하기 불편한 시대에 살고 있다. 따라서 지도자는 사회변화의 속도를 선도할 수 있는 능력을 겸비해야 한다.

환경변화의 나비효과가 경영자에게 도움을 주기 위해서는 의사결정의 실효성을 높일 수 있도록 경영정보를 안정적으로 확보해야 한다. 정보는 오차가 적어야 하고, 객관적으로 입증할 수 있어야 경영정보로서의 가치를 지닌다.

본래 나비효과는 날씨를 예측하는 연구를 진행하다가 발전된 개념이다. 적도 부근에서 잔잔하게 물결치던 바람은 점차로 북상하면서

바닷물의 온도변화에 따른 에너지와 결합하여 일본 열도와 한반도 일대에서는 엄청난 폭우를 동반하는 태풍으로 발전할 수 있다. 시골 길을 걷다 개미들이 단체로 이동하는 장면을 목격하면 비가 내릴 수 있음을 직감할 수 있다. 이처럼 나비효과는 우리 일상생활 전반에 영향을 미치고 있다.

사회변화의 속도는 많은 우려에도 불구하고 경제적 효율성을 중시한다. 경영정보시스템은 컴퓨터를 활용하여 정보를 수집하고 저장하는 기능과 함께, 수집된 정보를 분석하고 분류하며 재가공하는 역할을 수행한다.

기업들은 경쟁력을 높이기 위해 사내 정보네트워크인 인트라넷 등을 활용하여 구성원 간에 실시간으로 정보를 주고받는다. 지나치게 경영정보를 통제하면 업무 효율성이 저하될 수 있기에, 경영정보의 단계별 접근과 통제를 통해 경영정보의 실효성을 높여야 한다.

경영자는 경영정보를 효과적으로 처리하고 관리하며, 구성원들이 필요로 하는 정보를 시기적절하게 전달하여 조직경쟁력을 향상시켜야 한다. 경영현장에서의 특정 정보나 지식은 상호작용하며 경영성과를 창출할 수도 있고, 부정적인 영향력을 발휘하여 위기상황을 초래할 수도 있다. 따라서 의사결정권자는 기존의 경영정보에서 파생되는 나비효과를 면밀히 분석하여 미래예측에 활용해야 한다.

생산현장에서는 생산라인과 연결된 컴퓨터 프로그램을 활용하여 수작업으로 해오던 업무처리를 자동화함으로써 생산원가를 획기적으로 절감할 수 있다. 마케팅, 재무, 회계 등의 다양한 업무영역에서도 컴퓨터를 활용하면 신속한 업무처리가 가능하고 문제발생 시에도 대응능력을 개선할 수 있다.

경영정보시스템은 기업 내부의 구성원들과 외부 관련자들 간의 의사소통 개선에도 기여한다. 컴퓨터와 인터넷, 정보통신기술의 비약적인 발전은 기업 구성원들과 고객, 그리고 협력사 등의 다양한 이해집단들 간에 정보 공유를 촉진시키고 있다.

예를 들어 청바지 생산업자와 백화점에 진출해 있는 판매점들은 인터넷으로 연결된 실시간 재고관리 시스템을 활용하여 생산과 판매의 수요를 시기적절하게 통제함으로써 생산원가와 재고관리비용을 낮출 수 있다. 특정매장에 없는 사이즈의 청바지를 다른 매장에서 신속하게 확인하여 판매하는 것도 가능해졌다.

따라서 경영자는 자신이 몸담고 있는 조직체의 규모와 성격에 적합한 경영정보시스템을 구축해야 한다. 경영정보시스템을 구축하려면 비용이 발생하므로 새로운 시스템의 도입을 통해 얻을 수 있는 이익과 비용을 면밀히 검토해야 한다. 경영정보시스템 구축에 과잉투자가 발생하면 경영정보의 효율성보다 투입되는 비용에 따른 부작용이 확산될 수 있다.

또한 대중매체를 효과적으로 활용하여 경쟁력을 높여 나가는 역량을 발휘해야 한다. 매스미디어가 발달하지 않았던 시절에도 지도자는 다양한 홍보수단을 활용하여 자신이 원하는 커뮤니케이션을 수행하였다. 영웅을 그리워하는 인간의 본능적 욕구는 변화무쌍한 시대를 선도하는 지도자에게 관심을 집중시키고 있다.

인간의 보편적 욕구는 때때로 첨단기술보다 중요하게 인식될 수도 있다. 일상적인 삶 속에서의 작은 아이디어가 일류기업을 이끄는 토대가 될 수도 있다. 일상생활에서 흔하게 접하는 정보는 진부한 것 같지만, 접근법을 바꿔보면 혁신적인 사업아이디어가 될 수 있다.

　사금이 함유된 모래밭에서 순금을 추출해 내는 과정은 경영정보의 나비효과와 일맥상통하는 측면이 있다. 나비효과는 소비자들의 끊임 없는 변화 욕구에 대응해야 하는 기업들의 마케팅전략에서도 다양하게 활용된다.

　현대인들이 열광하는 정보들은 문화산업에도 큰 영향을 미치고 있다. 영화 〈반지의 제왕〉이 세계적으로 성공하자 뉴질랜드의 영화 촬영지는 순식간에 세계적인 관광지로 부상하였다. 배용준을 한류스타로 만든 〈겨울연가〉의 촬영지인 남이섬과 대하소설 박경리의 『토지』에 등장하는 최참판댁과 시골마을 풍경을 재현한 하동의 드라마 촬영장 등 무수히 많은 영화와 드라마 촬영지들이 유명한 관광지로 발돋움했다.6)

　기업경영 차원에서도 나비효과를 효과적으로 활용하려면 현재의 경영정보가 조직 경쟁력에 미치는 파급효과를 주도면밀하게 분석해야 한다. 경영현장에서 나비효과의 실효성을 높이려면 창의적인 상상력과 축적된 경영정보를 통계적으로 정제하여 활용하는 능력을 향상시켜야 한다.

　정보는 그 정보가 담고 있는 직접적인 의미를 뛰어 넘어 다양한 관점에서 나비효과를 발휘하며, 시대를 앞서갈 수 있는 고급정보로 탈바꿈한다. 2007년 12월 서해안의 태안 앞바다에서 발생한 기름유출사건은 지역주민들의 마음을 아프게 했고, 자원봉사자들이 사고지역의 해안가에서 구슬땀을 흘리는 원동력이 되었다.

서해안지역의 횟집들과 양식장들은 수년간 회복될 수 없을 만큼 치명타를 입었지만, 서해안 기름유출사건으로부터 자유로운 남해안과 동해안의 수산물들은 가격이 폭등하였다. 서해안의 기름유출사건은 피해 당사자들에게는 청천벽력과 같은 상처였지만, 타 지역의 수산물 사업자들에게는 새로운 사업기회를 제공했다. 이처럼 나비효과는 때론 긍정적으로, 때론 부정적으로 영향을 미친다.

통계법칙으로 대응하라

조선시대에는 하늘에 의지해 농사짓다 보니 가뭄으로 인한 농민들의 시름이 깊었고, 전국 각지에서 기우제를 지내는 풍경은 흔한 일이었다. 세종 또한 가뭄이 심해지면 혼신의 힘을 다해 종묘, 사직, 북교, 바다, 명산 등지에서 기우제를 지냈다.

> 예조에서 계하기를, "일찍이 왕지를 받들어 북교에서 기우祈雨하는 것과 사직단·종묘·오악·바다·강·명산·큰 내에 나아가 기우제 지내는 것을 거행하지 아니한 곳이 없었사오나, 이제까지 비가 오지 아니하오니, 다시 오악과 강에서부터 시작하여 처음과 같이 기우하는 것이 좋을까 하나이다." 하니, 그대로 허락하였다. 〈세종실록〉 2년 4월 27일

1423년(세종 5) 7월 13일 종묘에서 지내는 기우제의 제문에 "큰 열조는 인덕을 쌓았고, 기명基命이 깊고 정밀하여 후인을 도우셨다. 내가 계승하매 이른 아침부터 밤 늦게까지 조심했으니, 근년 이래로 한재와 수재가 계속되어 벼가 여물지 않아서 흉년이 거듭되었습니다. 호구戶口가 유이流移되어 도랑과 구렁에 시체가 메워졌습니다. 봄 여름의 교체기에 가뭄이 심했지만, 마침내 비가 오니 실로 하늘의 착한

도리에 힘입었습니다. 많은 밭에 심은 곡식이 가을을 기대함이 있었는데, 지금 7월 달에 벼이삭이 방금 피는데 서늘한 바람이 그치지 않으니 만물이 시들어졌습니다. 더구나 한재旱災로써 우리의 누른 곡식을 해쳤습니다. … 사람이 궁하면 반드시 부모를 부르므로 감히 이같이 애원하오니, 원컨대 상제의 궁궐문을 열고 좌우에서 사정을 진술하여, 이 성물成物할 때에 미쳐서 저 우사雨師에게 명하여 비를 흡족하게 내린다면 연사의 흉년은 면할 수 있으며, 드디어 국가로 하여금 길이 무궁하게 보전할 것입니다."라고 하였다.

1444년(세종 26) 3월 16일 한성부에 전지하기를, "정사년에 주린 백성으로 서울 도성에 몰려들어 사는 자를 한 곳에 모아서 구제하였더니, 주린 자들이 대부분 배불리 먹어 거의 살아났으나, 여름이 되매 병에 걸리고 곧 서로 전염되어 마침내 사망한 자가 자못 많았다. 이제 만약 주린 백성을 한 곳에 모두 모이게 한다면 폐단이 도로 전과 같을까 참

임금이 말하기를, "… 성중城中의 영선營繕하는 공사가 한두 가지가 아니어서 경기의 선군들도 또한 와서 역사에 나가고 있으니, 이 무리들이 아마 집을 떠난 채 전염병에 걸린다면 반드시 죽음을 면하지 못할 것이다. 그중 내월의 역사에 나가기 위하여 올라오는 도중에 있는 선군은 통첩을 내어 돌아가게 하는 것이 어떠할까." 하니, 종서 등이 아뢰기를, "전염병은 여러 사람들이 모인 가운데서 잘 퍼지는 것입니다. 신 등의 생각이 이에 미치지 못하였는데, 주상의 말씀은 옳습니다." 하였다.

〈세종실록〉 14년 4월 22일

으로 염려되니, 마땅히 동·서활인원東西活人院이나 각 진제장賑濟場에 나누어 거처하게 하여 곡진하게 진휼을 더하고, 질병을 얻은 자는 다른 사람과 섞여 살게 하지 말고, 본부낭청本府郎廳과 오부관리五部官吏가 고찰考察을 나누어 맡아서 의료하는 방책을 소홀하게 하지 말도

록 하라. 만일 한 사람이라도 죽게 되면 죄주고 용서하지 않겠다."
하였다.

　세종은 역사적으로 축적된 경험치인 정보를 중시했고, 신하들과의
소통에 만전을 기했다. 그는 과거의 경험과 정보를 활용하여 미래를
예측할 때는 객관적으로 현상을 진단하고 대안을 제시하는 데 집중
했다. 임금의 의견에 반대하는 신하들을 힘으로 제압하기보다 명분
과 타당한 논리로 설득하는 리더십을 발휘했다.

　현 시대는 조선시대와는 비교할 수 없을 만큼 빠르게 변하고 있기
에 경영자의 의사결정상 오류를 최소화해야만 조직의 지속적인 발전
을 도모할 수 있다. 현대경영에서도 통계적 승률을 중시하는데, 카지
노장이 큰 돈을 벌 수 있는 근거는 통계적으로 이길 수 있는 확률에
근거하여 운영되고 있기 때문이다.

강원도 정선에는 내국인이 출입할 수 있는 강원랜드가 있다. 카지노장에서 게임에 몰입해 있는 사람들은 자기 자신을 되돌아보게 하는 거울과 시계와 창문을 볼 수 없다. 눈은 빨갛고 초라한 자신의 모습을 보는 순간, 사람들은 카지노장을 빠져나가고 싶은 충동에 사로잡히기 때문이다.

의사결정의 통계학이란 경험적으로 축적된 데이터를 토대로 미래를 예측하는 접근법이다. 통계는 어떤 결과가 도출될 가능성에 근거하여 경영자의 의사결정상의 오류를 줄여주며, 불확실한 미래에 대비하여 대안을 모색하는 데 유용한 정보를 제공한다.

뉴욕 월가의 투자자들은 위험도는 높지만 수익성이 좋은 상품과 안전성은 뛰어나지만 수익성이 낮은 상품을 효율적으로 배분하여 적절한 수익성을 유지하며 위험을 분산시킨다. 그들은 주식에 투자하기도 하고 비교적 안정적인 투자처인 국채를 매입하기도 한다. 투자회사들은 투자비율을 결정하는 데 관련 통계자료를 중시한다. 통계적 성공확률은 장기적이며 시장지배력이 클수록 유리하다. 1주일보다 1개월, 1개월보다 1년이라는 시간 즉, 오랜 시간이 흐를수록 확률의 정확도는 높아진다.

또한 라스베이거스는 미국의 대표적인 카지노도시로 널리 알려져 있는데, 도시 전체가 테마파크를 연상케 할 만큼 다양한 볼거리를 제공한다. 카지노호텔의 문을 열고 들어서면 로비에는 슬롯머신이 먼저 인사를 건넨다. 호텔 객실은 고급스럽게 꾸며놓았는데, 비교적 저렴한 편이고 주로 카지노장을 운영하여 돈을 번다.

카지노장은 시설의 규모에서 알 수 있듯이 막대한 초기투자비용이 투입된다. 카지노 사업가들은 거대한 투자비용을 마련하기 위해 투자자금을 유치해야 한다. 투자자들이 카지노사업에 막대한 자금을 투자할 수 있는 근거는 고객보다 카지노호텔 측에 유리하게 설계된 확률 때문이다.

슬롯머신이 손님과의 게임에서 7 대 3의 비율로 이길 수 있도록 설계되었다면, 카지노장은 애초에 설계된 성공확률대로 수익을 올릴 수 있다. 카지노장를 방문하는 사람들은 돈을 딸 수 있다는 기대감으로 게임을 시작한다. 확률은 높지 않지만 간혹 큰 돈을 벌어 주변 사람들을 놀라게 하는 이들도 있다. 그러나 대부분의 방문객들은 카지노장에서 돈을 잃을 수밖에 없다. 방문객들이 돈을 딸 수 있는 확률보다 카지노 측에서 돈을 벌 수 있는 확률이 높기 때문이다.

흥미롭게도 통계는 모든 조사대상 중에서 대표성을 띠는 일부 조사자들을 대상으로 결과를 도출한다. 시민들이 무엇을 생각하고 있는지를 파악하는 것은 정치, 경제, 문화 등 다방면에서 유용한 정보가 된다.

하지만 조사과정에서 인위적 조작이 발생하면 왜곡된 결과가 도출된다. 따라서 통계는 추측통계학inferential statistics에 근거하여 전체의 조사대상인 모집단에서 조사에 활용될 대상자를 무작위random방식 등을 활용하여 합리적으로 추출해야 한다. 무작위방식이란 모집단을 대표할 수 있는 조사대상을 추출해 내는 방식이다. 조사하기 편리한 방식이나 임의로 일부 집단에서 많은 조사대상자를 선정하게 되면 그 결과의 신뢰도는 크게 손상된다.7)

대통령 선거 때 대통령 후보들의 지지율 조사방식을 살펴보면 통계의 원리를 쉽게 이해할 수 있다. 언론매체들은 대통령 후보의 지지율을 파악하기 위해 모든 국민을 대상으로 대통령 후보들의 지지도를 조사하는 것은 거의 불가능하다.

그래서 통계적 원리와 합리적인 절차에 따라 시민들을 대상으로 대통령 후보들의 지지도를 조사한다. 전 국민 모두를 조사한 결과가 아니기에 약간의 오류는 발생할 수 있지만, 그 오차가 미미하여 대통령 후보들에 대한 시민들의 선호도를 파악할 수 있다.

가령 전국적으로 성인 남녀 1,500명을 대상으로 대통령 후보들의 선호도를 조사할 수 있다. 통계적 오류를 줄이고 조사결과의 신뢰도를 높이기 위해서는 조사대상으로 선정된 사람들이 전 국민을 대표할 수 있도록 선발되어야 한다. 지역별 인구비례와 성별 균형을 비롯한 선발기준이 통계적인 원칙을 충족시켜야 한다. 대통령 후보들의 지지율 조사가 통계적으로 적절한 절차에 따라 진행되었다면 매우 신뢰할 수 있는 결과가 도출된다.

반면 통계란 악의적으로 조작되면 사회에 큰 물의를 일으킬 수 있다. 정치인들이 당선되기 위해 유권자들에게 금품을 살포하거나 향응을 베푸는 행위는 대중들의 지지를 받아 승리를 이끌어 내려는 불법적 통계의 유혹을 뿌리치지 못하여 발생한다. 이명박 정부 때 차기 대통령을 뽑는 선거에서 여당의 대통령 후보에게 유리한 여론을 조성하기 위해 국정원 주도의 민간인 불법댓글 사건을 벌였는데, 문재인 정부가 들어서자 사회적으로 큰 파장을 일으켰다.

현대사회는 민주적인 의사결정을 존중하지만, 대중들은 다수의 힘과 왜곡된 정보에 휩쓸려 사회 발전을 저해하기도 하고, 사회적 병폐를 생산하기도 한다. 그 과정에서 정의롭지만 대중의 지지를 받지 못하는 소수의 정치인이나 경영자는 억울하게 누명을 쓰고 좌절할 수도 있다.

따라서 의사결정권자는 과학적으로 도출된 통계의 확률을 존중하며 리더십을 발휘해야 한다. 예외적으로 의사결정권자가 통계자료에 의한 확률이나 전문가들의 자문결과보다 자신의 신념과 직관에 의지하여 통계적 확률에 반하는 의사결정을 할 수도 있지만, 가급적 예측 가능한 의사결정을 해야만 조직의 신뢰 구축과 안정적인 성장을 도모할 수 있다.

통계의 법칙은 개인적인 삶에도 적용될 수 있다. 성공적인 인생을 설계하려면 자신에게 유리한 성공확률을 설계하는 능력을 키워야 한다. 그리하면 단기적으로는 성공확률에서 벗어난 의외의 결과가 도출될 수도 있지만, 시간이 지나면서 점차 자신에게 유리한 방향으로 결과를 도출할 확률이 높아진다.

세상에는 무수히 많은 확률에 근거한 통계법칙들이 존재한다. 7대 3의 법칙(7 : 3), 3 대 1의 법칙(3 : 1), 8 대 2의 법칙(8 : 2), 95 대 5의 법칙(95 : 5) 등은 각각의 영역에서 미래전략을 수립하는 데 활용된다.

개미들이 일하는 모습을 관찰해 보면 30퍼센트의 개미들만이 열심히 일한다는 원리 속에서 발견된 7 대 3의 법칙은 사회의 다양한 영역에서도 그대로 적용되고 있다. 열심히 일하는 계층과 적당히 일하는 계층을 분류하는 데 적용될 수 있고, 인사조직 관리 차원에서도 활용될 수 있다.

알래스카에서 개를 이용해 썰매를 끌 때의 스토리도 흥미롭다. 설원으로 뒤덮인 알래스카에서의 개썰매는 중요한 교통수단이었다. 썰매를 끌고 가는 개들이 어떤 때는 열심히 달리고 어떤 때는 열심히 달리지 않자 개썰매의 효율성을 높이기 위한 연구가 진행되었고, 수캐와 암캐의 비율이 3 대 1일 때 개썰매가 장거리여행에서도 빠른 속도를 유지할 수 있다는 결과를 도출했다.

수캐와 암캐의 비율을 5 대 5로 한다거나 수컷과 암컷의 비율을 3 대 7로 할 때보다 수컷과 암컷의 비율을 3 대 1로 했을 때 최고 성능의 개썰매가 된다는 논리가 성립된다. 사무실에 직원들을 배치할 때 남자직원과 여자직원의 비율을 어떻게 해야 할지 업종에 따라 표준화하기는 어렵겠지만, 남녀가 어우러져야 활력이 넘쳐날 것이라는 추론은 가능하다.

이탈리아 경제학자인 빌프레도 파레토Vilfredo Pareto는 1900년대 초에 20퍼센트의 이탈리아인이 이탈리아 토지의 80퍼센트를 소유하고 있다는 점에 착안하여 8 대 2의 원리에 기반한 '파레토의 법칙'을 정립했다. 8 대 2의 법칙은 세계적으로 경영분야에서 광범위하게 응용되고 있다. 토지와 부의 소유구조 외에도 백화점에서 20퍼센트의 브이아이피VIP 고객이 80퍼센트의 매출을 올려 준다는 결과도 흥미롭다.

95 대 5의 법칙은 증권가에서 적용될 수 있는 법칙이다. 투기성이 강한 시장일수록 95 대 5의 법칙은 99 대 1의 법칙으로 변할 수도 있다. 증권시장은 95명이 손실을 보고, 대략 5명 정도가 큰 이익을 얻게 된다는 법칙이다.

투기성이 매우 높은 카지노에서 일확천금을 노릴 수 있는 확률이 1% 이하인 점을 생각해 보면 성공확률이 낮은 시장일수록 패가망신하는 사람들의 수는 크게 증가할 수밖에 없다.

확률이 지배하는 통계법칙을 응용하여 문제해결능력을 키우기 위해서는 정보를 단순히 대입하여 문제를 해결하기보다 그 정보가 함축하고 있는 통계적 의미를 응용하여 해결책을 모색하는 습관을 키워야 한다. 통계는 단순화를 위한 기술이며, 통계의 규칙성은 법칙을 만들고 통계와 확률은 동행한다. 수년간 축적된 인구통계와 경제통계 등 사람들이 살아가는 모습을 시계열적인 관점에서 고찰해 보면, 통계의 법칙이 작용하고 있음을 확인할 수 있다.

경영자는 성공확률과 사업실패에 따른 위험요인 사이에서 최적의 선택을 해야 한다. 젊은 사업가들은 고수익과 고위험을 감수하는 데 적극적인 반면, 나이가 들어갈수록 수익성을 낮추더라도 위험을 줄이는 전략이 바람직하다. 정년 퇴직 후 모든 퇴직금을 주식에 투자하거나 고수익과 고위험을 추구하는 벤처기업에 투자하는 것은 신중해야 한다.

또한 역사는 풍부한 통계의 기초자료를 제공한다. 역사에 관한 해박한 지식은 성공법칙을 찾아내는 데 큰 도움이 된다. 오늘의 진실은 곧바로 역사 속으로 숨어버리기 마련이다. 성공한 위인들에 대한 풍부한 지식은 시공을 초월하여 성공을 꿈꾸는 이들에게 비전과 용기를 심어주고 나아가야 할 방향을 제시해 줄 수 있다.

특히 정보나 데이터가 폭발적으로 증가하고 있는 현대사회에서 앞서가려면 의사결정상의 오류를 최소화해야 한다. 수집된 자료를 통계적으로 처리하여 유용한 정보를 창출하는 능력이야말로 경영자들이 갖추어야 할 핵심적인 덕목이다. 통계를 활용해 의사결정 하는 능력을 키우려면 복잡하게 얽혀있는 정보들을 유형별로 분류하여 이해하는 능력을 향상시켜야 한다. 커다란 바구니 안에 검은콩 100개, 노란콩 100개, 붉은콩 100개가 무질서하게 섞여 있다면 각각 50개씩의 콩을 필요로 할 때 분리해 내는 데 많은 시간이 소요된다.

색깔별로 콩을 구분해 놓았다면 사용하기 편리한 것처럼, 주요한 정보들을 습득하고 관리하는 방식도 정보의 유사성에 근거하여 카테고리별로 구분 짓기 하여 분석하는 능력을 키워 나가야 한다. 수집된 정보들의 인과관계도 해법을 도출하는 데 큰 도움이 된다.

세상살이에서 널리 알려진 법칙들 외에도 스스로 터득한 다양한 법칙들을 발견하고 현실에 적용할 수 있어야만 경쟁시장을 선도할 수 있다. 아침 식사시간에 까치가 반갑게 인사하는 소리를 듣고 출근하여 주식을 사기만 하면 폭등하는 일이 지속적으로 반복된다면, 그 펀드매니저에게 아침 식사시간에 까치가 나타나 반갑게 인사하는 소리는 자연스럽게 대박을 예고하는 그 자신만의 성공법칙이 될 수 있다.

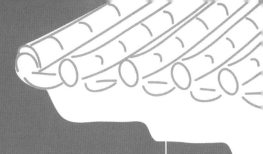

3

위기관리의 창조성

준비된 자에게 기회는 찾아오기 마련이다. 세종이 이룩한 성군 정치의 기틀은 부왕인 태종의 헌신적인 노력이 뒷받침되었기에 가능했다. 세종은 덕치주의를 실천함으로써 『삼국지』에 등장하는 유비처럼 전국 각지에서 우수한 인재들을 발굴할 수 있었다.

하지만 셋째 왕자로서 권좌에 오른 세종은 장자에게 권좌를 물려줘야 한다는 강박관념에 시달렸다. 그의 바람대로 세종은 큰아들(문종)에게 왕위를 물려주었다. 인품은 훌륭했지만 병약했던 문종은 세자로서 20여 년간 세종을 보필할 때는 큰 문제가 없었으나, 왕이 된 지 3년을 넘기지 못하고 세상을 떠났다. 그 뒤를 이어 나이 어린 단종이 1452년에 즉위했지만 권좌를 지켜내기에는 역부족이었다.

이로써 조선왕조의 기틀은 순식간에 무너져 내렸다. 만일 문종이 세종의 위대한 업적들을 계승 발전시켰다면 조선의 국운은 크게 달라졌을 것이다. 그래서 영웅을 평가하려면 지도자가 되기 전의 준비과정과 재임기간 중의 업적 못지않게, 퇴임 후 조직의 지속적인 발전을 면밀히 고찰해야 한다.

미래를 내다보는 안목은 경영자가 반드시 갖추어야 할 덕목이다. 단기간에 좋은 업적을 남겼지만 위대한 업적을 지속시키지 못하는 조직은 모범적이지 못하다. 세종은 성군의 반열에 올랐지만, 조선왕조의 지속적인 발전을 대비하지 못해 아쉬움을 남겨놓았다.

코리안
리더십

미로에 갇히지 않는 실타래

〈세종실록〉은 백성들의 굶주림을 해결하기 위한 임금의 고뇌와 해법에 대해 반복적으로 기록해 놓았다. 당시 백성들의 먹고 사는 문제는 국가를 통치하는 임금의 핵심적인 업무였다. 관료들이 빈궁한 백성들을 위해 최선을 다했다 할지라도 굶어 죽은 백성이 보고되면 철저한 진상조사를 통해 과실은 없었는지 점검하였고, 향후 개선할 수 있는 방도를 마련하도록 지시했으며, 비현실적인 대책을 수립한 관료들에 대해서는 엄하게 꾸짖었다.

> 의금부에서 계하기를, "판정주목사判定州牧使 진원귀 · 지수천군사知隨川郡事 김보중 · 정녕현령定寧縣令 김치 등이 능히 진제賑濟하지 못하여 백성을 굶어 죽게 하였으니, 죄주기를 청합니다." 하니, 김보중과 김치는 각각 곤장 90대에 처하고, 진원귀는 다른 것은 제외하고 외방에 부처付處하라고 명하였다. 〈세종실록〉 5년 6월 15일

그럼에도 불구하고 아랫사람들을 업신여기는 교만함에 사로잡혀, 약자들을 착취하거나 사회질서를 어지럽히는 관료를 처벌해야 하는 사건이 빈번하게 발생했다. 반면 세종은 왕이었지만 교만하지 않으

려고 부단히 노력했고, 백성을 하늘이라 여겼다. 스스로 타의 모범이
되었기에 백성들로부터 존경을 받을 수 있었다.

1423년(세종 5) 9월 25일 대사
헌 하연이 계하기를, "비밀히 계
할 일이 있사오니 좌우의 신하들
을 물리치고 의정議政 이원만을 남
게 하시기를 청합니다." 하니, 임
금이 이를 허락하였다. 여러 신하
들이 나가니, 하연이 계하기를 "전
관찰사 이귀산의 아내 유씨가 지

사헌부 장령 황보인이 계하기를, "각
도에 찰방察訪을 파견하여 행정의 실
적과 백성의 고민을 사찰하게 하였
는데 경기도만은 보내지 않았으니,
경기라고 어찌 관리의 부정부패와
억울함을 당하고서도 말하지 못하는
사람이 없겠습니까. 경기에도 찰방을
보내기를 청합니다." 하니, 임금이
"그렇다." 하고, 곧 서성을 명하여 보
냈다.   〈세종실록〉 7년 10월 16일

신사知申事 조서로와 간통하였으니, 이를 국문하기를 청합니다." 하니,
그대로 따라 드디어 유씨를 옥에 가두었다.

세종은 후덕했지만 부정부패를 저지르거나 유교문화적인 풍속을
해치는 자들에 대해서는 엄하게 꾸짖었다. 선악의 가치판단 기준은
시대상황에 따라 바뀔 수 있지만, 물질적 탐욕 외에 성적 탐욕도 성
공적인 삶을 방해하는 복병이다. 인생은 미로처럼 복잡한 구조로 되
어 있다. 인생살이의 좌표를 잃게 되면 그동안 이룩해 놓은 치적들은
순식간에 무너져 내린다.

부여 부소산의 낙화암에 올라보면 백마강의 멋진 풍광이 시야에
들어온다. 백제가 몰락하자 의자왕을 보필했던 궁녀들은 낙화암에서
뛰어내렸다. 그는 641년 즉위하여 신라에 맹공을 퍼부으며 백제의
고토 회복에 주력하여 큰 성과를 거두기도 했다. 아쉽게도 의자왕은
정국이 안정되자 향락생활을 즐기며 영웅의 자질을 상실해 갔다.

　수많은 미인들을 궁에 불러들여 향락생활을 즐기다 보니 나라의 재정은 악화되었고, 임금의 권위는 추락할 수밖에 없었다. 그는 미인들의 치마폭에 싸여 쾌락적인 욕망의 포로가 되어버렸고, 정세 변화와 위기상황에 대처할 수 있는 시스템을 구축하지 못하는 우를 범하고 말았다.

　충신이었던 성충은 의자왕에게 초심을 되살릴 것을 충언했고, 감옥에 투옥되어 굶어죽으면서까지 자신의 충정을 표했지만 주군의 마음을 돌려놓지 못했다. 탐욕에 빠진 지도자는 판단력이 흐려져 독단적인 의사결정을 서슴지 않는다. 최고경영자의 탐욕에 의한 부작용은 조직 전체로 확산되며 멸망의 길을 걷게 된다.

　그리스신화에도 미로와 관련된 재미있는 일화가 있다. 크레타 공주인 아리아드네Ariadne는 자신이 사랑하는 테세우스Theseus가 미궁으로 들어가기 전 실타래를 건네주었다. 테세우스는 미궁의 문설주에 실타래를 묶어놓고 실을 풀어가며, 괴물인 미노타우로스를 죽이기 위해 미궁 속으로 들어갔다. 영웅 테세우스가 괴물인 미노타우로스를 죽이고 미궁을 빠져나오려면 자신이 풀어놓은 실을 따라 나와야만 한다.8)

　사람들이 미로인 줄 알면서도 복잡한 미로 속으로 깊숙이 빠져드는 것은 특별한 것이 숨겨져 있을 것이라는 호기심 때문이다. 인간의 마음도 시기와 질투와 독선에 사로잡히면, 세상을 바로 보지 못하는 탐욕의 미로에 갇히게 된다.

　제주도에는 미로공원이 있다. 입구에서 바라보면 그저 평범한 숲 속 정원처럼 보인다. 관광객들은 입구에서 나눠 준 미로지도를 살펴보며 정해진 길을 따라 걸어가야만 안전하게 빠져나올 수 있다. 조급한 마음에 무작정 미로를 따라 걷다 보면 방향감각을 상실하게 된다.

평범한 얼굴인데도 빛이 나는 사람이 있고, 멋진 외모를 가졌음에도 불구하고 자신감이 결여된 사람이 있다. 빛이 나는 사람은 마음이 아름답고 진실되며 탐욕으로부터 자유롭다. 외모도 빼어나고 빛이 나는 사람이라면 최상이겠지만, 태어나면서부터 타율적으로 결정되는 외모란 인간의 선택을 벗어난 자연법칙의 영역에 속한다.

거울을 바라보며 자신의 외모가 마음에 들지 않는다 하여 무리하게 성형수술을 감행하는 용기는 당장에는 효과가 있을지 모르나, 장기적으로는 다양한 부작용을 수반할 수 있다. 성형수술이 잘돼서 만족하는 사람이 있는가 하면, 수술 부작용으로 인해 고통 속에 살아가는 사람들도 적지 않다. 자신의 외모를 타인과 비교하기 시작하면 불행해지기 쉽고, 돈이 많은데도 물욕에 집착하면 탐욕의 미로에 빠져든다.

대머리 신사였는데 어느 날 문득 머리를 심고 나타나 머리에 힘주는 사람을 보게 되면, 나도 머리를 심어야 하는 것은 아닌지 고민도 된다. 전문가에게 자문도 받아보고 부인과 아이들에게 "아빠도 머리 심어볼까?"라고 물어보았지만 의견이 분분하다.

하루는 미용실에 들러 머리를 손질하다 재미있는 이야기를 듣게 되었다.

"요즘 제 머리카락이 빠지네요. 고민이 많아요."

"그러세요. 제가 수십 년 동안 사람들 머리 깎아 주는데요. 머리 심으신 분들이 나이 들어가면서 후회하더라구요."

"제 생각으론 머리 심는 기술이 발달해서 특별한 부작용은 없을 텐데요."

"어떤 나이 지긋하신 분이 오셨는데요, 앞머리가 듬성듬성 나 있어서 보기에 흉했어요. 여쭤보니 오래전에 머리를 심었는데 시간이 지나면서 불규칙하게 머리가 빠졌다는 거예요. 심은 머리가 듬성듬성 빠지면 또다시 빠진 부분의 머리를 심어야 한데요. 왕성하게 활동할 때는 불편해도 한두 번은 추가로 심겠지만, 사회생활을 접은 후에는 고통과 비용을 감수하면서까지 모발이식 하기는 쉽지 않은가 봐요."

세상살이는 아는 만큼 보게 되는데, 탐욕을 적절하게 통제할 수 있어야만 세상 사람들을 이끌 수 있는 지혜가 충전된다. 과한 물욕과 권력욕은 추하지만, 탐욕에서 벗어나 얻게 되는 재물과 명예는 세상을 아름답게 발전시키는 원동력이다. 물욕과 성적 탐욕을 뛰어넘고 권력욕과 명예욕으로부터 자유로워지면 행복한 세상으로 향하는 혜안이 열린다.

한편 좌절하면 그냥 주저앉기 쉽고, 자신감을 상실하면 더욱더 깊은 위기의 수렁에 빠져들 수 있다. 성공적인 인생이란 자신의 마음속에서 시작된다. 실패하는 인생 또한 자신의 마음속에서 시작된다. 현재는 어렵지만 성공적인 미래를 위해 혼신의 힘을 다하는 정신력과 노력이 뒷받침되면 난세에도 위기를 극복할 수 있다.

위기를 뛰어넘을 수 있는 인내력은 창의적 문제해결능력을 향상시켜 자신의 전문영역에서 위대한 작품을 창조해 낼 수 있는 원동력이 된다. 사람들은 나이가 들어갈수록 체력과 열정이 저하되기 마련이다. 전문가로서 오래도록 명성을 유지하려면 후배들이 감히 넘볼 수 없는 창조적 역량으로 선도자의 역할을 담당해야 한다.

경영자들은 업무를 처리하다 보면 다양한 위기상황 속에서 극심한 스트레스를 받을 수밖에 없다. 그들이 스트레스를 인식하고 대처하는 방식에 따라 자신들이 추구하고 있는 업무성과는 긍정적 또는 부정적 결과로 이어진다.

위대한 업적을 남긴 위인들의 자서전을 읽어보면 스트레스 관리의 중요성을 강조하고 있다. 사람들은 높은 자리에 오를수록 엄청난 스트레스를 받게 되는데, 세계 역사를 빛낸 위인들은 스트레스 때문에 좌절하거나 자신의 야망을 축소하기보다 스트레스를 관리하거나 극복하며, 위대한 성과와 영광의 기쁨을 누렸다.

스트레스를 줄이기 위해서는 타인을 원망하는 습관에서 벗어나야 한다. 타인을 원망하는 삶의 태도를 지니고 살아가면 스트레스를 받지 않아도 되는 상황에서도 스트레스를 받게 된다. 성공적인 삶을 이끌려면 사소한 문제로 인해 만성두통에 시달리거나 스트레스 때문에 밤을 지새우는 우를 범해서는 안 된다.

위기관리가 경쟁력이다

1419년(세종 1) 5월 19일 세종은 가뭄이 극심해지자 사헌부에 명하여 금주의 영을 거듭 엄하게 하고, 또 수강궁 외에는 술을 드리지 말도록 하였다. 그는 반주로 마시는 술도 특별한 경우를 제외하고는 삼갔다. 백성들이 고통을 받고 있는데, 만백성을 책임지고 있는 임금으로서 백성들의 고통을 외면하며 음주가무를 즐길 수는 없었다. 흉년이 들면 각 도에서 올리는 별찬도 올리지 못하게 명하였다.

그는 백성들이 굶주림에 허덕일 때는 밤잠을 설치기 일쑤였다. '날이 가물어 논과 밭이 타들어 가는구나. 굶주린 백성들을 생각하니 잠을 잘 수가 없구나.'

1423년(세종 5) 5월 2일 임금은 가뭄을 근심하여 말하기를, "가뭄의 재앙은, 책임이 실로 나에게 있다. 지금부터는 비록 약에 타서 쓸 한 잔 술이라도 다시 내전에 들이

> 여천군(驪川君) 민여익을 보내어 종묘에 비를 빌었다. 임금이 승정원에 명하여 말하기를, "가뭄이 너무 심하니, 궐내에서 덜고 줄일 만한 일을 뽑아서 적어 올려 알려라."라고 하였다. 이날 밤에 비가 왔다.
>
> 〈세종실록〉 1년 6월 8일

지 말라." 하였다. 지신사 조서로 · 좌부대언 김맹성 · 우부대언 김자
등이 청하기를, "전하가 한재를 근심하시는 것은 종사와 민생을 위한
계책이신데, 이제 이 명령은 실로 종사와 생민을 위하는 대계가 아닙
니다." 하면서 두 번이나 청하였으나, 윤허하지 아니하였다.

세종은 다양한 위기상황에 대처하며 백성을 우선시하는 정책을 일
관되게 추진했다. 위기관리의 사전적 의미는 천재나 인위적인 비상
사태, 전쟁 따위의 위기상황을 예방하고 그에 적절하게 대처해 나가
는 일을 뜻한다.

거대한 제국의 위기상황도 힘이 강할 때 찾아올 수 있다. 세계적인
강대국들이 몰락했던 원인을 분석해 보면 외부의 침입에 의해 멸망했
다기보다 내분과 권력 암투로 인해 스스로 무너진 제국들이 많았다.
로마제국도 내분에 의해 멸망했는데, 정상에 섰을 때부터 위기는 시작

된다. 성공의 이면에 실패의 유혹은 복병처럼 잠복해 있기 마련이다.

성공적인 지도자가 되려면 환경변화와 위기상황을 두려워하기보다 유연하게 대응하며, 능동적으로 문제를 해결하는 태도를 지녀야 한다. 또한 경쟁시장을 선도할 수 있는 비전을 개발하고 창의적인 접근과 혁신을 통해 난제를 해결해야 한다.

환경변화에 적절하게 대응하지 못하면 심각한 위기상황에 직면할 수밖에 없다. 그런데 사람들은 환경변화를 중시하면서도 섣불리 사회변화를 받아들이려 하지 않는다. 한 직장에 수년 째 근무하게 되면 현재의 직장에서 안정적으로 성장하기를 바라는 습관이 자라게 된다. 직장을 옮겨 새로운 환경에 적응하려면 지금까지 자신이 축적해 놓은 지식과 경험만으로 경쟁력을 확보하는 것은 쉽지 않다.

한편 기업들은 인재를 선발하는 과정에서 자사에서 필요로 하는 맞춤형 지식과 경험을 겸비한 사람들을 필요로 한다. 학점에 연연하지 말고 적성에 맞는 취업분야를 선정하는 것이 중요하고, 취업하고자 하는 분야의 전문지식과 경험을 쌓아야 한다고 강조하지만, 학생들을 변화시키는 것은 쉽지 않다.

학생들과 상담하다 보면 만사 제쳐 두고 좋은 학점 받으려고 올인하는 학생들을 발견할 수 있다. 기업에서 요구하는 맞춤형 지식을 연마하며 좋은 학점을 유지할 수 있다면 최상이지만, 학점관리와 기업에서 요구하는 전문지식 중 택일을 해야 하는 상황이라면 학생들은 적정 수준에서 학점을 관리하며 기업에서 요구하는 맞춤형 지식과 경험을 연마하는 데 매진해야 한다.

변화를 받아들일 용기가 부족하거나 새로운 환경에 적응하기 위해 노력해야 하는 불편함과 어색함은 한 인간의 인생을 위기상황으로 몰고 갈 수 있다. 먹고 먹히는 먹이사슬은 동물세계에만 존재하는 것은 아니다.

다른 동물을 잡아먹는 동물은 나쁘지만 상황에 따라서는 나약한 물고기를 건강하게 자라게 하는 역할도 한다. 미꾸라지 양식장에 메기를 몇 마리 풀어놓으면, 미꾸라지들은 살아남기 위해 긴장의 끈을 놓을 수 없다. 그러다 보면 미꾸라지들은 건강하고 튼튼하게 자라는 환경이 조성될 수도 있다.

현실에 안주하는 순간부터 위기는 시작된다. 2013년 상반기에 삼성전자는 스마트폰 판매량에서 애플을 압도하며 세계적인 경쟁력을 확보했지만, 애플과의 치열한 경쟁은 지속되고 있다. 정상의 자리에 올라서는 것 못지않게 정상의 자리를 지키는 것은 결코 쉽지 않다. 위기가 찾아오면 위기를 효과적으로 관리해야 하지만, 위기를 사전에 예방하는 것이 보다 효과적이다.

자신이 이룩한 업적과 재산을 자식들에게 온전히 물려주고 싶어 하는 욕망도 사회발전을 가로막는 장애물이 될 수 있다. 우리는 혈연 중심의 씨족공동체를 중시해 왔고, 부모세대가 이룩한 업적들을 자식들이 물려받는 것을 당연시해 왔다. 대대손손 가업을 이어받아 장인정신을 계승할 수도 있고, 우리의 문화상품을 대표하는 우수한 특산품들을 만들어 내는 토대가 되기도 했다.

할아버지가 시작했던 전통음식점을 아들이 이어받고 자연스럽게 손자가 가업을 이어받으면서 전국적으로 유명세를 떨치고 있는 명품들을 탄생시키기도 했다. 이러한 스토리는 일본에서도 발견할 수 있고, 유럽의 경제대국인 독일에서도 발견할 수 있다.

대를 이어 같은 직업에 종사하는 가문에 대해 세상 사람들이 찬사를 보내는 것은 자연스런 현상이다. 하지만 불법과 편법을 동원해 가며 기업의 경영권을 자식에게 물려주기 위해 몸부림치는 행태들은 개선되어야 한다. 우리나라는 대부분의 재벌들이 세습에 의해 경영권을 승계하고 있다. 한 거대기업의 실패는 한 가문의 몰락 차원을 뛰어넘어 국가경제에 미치는 엄청난 파장을 고려할 때, 세습에 의한 경영권 승계는 경영자로서의 자질이 객관적으로 검증되었을 때만 이루어져야 한다.

2013년 여름에는 서해안 안면도에서 사설 해병대 캠프에 참가했던 고등학생들이 안전조치 미흡으로 숨지는 사건이 발생했다. 그렇다고 하여 청소년 여름캠프 자체를 금지시키는 것은 적절치 못하다. 여름 캠프 자체가 잘못된 것이 아니라 안전조치 미흡이 문제이기 때문이다.

또한 선진사회의 시민들은 윤리적 이슈에 민감하다. 시민들은 비윤리적인 기업을 시장에서 추방할 수도 있다. 경영상의 비리가 부각되면 해당 기업은 심각한 위기를 초래할 수밖에 없다. 고위험을 감수하면서 고수익을 추구하는 사업도 있고, 저위험과 함께 저수익을 추구하는 사업도 있다. 모든 사업을 두 가지의 유형으로 분류할 수는 없겠지만 위기와 기회는 상극이면서 통하는 면도 있다.

기업들이 위기에 봉착하는 원인은 다양하다. 단순히 한 가지의 위기만 찾아오면 해결책 수립이 수월하다. 하지만 동시다발적으로 위기가 찾아오면 해결책 마련이 어려워진다. 경영자는 정보를 탐색하

고 분석하는 능력을 키워야 하고, 변화와 혁신을 통해 위기를 사전에
예방하는 대응전략을 구사해야 한다.

지도자는 위기의 순간이 닥쳐왔을 때 담대히 문제의 본질을 파악
하고 대응책을 제시해야 한다. 위기상황에 유연하게 대처하려면 정
형화된 문제해결의 답안을 정해 놓고 대처하는 것보다, 시시각각으
로 변하는 환경에 능동적으로 대응하는 순발력을 키워야 한다. 경영
자는 독단적 의사결정을 경계하며 다양한 의견수렴에 만전을 기해야
한다. 대안을 모색하는 과정에서는 시간적 범위를 설정해 해법들의
실현가능성을 검토해야 한다. 조직 내에서 빈틈없이 문제점을 찾아
내 해결하려면 명확한 책임 소재와 업무의 분담이 체계적으로 설정
되어야 한다.

아울러 업무현장에서 문제를 해결하는 관리자들에게 적절한 권한
위임을 통해 긴급을 요하는 문제들을 선제적으로 해결하고, 후에 보
고할 수 있도록 조치해야 한다. 응급환자의 경우 빠른 시간 내에 초
기대응이 적절해야만 생명을 구할 수 있는 이치와 일맥상통한다.

오해 없는 정확한 의사소통도 중요하다. 정상적인 관계에서는 사
소한 오해가 발생해도 쉽게 해결할 수 있지만, 사안이 급박한 경우에
는 상대방을 이해하거나 자신이 양보하는 것이 쉽지 않다. 그래서 의
사결정권자와 구성원들 간에 정확한 의사전달과 절차상의 오해를 방
지할 수 있는 시스템을 구축해야 한다.

위기상황에서 기회를 엿보다

세종은 위기상황이 발생하면 우선 실태 파악에 주력했고, 신하들의 의견을 경청하며 해법 마련에 몰두했다. 신하들의 의견이 합당하면 그대로 따랐고, 자신의 견해가 옳다고 판단되면 신하들을 설득했다.

1425년(세종 7) 9월 4일 병조에서 전라도 감사의 관문에 의거하여 계하기를, "도내 제주는 사람은 많고 땅은 비좁아서, 가난한 사람은 모두 말을 사서 생계를 마련합니다. 근래에 수교受敎에 의하여 2살 된 말은 육지에 내다 팔지를 못하게 되었습니다. 이 때문에 말은 많아지고 풀은 적어져서 공사 간公私間의 말이 모두 파리해졌는데, 좋은 말이 생산되지 않는 것은 주로 이 때문입니다. 앞으로는 번식한 말이 많아지면, 2살 된

> 호조에서 경기 감사의 관문關門에 의하여 계하기를, "금년에 농사를 실패하였으므로 내년의 민간의 씨앗種子을 염려하지 않을 수 없습니다. 청하옵건대 각 고을에서 나누어 준 환상미還上米를 다 겉곡으로 받아들여서 명년의 종자를 준비하게 하소서." 하니, 그대로 따랐다.
>
> 〈세종실록〉 7년 11월 22일

말도 육지에 나가게 하고, 말이 적어지면 2살 된 말은 육지에 나가지 못하게 하여, 번식한 말의 많고 적음을 보아 수시로 결정을 받아서 시행하도록 하기를 청합니다." 하니 그대로 따랐다.

1433년(세종 15) 9월 16일 임금은 안숭선에게 명하여 영의정 황희와 좌의정 맹사성에게 의논하기를, "행사직行司直 장영실은 그 아비가 본

래 원나라의 소주蘇州·항주杭州 사람이고, 어미는 기생이었는데, 공교한 솜씨가 보통 사람에 뛰어나므로 태종께서 보호하시었고, 나도 역시 이를 아낀다. … 이제 자격궁루自擊宮漏를 만들었는데 비록 나의 가르침을 받아서 하였지마는, 만약 이 사람이 아니었더라면 만들어 내지 못했을 것이다. 내가 들으니 원나라 순제順帝 때에 저절로 치는 물시계가 있었다 하나, 만듦새의 정교함이 아마도 영실의 정밀함에는 미치지 못하였을 것이다. 만대에 이어 전할 기물을 능히 만들었으니, 그 공이 작지 아니하므로 호군護軍의 관직을 더해 주고자 한다." 하였다.

위계적 신분제를 중시했던 조선 초기에 관노였던 장영실을 발탁한 세종은 보수적인 신하들로부터 지속적인 비판을 받을 수밖에 없었다. 그러나 그는 천문기구 제작에 남다른 기술을 지닌 장영실을 중용하였고, 반대하는 신하들과 논리적으로 설득하며 조선의 과학기술을 획기적으로 발전시킬 수 있었다. 세종은 보수와 혁신의 가치를 절묘하게 조화시켜 위기상황하에서도 기회를 찾아내는 연금술의 달인이었다.

기원전 4세기에 위기관리를 통해 약소국가였던 마케도니아를 강대국으로 변모시킨 알렉산더Alexander 대왕의 스토리도 감동적이다. 그리스지역 마케도니아의 귀족가문에서 기원전 356년에 태어난 알렉산더는 그리스 전역을 제패한 후 동방원정에 나서 거대한 페르시아 제국을 정복했으며, 정복한 지역에 그리스문화를 확산시켜 헬레니즘문명을 탄생시켰다. 그가 건설한 드넓은 제국은 알렉산더 사후에도 수백 년 동안 그리스인의 지배를 받았다.9)

그는 소탈한 외모와 대중들과 격의 없이 소통하는 행보로 눈길을 끌었다. 또한 사치스런 옷차림을 멀리 하고 고급스럽게 치장하고 거드름 피우는 귀족들을 경멸했으며, 보통 사람들과 쉽게 어울리는 복장을 선호했다.

알렉산더는 그리스문화를 동경하였고 그의 스승이었던 아리스토텔레스로부터 체계적인 교육을 받았으며, 페르시아지역을 정복하고 통일제국에 헬레니즘문화를 정착시키고자 했던 그의 원대한 비전은 실현되었다.

그는 점령지역의 주민들에게 세금을 감면해 주고, 지역자치의 권한을 부분적으로 허용해줌으로써 지역주민과의 마찰을 슬기롭게 극복할 수 있었다. 이러한 소문이 페르시아 전역에 확산되자 많은 현지 주민들이 자진하여 알렉산더 군대에 투항하였다.

정예화된 군대를 유지하기 위해서는 많은 돈이 필요했는데, 자국 내의 자금 조달 여건은 좋지 못했다. 페르시아는 알렉산너가 이끄는 군대의 위력이 점차 강해지자, 그리스지역의 도시들에게 많은 돈을 지불하면서 마케도니아에 대항할 것을 권유하였다.

그러나 적의 의중을 꿰뚫고 있던 알렉산더는 그리스지역의 도시들을 효과적으로 관리하여 민심의 동요를 차단할 수 있었다. 그는 목적이 설정되면 빈틈없이 대응하였고, 적절한 인재 배치로 적의 간계를 차단하였다.

당시의 전쟁은 도로망과 교통수단이 발달되지 못해 병사들의 식사와 전쟁을 위해 동행하는 말이나 소가 먹어 치우는 음식 조달이 전쟁의 승패를 좌우하곤 했다. 마케도니아 군대는 이동속도를 높이기 위한 강도 높은 훈련을 실시했고, 병사들을 지원하는 수행원의 수를 축소하여 식량소비량을 줄였다.

알렉산더는 페르시아를 점령하고 페르시아 왕 소유의 거대한 재물을 획득하여 그리스제국 건설에 박차를 가할 수 있었다. 한마디로 그는 적의 재물로 막대한 전쟁비용을 조달한 셈이다. 그가 페르시아를 점령하는 과정에서 보여 준 위기관리는 빈틈이 없었다. 당시 터키해협을 방위하던 페르시아 해군의 전력도 만만치 않았지만, 알렉산더가 이끄는 마케도니아 군대는 손쉽게 페르시아 해군을 무찔렀다. 마케도니아는 페르시아군의 선박에 물품을 조달해 주던 지중해 동쪽 해안의 항구들을 점령함으로써 페르시아군의 보급로를 차단할 수 있었다.

이처럼 위기관리는 뜻밖의 돌발 상황에 대처하는 것일 수도 있고, 천재지변이나 테러와 같은 위기상황을 예방하거나 극복하는 것일 수도 있다. 위기상황을 슬기롭게 해결하면 구성원들은 혼연일체가 된다. 국가 간에도 힘에 바탕을 둔 외교는 현실이며, 개인적인 위기관리도 무모하게 이상을 추구하는 접근보다 실현 가능한 목표를 설정하고 실천하는 치밀함이 요구된다.

또한 우리나라 경제개발의 1세대로서 한국경제를 발전시키는 데 혁혁한 공을 세운 정주영 회장의 스토리도 시사하는 바가 크다. 그는 6·25전쟁 이후 황폐화된 한국경제를 개척하여 산업사회로 발돋움하는 데 초석을 놓았다. 그가 한국경제사에 남긴 발자취는 일일이 열거하기 힘들 정도다. 그는 성공하기 위해 열심히 노력했다기보다 열심히 노력하다 보니 성공한 인물로 평가받고 있다.10)

정주영은 기발한 아이디어로 위기를 돌파하는 남다른 능력의 소유자였다. 그는 1952년 1월 미국의 아이젠하워 대통령이 한국을 방문하면서 운현궁이 대통령의 임시숙소로 정해지고, 수세식 화장실과 보일러 난방설치 등을 성공적으로 수행하여 능력을 인정받았다. 이후 현대건설은 겨울보리로 잔디밭을 조성하는 해법을 제시해 미8군으로부터 부산에 위치한 유엔군 묘지를 단장하는 공사를 수주하였다.

한겨울에 푸른 잔디를 심어야 하는 공사였다. 겨울철에 푸른 잔디밭을 조성한다는 것은 상식적으로 불가능했다. 정주영은 한국의 겨울보리가 잔디처럼 녹색을 유지할 수 있다는 점에 착안해 낙동강 일대에서 트럭 30대분의 보리를 떠다 유엔군 묘지를 단장하였다.

유조선공법으로 간척사업을 완성한 일화도 유명하다. 현대건설은 서산간척사업을 하며 B지구는 무탈하게 마무리하였는데, A지구의 최종 물막이공사에서 큰 애로를 겪었다. A지구의 방조제 길이는 총 6,400미터였는데, 마지막 270미터를 남겨 놓고 공사가 중단되었다. 물막이공사의 마무리는 철사로 엮여진 돌덩어리들을 대형트럭을 이용해 작업현장에 쏟아 붓는 방식으로 진행되었다.

A지구의 마무리 공사현장은 돌덩어리들을 아무리 쏟아 부어도 공사의 진척이 없었다. 투하되는 돌덩어리들은 빠른 유속에 빨려 나갔다. 세계적으로 검증된 다양한 공법들을 총동원해 보았지만 해법을 찾지 못했다. 정주영 회장의 고민은 깊어만 갔는데, 불현듯 정 회장의 머릿속에 참신한 아이디어가 떠올랐다.

정주영이 선택한 해법은 고철로 팔아먹기 위해 30억원 주고 스웨

덴에서 수입해 온 폐유조선을 활용해 물막이 공사의 난코스를 마무리 짓는 방식이었다. 세계적으로 정주영이 처음 시도해 보는 공법이었다.

결과는 대성공이었다. 조수 간만의 차로 애로를 겪기는 했지만 울산 앞바다에서 서산의 공사현장으로 운반된 폐유조선 공법은 1984년 2월 25일 큰 성과를 도출했다. 신공법의 성공으로 290억원의 공사비를 절감할 수 있었다.

이처럼 위기는 뜻밖의 상황에서 발생할 수 있다. 일류기업도 현실에 안주하거나 혁신을 지속시키지 못하면 순식간에 선도적 지위를 상실하며, 위기상황에 직면할 수 있다. 또한 위기가 발생하면 지혜롭게 해결해야 하지만, 위기를 예방하는 것이 보다 효과적이다. 위기의 예방은 잠재적 위기의 발생가능성을 대폭 줄여준다.

위기가 발생했을 때는 충격을 견딜 수 있는 전략에 초점을 맞추어야 한다. 돌발적 위기상황이 발생하면 잠재적 위기에 효과적으로 대처할 수 있는 관리팀을 신속하게 구성해야 한다. 위기관리팀은 사전에 교육받은 절차를 중시하며, 전문적 지식과 경험을 바탕으로 피해를 최소화해야 한다. 위기상황이 파악되면 전사적인 위기관리가 이루어질 수 있도록 시의적절한 위기상황 보고체계를 통해 불필요한 소문을 잠재우며, 문제해결을 위한 역량을 집중시켜야 한다.11)

조직 내에서 위기가 현실화되면 거대한 폭풍을 동반하는 핵폭탄처럼 조직 전체를 파괴시킬 수 있다. 조기에 위기를 탐지하는 시스템이 작동하지 않으면 거대한 조직도 순식간에 붕괴될 수 있다. 각 부서에서의 위기 발생은 곧바로 해당 부서의 무능력과 문제를 야기한 직원의 문책을 동반하게 된다.

또 위기의 조기진화가 어려워지면 위기해결은 그만큼 어려워질 수밖에 없다. 위기관리팀은 경영진과의 원활한 의사소통, 관련 정보의 수집과 분석, 다각적인 커뮤니케이션을 토대로 위기해결의 실효성을 높여 나가야 한다. 위기와 기회는 동전의 양면처럼 동행한다. 지도자는 위기를 예방하는 것이 중요하고, 위기에서 기회를 엿볼 수 있는 리더십을 발휘해야 한다.

창조적으로 위기를 극복하라

어려움에 처한 백성들은 빈부 격차가 극심해지면 폭동을 일으킬 명분을 지렛대 삼아 정권을 교체하려는 음모를 꾸밀 수 있다. 최고 권력자란 백성들로부터 권력을 위임받은 자로서 백성들의 경제적 고통이 감당할 수 없는 수준에 이르지 않도록 만전을 기해야 한다. 세종은 백성들의 고통을 효율적으로 관리하지 못하면 임금의 지도력이 제대로 작동하기 어렵다는 통치의 기본원리를 꿰뚫고 있었다.

그는 외적의 침략에 대비하는 방책도 꼼꼼히 챙겼다. 그의 국방정책은 유비무환의 정신으로 나라를 구한 이순신 장군의 지략에 버금갈 만큼 치밀하고 냉철했다. 임진왜란을 예측하고 대비하지 못한 선

> 강원도 평해군이 기근하므로 나라 창고의 곡식을 풀어 구제하였다. 호조에서, "흉년으로 말미암아 모든 용도가 부족하니 대궐 안에서 밥을 베푸宣飯는 것은 제외하고, 그밖에 각 사各司의 상직上直하는 사람들에게 밥을 주는 것과 때때로 술과 점심을 주는 것 및 지방에 새로 설치한 교도敎導에게 주는 것을 마땅히 모두 폐지하소서." 하니, 임금이 그대로 따랐다. 〈세종실록〉 즉위년 9월 15일

조와 달리, 세종은 전국 각지에서 올라오는 군사정보를 면밀히 분석하여 대응책을 마련했다.

농경사회였던 조선왕조에서 농사짓는 일과 외적을 물리치는 일은 서로 분리된 영역이 아니었다. 산성을 중심으로 전쟁을 치러야 했던 당시 상황하에서, 계절의 변화에 따라 허물어진 성곽을 보수하거나 성곽을 건립하는 일은 일반 백성들의 몫이었다.

그는 농사철에 각 고을의 군인

> 평안도 감사에게 전지하기를, "금후로는 적이 만약 국경을 침범한다면 마땅히 그 군사의 많고 적음과 강하고 약함을 헤아려 힘을 살펴서 토벌해 잡도록 할 것이며, 만약 무성한 수풀의 험준한 사이에 끝까지 추격하다가 도리어 패전을 당하게 된다면 잃는 것이 많을 것이니, 마땅히 변장邊將들에게 타일러 그때그때의 형편에 따라서 적당히 일을 처리하도록 하고, 깊이 들어가지 못하도록 하라." 하였다. 〈세종실록〉 17년 7월 25일

들을 모두 도적을 막는 데 투입시키는 것을 경계하였다. 여러 신하들이 아뢰기를, "지금 농사철을 당하여 각 고을의 군인들을 모두 도적막는 데 가게 하는 것은 옳지 못합니다." 하자 임금이 말하기를, "들어가 지키는 일의 적당한 해법은 병조로 하여금 공문을 보내도록 하겠다." 하면서, 농사 일과 도적을 막는 일에 있어서, 군 병력의 과잉공급을 막아 농사짓는 일손 부족에 지혜롭게 대처할 것을 지시하였다.

다방면에서 탁월한 리더십을 발휘했던 세종도 후계구도에는 실패하여 그가 이룩한 위대한 업적들이 순식간에 와해되고 말았다. 세종의 뒤를 이어 문종이 즉위했으나 2년 3개월 만에 병사하자 1452년 5월 18일 단종이 12세의 나이로 보위를 물려받았다. 야망이 컸던 세종의 둘째아들 수양대군은 1453년 계유정난을 일으켜 왕권과 신권을

장악하고 단종을 상왕으로 밀어냈으며, 1455년 6월에 스스로 왕(세조)
이 되었다.

권력에 눈이 멀어 있던 세조 일당은 수많은 사람들을 죽여 가며
그들의 탐욕을 채워 나갔다. 그 과정에서 조선왕조의 정통성은 순식
간에 무너져 내렸고, 설상가상으로 공신세력들의 부정부패가 극에
달해 백성들의 삶은 눈뜨고 보기 힘든 나날의 연속이었다. 세종이 건
설했던 일류국가 조선은 순식간에 와해되고 말았다.

이후 조선의 왕권은 쉽게 안정되지 못했다. 선조 대에 접어들어 훈
구세력과 외척들의 영향력은 점차 사라지고, 사림세력이 정치의 중
심적 역할을 담당하였다. 붕당정치는 정치노선을 달리하는 신하들
간의 대립이었지만, 최고 권력자인 왕이 신권을 효과적으로 통제하
기 위해 의도적으로 조장한 측면도 부인하기 어렵다. 문인들이 정치
의 중심세력으로 등장하자 무인들의 홀대는 심화되었고, 조선의 군
사력은 약화될 수밖에 없었다.

당시 조정에서는 일본이 조선을 침략할 것이라고 보는 관료들과
일본이 조선을 침략하지 않을 것이라고 판단한 이들이 격심한 논쟁
을 벌였지만, 일본이 조선을 침략하지 않을 것이라는 중론이 내려
졌다.

이순신 장군은 1591년(선조 24) 2월 13일 전라좌도 수군절도사로 부
임했는데, 임진왜란이 발발하기 약 1년 전이었다. 선조는 미래를 내
다보는 안목은 부족했지만 유성룡과 이순신 장군 등 훌륭한 신하들
을 등용하는 리더십으로, 임진왜란으로부터 나라를 구할 수 있는 불
씨를 살려놓았다.[12]

평소에도 남다른 열정으로 주변국의 정세파악에 집중했던 이순신은 일본의 침략을 예견하고 있었다. 그의 위기관리능력은 유비무환의 정신에서 출발한다. 그는 전라좌수사로 부임하자마자 만에 하나 발생할 수도 있는 일본의 침략에 대비하여, 판옥선과 거북선을 건조하고 다양한 무기들을 제작하였으며, 군량미 확보와 함대 훈련 등을 강도 높게 추진하였다.

처음에는 병사들의 반발이 거세 많은 어려움을 겪었지만, 점차로 부하 장졸들이 장군의 리더십을 신뢰하여 시간이 흐를수록 이순신 함대의 전투력은 향상되었다. 조정에서는 일본과의 전쟁이 일어나지 않을 것이라고 판단했기에, 이순신은 조정으로부터 전폭적인 군비지원을 받기 어려운 상황이었다. 장군이 주도한 군사력 증강은 선조의 심기를 불편하게 할 수도 있는 상황이어서, 전라좌수사의 전투력 증강은 곳곳에 잠재해 있는 장애요인들을 헤쳐 나가야 하는 여정이었다.

1592년(선조 25) 4월 13일 일본이 조선을 침략하는 임진왜란이 발발하자, 조선왕조는 해법이 보이지 않는 미궁 속으로 빠져들었다. 일본이 조선을 침략한 계기는 도요토미 히데요시가 전국을 통일한 후 서양과의 교류를 통해 막대한 부를 축적하며 새로운 권력집단으로 성장한 상인세력을 효과적으로 제압하기 위한 전략적 포석과 무관치 않다. 그는 그

> 적선이 바다를 덮어오니 부산 첨사釜山僉使 정발은 마침 절영도에서 사냥을 하다가, 조공하러 오는 왜라 여기고 대비하지 않았는데 미처 진鎭에 돌아오기도 전에 적이 이미 성에 올랐다. 발은 난병亂兵 중에 전사했다. 이튿날 동래부가 함락되고 부사府使 송상현이 죽었으며, 그의 첩도 죽었다. 적은 드디어 두 갈래로 나누어 진격하여 김해·밀양 등 부府를 함락하였는데 병사 이각은 군사를 거느리고 먼저 달아났다. 2백 년 동안 전쟁을 모르고 지낸 백성들이라 각 군현들이 풍문만 듣고도 놀라 무너졌다.
> 〈선조실록〉 25년 4월 13일

동안 축적된 전쟁기술과 폭력적인 에너지를 외부로 발산시키면서 신흥세력의 힘을 약화시키고, 조선을 교두보 삼아 중국대륙으로 진출하려는 야욕을 드러냈다.

조선의 육군은 일본에 적수가 되지 못했고, 20일 만에 수도 한양이 함락되어 선조는 북으로 피란했다. 6월에는 평양마저 함락당해 선조 일행은 의주성으로 황급히 달아났다. 다행히도 전라좌수사로 부임해 있던 이순신 장군은 연전연승을 거듭하며 전세를 조금씩 반전시키고 있었다.

이순신의 대응전략은 빈틈이 없었다. 그는 전쟁을 치를 때마다 맞춤형 전략으로 왜군을 대파시켜 불패신화의 주인공이 되었다. 그는

상대를 알고 자신을 알아야만 승리할 수 있다는 병법의 기본원칙을 중시했다. 장군은 조선 수군의 전력이 왜군에 비해 열세였던 상황 하에서 적군에 대한 첩보전에 만전을 기했다. 그는 전쟁을 승리로 이끌 수 있는 완벽한 전략을 수립한 후에 전쟁에 임하는 리더십을 발휘했다.

1592년(선조 25) 5월 7일에 치러진 옥포해전에서 이순신은 첫 번째 승전보를 올렸다. 동년 5월 29일부터 6월 7일까지 계속된 사천해전 등의 2차 출전에서는 거북선을 투입하여 적군을 초기에 무력화시켰다. 판옥선과 구별되는 거북선의 외관은 그 자체만으로도 왜군을 압도하기에 충분했다. 동년 7월 8일에 벌어진 한산대첩에서는 학익진 전법으로 세계 해전사에 빛나는 승리를 일궈 냈다.

전쟁 초기에 이순신이 이끄는 조선 수군의 병사들은 아군보다 규모가 큰 적군의 위용에 눌려 전쟁공포증을 겪기도 했다. 이순신은 아군의 사기를 높이기 위해 왜군의 대장선을 붙잡아 적군이 보는 앞에서 불태우는 등 아군 병사들에게 자신감을 심어주는 데 만전을 기했다.

그는 친화력의 달인이었고 장졸들과 지역주민은 물론 그를 아끼는 한양의 관료들로부터 지원을 이끌어 낼 수 있었다. 이순신은 적군이 불시에 급습하면 후퇴하는 것도 주저하지 않았다. 후퇴하는 것보다 더 중요한 것은 지지 않는 것이었다.

장군은 기존의 무기 개량과 신무기 개발에도 박차를 가했다. 당시 조선 수군은 장거리 화포와 활로 무장한 반면, 일본의 수군은 조총과 칼로 무장하였다. 조선 함대는 적의 조총 사정권 밖에서 장거리 화포를 사용하여 적을 제압할 수 있었다. 또한 이순신은 남해안 일대 조류의 흐름을 꿰뚫고 있었고, 적을 제압하기 유리한 공간으로 유인하여 대파하는 치밀함을 보여 주었다.

안타깝게도 이순신은 전란 중에 한양으로 압송되어 심한 고초를 겪고 백의종군해야 하는 처지에서도, 세조와 대신들을 원망하기보다 전란을 승리로 이끌어 나라를 구해야 한다는 충忠이 흔들리지 않았다. 보통 사람 같으면 국가와 민족을 위해 혼신의 힘을 다해 싸우고도 고초를 당하게 되면, 낙심하여 좌절하거나 자신의 소임을 포기하기 쉽다.

이순신의 비범한 리더십은 1597년(선조 30) 9월 16일 치러진 명량해전에서도 빛을 발했다. 명량대첩에서는 13척으로 압도적인 전력으로 무장한 일본 함대를 상대로 대승을 거뒀을 만큼, 이순신의 전략은 빈틈이 없었다.

그는 명량대첩을 승리로 이끌 비책을 세웠지만 장졸들에게 승리에 대한 확신을 심어주는 일은 결코 쉽지 않았다. 필생즉사 필사즉생必生即死 必死即生. '살려고 하면 죽을 것이요, 죽기를 각오하고 전쟁에 임하면 살 수 있다'는 비전을 제시했다. 또한 한 사람이 길목을 지킬 수 있다면 천 명을 두렵게 할 수 있다는 훈시를 하달했다. 그는 목숨을 바쳐서라도 위기에 처한 조선을 구할 수 있다면 의로운 일이라고 역설했다.

마침내 장졸들은 혼연일체가 되어 전쟁에 임했고, 일직선으로 배치되어 있는 13척의 조선 함대를 얕잡아 본 일본의 수군 함대는 울돌목으로 겁 없이 돌진해 왔다. 울돌목의 거센 물살에 왜의 전함들은 순식간에 통제력을 상실했다. 조선 함대는 기진맥진해진 일본의 함대를 향해 포문을 열었고, 명량대첩은 조선 수군에게 대승의 기쁨을 안겨주었다.

임진왜란은 16세기의 역사적 사건이지만 한산도 앞바다와 울돌목의 물살은 오늘날에도 변함이 없다. 지형지물을 신출귀몰하게 이용했던 장군의 빼어난 지략은 상상만으로도 창조적 위기관리의 의미를 깨닫게 해 준다. 한산대첩을 상징하는 제승당의 수루에 올라보면 너른 바다의 풍만함이 느껴진다. 일자진 전법으로 승리를 이끈 명량대첩 기념공원에 올라보면, 물길이 좁아지며 거친 물살이 일렁이는 울돌목이 한눈에 들어온다.

독단적 의사결정을 경계하라

세종은 이야기를 전하는 신하의 의견이 합리적이지 않다고 여길지라도 이야기를 끝까지 듣고 난 후에, 관련 부처의 대신들과 의논하는 것을 생활화했다. 그는 혹여 잘못된 의사결정으로 백성들이 억울하게 고통 받아서는 안 된다는 통치철학을 지니고 있었다. 그도 인간인지라 오류를 범하지 않을 수는 없었겠지만, 그가 인지한 선에서는 억울한 자가 없도록 최선을 다했다.

그는 자신의 학식과 경험을 바탕으로 단호하게 대처할 사안에 대해서는 군주의 권위로서 해법을 제시하였다. 때로는 신하들의 입을 통해 해법을 이끌어 낼 필요가 있다고 판단되면 관련 부처에서 논의하여 해법을 이끌어 내도록 유도하였다. 임금 스스로 단호하게 처리하기 어려운 난제를 풀 때는, 심사숙고를 거듭했다.

> 유학인 김양중도 북을 쳐서 말을 올리기를, "한성부에서 신의 아내의 아비인 민무휼이 죄를 받은 적이 있다 하여 응시를 허락하지 않사옵니다." 하니, 명령을 내리어 모두 시험에 응하게 하였다.
>
> 〈세종실록〉 8년 1월 15일

또한 임금은 뇌물 공여로 인한 폐단에는 엄중하게 대응하였다. 뇌물로 인한 약자의 피해를 극복하기 위한 대책 마련에는 신중을 기했고, 단호한 처벌이 필요할 때는 엄단하였다. 1426년(세종 8) 3월 4일 임금은 뇌물을 받은 신하들에게 명을 내렸다. "조연은 황해도 수안遂安에 부처하고, 연사종은 강원도 인제에 부처하고, 조말생은 직첩을 도로 빼앗고 충청도 회인에 부처하고, 연과 사종은 공신이므로 특별히 감면하였다."

> 임금이 대언 등에게 이르기를, "대신으로서 이러한 일이 있을 줄은 생각지도 못하였다. 뇌물이 공공연히 행해지고 있으니 작은 문제가 아니다. … 이제 마침내 이러하였으니, 이는 옛적 정치가 잘 되던 세상에서는 절대로 없었던 일이다. 대체로 위에서 마음을 바르게 하는 도리가 있으면, 곧 대신이 보고 감화되는 것은 자연스러운 일이니, 나 자신에게 관계된 문제다."
>
> 〈세종실록〉 8년 3월 4일

역사적으로 통일신라 말기에도 중앙권력의 지배력이 약화되자 지방의 세력가들은 새로운 영웅이 되기 위해 고군분투하는 형세가 지속되었다. 지방에서 반란이 일어나도 그냥 보고만 있을 만큼 천년의 세월을 달려온 통일신라는 너무나 쇠약해져 버렸고, 중국대륙의 전국시대처럼 크고 작은 세력들이 힘을 겨루는 전쟁이 지속되었다.

892년 견훤은 완산(전주)을 중심으로 후백제를 세웠고, 901년에는 궁예가 송악(개성)을 도읍지로 정하고 후고구려를 세웠다. 견훤은 세력을 키워갔지만 내부 갈등과 지도력의 모순을 극복하지 못한 채 후계구도에 실패하여, 어렵게 세운 왕조를 스스로 무너뜨리는 어리석음을 범하고 말았다.

견훤에게는 10여 명의 아들이 있었는데, 넷째 아들 금강에게 왕위를 물려주려 한 것이 어렵게 세운 왕조가 와해되는 단초가 되었다. 신하들은 첫째 아들인 신검을 따랐고, 급기야 935년 3월 반란이 일어 금강을 제거한 신검이 후백제를 장악하고, 부왕인 견훤을 금산사에 유폐시키는 어처구니없는 사건이 벌어졌다.

권력이란 최고 권력자의 의중에 따라 후계자가 정해지는 것이 일반적이지만, 독단적으로 처리될 때 중대한 저항에 직면한다. 설상가상으로 견훤은 금산사를 탈출하여 궁예를 몰아내고 918년에 새롭게 왕이 된 고려의 왕건에게 망명하는 길을 선택하여 후백제의 몰락을 가속화시켰다.

궁예 또한 후고구려의 왕이었지만 신하들의 의견에 귀를 기울이지 못하는 우를 범하였다. 최고 권력자라 할지라도 참모들의 의견을 무시하고 독단으로 나라를 다스리다 권좌에서 쫓겨난 사건들은 역사적으로 반복되고 있다.

조선시대에는 참으로 많은 권력자들이 독단적 의사결정으로 역사를 퇴보시켰다. 연산군의 폐륜정치와 무자비한 숙청으로 인한 부작용은 권력남용을 상징하기에 충분하다. 권력에 대한 탐욕은 지도자의 눈과 귀를 가려버린다. 연산군은 자신의 어머니인 폐비 윤씨를 죽이는 데 가담한

전교하기를, "회릉懷陵께서 폐위당할 때 귀인貴人 권씨와 봉보 부인奉保夫人 백씨, 전언典言 두대 등이 모두 모의에 참여하였으니, 백씨와 두대는 모두 관을 쪼개어 능지凌遲하며, 권씨는 이장하되 묘를 만들지 못하게 하며, 또 묘소의 석물을 철거시키고, 그 아들들은 모두 나누어 먼 곳으로 정배하며, 아들이 없는 자는 아울러 형제를 정배하고 싶으니, 삼공 육경에게 물어서 아뢰라."
〈연산군일기〉 10년 4월 23일

것으로 알려진 자들은 엄단하였다. "권 귀인權貴人은 폐하여 서인을

삼고, 봉보 부인 백씨는 부관참시剖棺斬屍하며, 그 지아비 강선은 장
1백을 때려 먼 지방으로 보내어 종을 삼고, 가산을 적몰籍沒하라.”

공포정치를 펼치며 극악무도한 행위를 일삼았던 연산군 외에 나름
대로 부강한 나라를 세워보고자 동분서주했지만, 신하들의 의견수렴
에 미흡했던 광해군도 독단적인 의사결정으로 위험을 자초했다.

반면 존경받는 영웅들은 독단과 탐욕을 경계하며 국가와 민족을
위해 헌신하는 삶을 선택했다. 중국 역사에서 주周나라 무왕은 무력
으로 은殷나라를 무너뜨리고 새로운 왕조를 세우자 백이와 숙제는
세상을 등지고 수양산에서 고사리로 연명하다 굶어죽었다. 백이와
숙제가 세상을 등지고 생활했던 명분은 은나라에 대한 충성과 의리
였다.

충성과 의리의 실천이란 탐욕과 독단으로부터 해방되어야만 실천
가능한 경지인데, 고려 말기에는 백이와 숙제의 충절을 뛰어넘는 삶
을 살다 간 정몽주가 있었다. 그는 고려왕조의 멸망이 눈앞에 보이는
데도 목숨이 다하는 마지막 순간까지 세상을 등지고 생활하는 은둔
자의 삶을 포기하고, 당당하게 고려왕조의 정통성을 지키다 이방원
(태종)의 수하에게 살해당했다.

정몽주가 조선왕조 건국에 참여했다면 부귀영화를 누렸을 것이다.
부귀영화보다 생명을 내놓더라도 자신이 사랑했던 고려왕조를 지키
기 위해 혼신의 힘을 다할 수 있었던 용기는 어디에서 나왔을까?

노자의『도덕경』에 그 해법의 실마리가 담겨 있다. 자신의 마음속
에 끓어오르는 독한 마음과 탐욕과 시기와 질투를 떨쳐버리고 마음
을 비워야만 사람들의 마음을 움직일 수 있고, 세상을 다스릴 수 있

는 지혜를 얻을 수 있다. 또한 마음을 비워야만 세상이 올바르고 진실 되게 보이며, 혼탁한 세상을 정화하고 발전시킬 수 있는 지혜를 얻을 수 있다.13)

아울러 겸손한 삶을 살게 되면 독단적으로 의사결정 하던 습관들은 서서히 치유된다. 경쟁사회에서도 유유자적한 삶이 전개되면 원만한 인간관계가 가능해진다. 경쟁사회에 빠져들지 말고 순리대로 살다보면 행복한 인생으로 향하는 나침반을 발견할 수 있다. 반면 치열하게 경쟁하는 순간마다 타인과의 싸움에서 이기기 위해 몸부림치다 보면 이성적 판단능력은 마비되고 무자비한 폭군으로 변질되기 쉽다.

인간의 마음속에는 천사와 악마의 마음이 공존한다. 끊임없는 자기 수양으로 천사의 마음을 갈고 닦아야만 악한 행동을 제어할 수 있다. 마음속에 분노가 타오르거나 타인을 죽이고 싶을 정도로 마음이 격해지면, 현재의 일에서 멈춰 서서 자기자신을 되돌아봐야 한다.

세상의 순리를 거역하지 않는 삶이 전개되면 가야 할 길과 가지 말아야 할 길을 분별할 수 있다. 세상을 순리대로 바라볼 수 있는 힘을 키우려면 타인과의 지나친 경쟁을 경계하며, 자아성찰에 많은 시간을 투자해야 한다. 자신의 내면세계를 살펴보지 않은 채 타인과의 경쟁에 몰두하게 되면 자신도 모르는 사이에, 승리해야 한다는 명분에 도취되어 불법까지도 서슴지 않는 위험인물이 될 수 있다.

교수들은 6~7년 동안 강의와 연구에 매진한 후 안식년을 보낼 수 있다. 6개월이나 1년 동안 자유로운 환경 속에서 생활하다 보면 자신이 잘하고 있는 것과 잘못하고 있는 것들을 깨닫게 된다. 극심한 경쟁과 스트레스가 만연한 삶의 현장에서 자신의 마음을 객관적으로 들여다본다는 것은 참으로 어려운 일이다.

때로는 아무 일 하지 않고 쉬는 것이 자신에게 해 줄 수 있는 최고의 선물이 될 수 있다. 세계적으로 유명한 휴양지들은 비즈니스를 목적으로 하는 호텔과 달리 인터넷이나 전화 등의 사용을 권장하지 않고 있다. 속세와 연결되어 있으면 온전하게 쉬는 것이 어려워진다. 건널목에서 빨간불이 켜지면 일단 멈춰 서서, 기차가 지나갈 때까지 기다려야 한다. 인생살이도 순간순간 멈춰 서서 자신을 되돌아보는 삶의 여유가 필요하다.

상대 선수를 찔러야 점수를 따는 펜싱경기에서 점수를 잃게 되면, 순간적으로 평정심을 잃을 수 있다. 칼에 찔린 고통도 기분이 나쁘지만 서두르지 않으면 질 것 같다는 공포가 밀려올 수 있다. 그 순간 마음을 추스려 초심으로 돌아가야 한다. 조급하게 공격하면 할수록 상대 선수에게 더 많은 점수를 잃게 될 뿐이다.

정신적인 것이나 물질적인 것뿐만 아니라 모든 인간관계에서도 자유로워져야 한다. 더하지도 덜하지도 않는 중용적 삶을 실천해야 한다. 탐욕과 집착에 사로잡히면 자유로운 삶에서 멀어지며, 남 보기에 부끄러운 행동도 서슴지 않는다. 잘못된 습관은 진정한 자유를 잃어버린 삶 속에서 자라게 된다. 타인과의 공존이나 사회발전을 도외시한 채 탐욕과 쾌락에 집착하면 성공적이며 행복한 삶과는 거리가 멀어진다.

뷔페식당을 방문하면 본전이 생각나고 아무리 많이 먹어도 돈을 추가로 지불하지 않는다는 생각에 과식하기 쉽다. 2016년 여름 우리

가족은 라스베이거스를 방문했는데, 섭씨 40도가 넘는 날씨에 낮에
는 밖에 나갈 엄두를 내지 못했다. 밤에도 40도에 육박하는 날씨는
우리 가족을 호텔에 묶어놓았다.

하루는 호텔의 뷔페식당에서 세 끼 식사를 해결했다. 집에서는 아
침에 커피 한 잔에 달걀 프라이 한 개나 빵 한두 개면 족했다. 그런데
우리 가족은 아침부터 배가 터지도록 먹고 또 점심을 먹고, 저녁식사
까지 뷔페식당에서 해결하고는 소화제를 먹고 잠자리에 들었다.

먹을 수 있는 음식이 많게 되면 자신에게 꼭 필요한 만큼만 먹어야
하는 절제가 어렵다. 꼭 필요한 만큼만 먹게 되면 아쉬운 기분이 들지
만, 속이 편안하고 몸이 가벼워진다. 과식을 반복하면 살이 찌고 위장
이 나빠지며, 탐욕에 빠지는 못된 습관이 독버섯처럼 자랄 수 있다.

인간은 습관을 통해 문화를 창조한다. 인간의 삶 또한 습관적으로
진행된다. 습관은 성공과 실패를 결정짓는 잣대로서 행동이 반복되
며 형성된다. 인간이 습관을 만드는 것이지만, 결국에는 습관이 인간
을 이끌고 간다. 좋은 습관도 있고 나쁜 습관도 있다. 인간의 본성은
자유롭고 쾌락적인 욕망에 높은 관심을 보이는데, 잘못된 습관을 개
선하려면 남다른 노력이 필요하다.

나쁜 습관을 치유하는 최고의 방법은 좋은 습관을 길러 자연스럽
게 나쁜 습관의 굴레에서 벗어나는 것이다. 자신이 닮고 싶은 인생의
롤모델을 정해 놓고 벤치마킹해가면서 훈련하면 실효성을 높일 수
있다. 사업가가 되고 싶으면 자신이 닮고 싶은 사업가를 본받으며 그
분처럼 되고자 열심히 노력하고, 멋진 예술가가 되고 싶다면 자신이
닮고 싶은 예술가의 성공신화를 분석해 볼 필요가 있다.

과한 물욕을 경계하면 자연스럽게 타인을 업신여기는 교만함이나 오만함을 물리칠 수 있는 힘이 생기고, 사회적으로 출세하거나 부귀영화를 누리려는 집착으로부터 자유로워진다. 선한 마음과 공경하는 마음으로 세상살이에 임하면 올바른 삶을 실천할 수 있는 용기가 샘솟는다. 탐욕에서 벗어나 자유롭게 자기 자신을 사랑하는 사람은 혼자 있을 때나 사람들과 함께 할 때나 한결같이 부끄럽지 않은 삶을 살 수 있다.

사회 발전을 이끄는 윤리경영

조선시대는 유능한 사람이라도 신분이 천하면 능력을 발휘할 기회를 차단하는 모순을 낳을 수밖에 없었다. 세계역사를 빛낸 제국들도 지배계층과 피지배계층은 존재했지만, 능력이 출중한 자들은 전쟁포로라 하더라도 중용하는 리더십을 발휘했다.

나라가 어려움에 처했을 때 솔선수범하기보다 아랫사람들에게 책임을 떠넘기며, 책임을 회피하는 지도자가 많은 사회는 발전하기 어렵다. 지도자가 솔선수범하지 않는 국가나 기업은 경쟁력을 상실할 수밖에 없다.

유교적 건국이념을 내세운 조선사회의 신분제도는 그 나름대로의 명분과 타당성을 지니고 있었지만, 신분제도에 따른 갈등은 지속되었다. 당시 권력자들은 정

사헌부에서 계하기를, "전 부사직副司直 신숙화는 비첩婢妾을 극진히 사랑하여 교만하고 방자하게 만들어서, 그로 하여금 본처를 업신여기며 침범하게 하여 윤리를 파괴하고 어지럽혔으니, 장형 90에 해당합니다." 하였으나, 임금은 그가 공신의 후손이기 때문에 다만 적첩만을 빼앗고 외방에 유배시켰다.

〈세종실록〉 8년 2월 20일

실부인 외에 첩을 거느릴 수 있었기에 부인들 간의 질투와 반목은
빈번하게 발생했다.

첩을 너무도 사랑하여 정실부인을 업신여기는 사태가 발생하도록
방치한 신숙화를 처벌하는 판결을 내린 세종의 선택을 살펴보면, 조
선사회는 부인들 간의 위계질서를 매우 중시했음을 엿볼 수 있다.

또한 조선시대에는 기생이라는 직업이 있었다. 기생들은 권력자들
의 첩이 되곤 했는데, 첩이 된 기생을 탐하려는 왕족들과 대신들의
낯 뜨거운 기록들을 들춰보면 민망하기 그지없다.

인간이 살아가는 세상은 완벽하게 평등할 수는 없을지라도 특권계
층의 힘이 너무 강하고 사회적
인 약자들이 노력한 만큼 대우
를 받지 못하게 되면, 사회적
응집력은 약화되고 노동생산성
이 떨어지며, 계층 간의 갈등으
로 인해 공동체의 경쟁력은 약
화될 수밖에 없다.

더불어 살아가야 하는 인간
공동체는 이타주의를 실천하는
영웅들을 지속적으로 키워내야

> 대사헌 김효손도 또한 아뢰기를, "전조
> 前朝에도 노비는 어미를 좇는다는 법
> 이 있었으니, 이것은 그렇게 하는 것이
> 좋겠습니다." 하니, 임금이 말하기를,
> "조종祖宗에서 법을 세운 본의가 양민
> 이 날로 불어나게 하고자 한 것이다.
> 만약 그러한 법을 세운다면 조정의 법
> 을 세운 본의와는 거리가 멀어서 이것
> 은 조종의 법을 고치는 것이 된다. 그
> 러한 법을 세우기보다는 차라리 '노비
> 는 어미를 좇는다.'는 〈전조의〉 법을
> 복구하는 것이 나을 것이다." 하였다.
>
> 〈세종실록〉 11년 7월 25일

만 발전할 수 있다. 그렇지 못하면 사회는 퇴보하기 마련이다. 현대
사회는 사회적 약자를 배려하며 정의로운 사회를 지향하는 지도자나
기업에 찬사를 보낸다.

대전에는 특별한 방식으로 고객들의 입맛을 사로잡은 성심당이라

는 빵집이 있다. 성심당의 튀김소보로는 대전을 대표하는 특산품으로 자리매김했다. 나는 종종 대전역에서 기차를 타곤 하는데, 어떤 날에는 20~30분은 기다려야 튀김소보로 한 박스를 살 수 있다. 1956년 대전역 앞 찐빵집에서 시작된 성심당은 지역사회에 봉사하는 기업을 모토로 삼고 있다. 사업 초기부터 그날 팔다 남은 빵을 고아원과 양로원 등지로 보내면서 평판이 좋아졌다. 나눔과 공유의 미덕을 실천하고 있는 성심당은 고소한 튀김 소보로 맛에 더해져 대전의 명소가 되었다.

어떤 빵집은 전날 팔다 남은 빵들을 50퍼센트 할인해 주고, 어떤 빵집은 20퍼센트 할인해 준다. 빵은 갓 구워내야 맛이 있다. 성심당은 소비자에게 할인해 주는 방식 대신 기부하는 길을 선택했다. 튀김소보로를 먹을 때마다 나는 기부하는 기업을 돕고 있다는 작은 행복을 느낀다.

기업의 비영리사업은 손해 보는 장사라고 잘못 판단할 수 있지만, 사회적 봉사활동에 적극적으로 임하는 기업들이 성장하는 사례는 무수히 많다.

우리나라 기업들은 1960년대 이후 정경유착, 노동자 탄압, 탈세, 불공정거래, 환경오염 등 다방면에 걸쳐 사회적으로 물의를 일으켜 왔다. 이제 우리사회는 선진화되었고, 사회적으로 지탄받는 기업이 생존과 번영을 추구하기는 점점 어려워지고 있다.

불법행위는 사회적인 영향력이 큰 사람이나 기업이 주도했을 때 그 파장은 클 수밖에 없다. 2013년에는 이명박 정부 시절 4대강 사업을 주도했던 대형 건설사들의 뇌물제공과 담합행위, 불법 비자금 조성 등이 드러나면서 시민들의 공분을 샀다.

전통적으로 기업은 최대이윤을 추구하기 위해 노력하면서 고용을 창출하고 세금을 납부하면 되었다. 기업들은 사회적 봉사활동으로부터 자유로웠고, 사회적 약자를 보호하는 행위는 정부의 역할이었다. 하지만 현대사회는 모든 이해집단들에게 조직의 규모에 걸맞은 사회적 책임을 주문하고 있다.

경영자들은 '이윤추구의 극대화' 전략 대신 '적정이윤 추구' 전략을 선택해야 한다. 그래야만 임직원들은 윤리경영에 동참할 수 있는 심적 여유를 회복할 수 있고, 이타주의를 실천할 수 있는 기업문화가 정착될 수 있다.

이제 사회적 약자들을 외면하는 기업은 생존과 번영을 위협받을 수밖에 없다. 소비자들은 이타주의를 실천하고 있는 기업들에 후한 점수를 주고 있다. 그들은 자신들의 상품 구매와 소비가 사회 발전에 도움이 되는지를 생각하며, 지구환경에 미치는 영향도 고려한다.

경영현장에서 경영자들이 윤리경영에 미온적으로 대응하는 원인은 윤리경영에 따른 경영성과가 장기적으로 나타나기 때문일 수도 있다. 상장기업들은 자본주의의 속성상 주식시장의 흐름을 무시할 수 없다. 분기별로 경영실적을 발표해야 하고, 실적이 저하되면 곧바로 경영자의 문책으로 직결되는 경영풍토는 윤리경영을 방해할 수밖에 없다.

윤리경영이 이윤추구에 방해가 되면 의사결정권자는 문제를 야기하더라도 이윤추구에 몰입하는 유혹에 빠질 수 있다. 그래서 최고경영자는 단기적 성과와 함께 중장기적 성과를 중시함으로써, 윤리경영을 이끄는 명분을 축적해야 한다.

각 나라마다 오랜 역사를 통해 축적된 윤리적 가치들은 세계인들이 공감할 수 있는 공통점도 있지만 공감하기 어려운 측면도 있다. 글로벌경영에서 윤리문제의 해결이 어려운 근원적인 이유이기도 하다. 다국적기업은 세계 곳곳에서 인재들을 영입하면서 윤리경영에 따른 애로를 겪기도 한다. 나이, 종교, 학력, 문화적 차이, 사회적 규범 등에 따라 행위에 대한 선악의 가치판단기준은 각양각색이다.

오늘날 일류기업들은 조직 구성원들이 공감할 수 있는 윤리강령을 제정하여 윤리적 또는 비윤리적 행위에 대한 평가기준을 제시하고 있다. 윤리적 갈등이 발생하면 포상과 징계를 명확히 해야만 실효성을 높일 수 있다.

윤리적 삶이란 선을 추구하고 악을 멀리하지만, 인간의 자율성과 가치관의 개성화는 윤리적 가치판단기준의 표준화를 어렵게 만들고 있다. 선과 악을 판별하는 가치판단기준은 과정과 결과가 모두 선이

어야 하고, 문화적 상대성을 반영하여 윤리강령이 제정된다. 행위의 과정은 선인데 결과가 악인 것도 문제고, 행위의 결과가 선인데 과정 이 악인 것도 좋지 않다.

윤리경영에 적극적으로 동참하고 있는 기업은 위기상황에 봉착했 을 때 사회발전에 기여하면서 축적해 놓은 공식적 또는 비공식적 네 트워크와 우호세력의 도움을 받을 수 있다.

또한 빈번하게 발생할 수 있는 고객과의 갈등요인에 대해서는 계 약서에 명시해야만 분쟁 발생 시 원만한 해결이 용이하고, 계약 위반 에 따른 보상 합의를 순조롭게 이끌어 낼 수 있다. 반면 분쟁이 발생 했을 때 기업 차원의 합리적인 해결기준을 사전에 제시하지 못했다 면, 소비자의 무리한 요구에 대응하기가 어려워진다.

예를 들어 신혼부부가 A여행사를 통해 제주도로 신혼여행을 떠났 는데, 계약했던 호텔에 묵지 못하고 다른 호텔에 투숙하는 일이 발생 할 수 있다. 여행자 입장에서는 계약서에 명시된 호텔이 아닌 다른 호텔에 투숙했다는 근거를 제시하며 보상을 요구할 수 있다. 만일 여 행사에서 분쟁해결에 대한 명확한 기준을 사전에 제시하지 못했다면 신혼여행자의 보상요구에 어려움을 겪을 수 있다.

윤리경영은 중소기업에 대한 대기업의 횡포와 대리점에 대한 프랜 차이즈 본사의 횡포를 개선하는 데도 기여할 수 있다. 기업권력이든 정치권력이든 명예에 의한 권력이든, 힘이 강한 자는 힘이 약한 자를 제압하려는 욕망을 지닌다.

기업 내부의 윤리문제를 효과적으로 개선하려면, 공정한 직무관리 와 종사원 개개인의 개성을 존중하고 노사가 신뢰하며 근무할 수 있는 풍토를 조성해야 한다. 직급을 뛰어넘어 인격적인 평등을 존중하는 근무환경은 조직 경쟁력을 높여준다.

윤리경영은 기업의 브랜드 고급화에도 지대한 영향을 미친다. 소비자들은 상품 구매 시 가격 대비 품질을 고려하지만, 해당 상품이나 기업의 이미지를 중시하고 사회적으로 평판 좋은 브랜드를 선호한다. 구매 후에는 호평과 악평을 많은 이들에게 퍼뜨린다.

아무리 품질이 좋은 상품도 사회적으로 지탄받는 기업에서 생산되고 있다면 순식간에 시장에서 도태될 수 있다. 그러나 윤리경영이 정착되면 종사원들의 애사심과 고객 충성도가 높아지고, 종사원들의 행동규범과 윤리적 시민으로서의 자긍심도 높아지며, 마찰과 갈등을 줄여줌으로써 조직경쟁력을 높여준다.

Korean Leadership

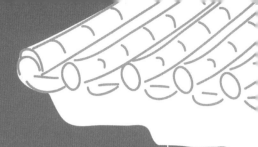

코리안
리더십 세 · 종 · 에 · 묻 · 다

4

상생하며
소통하라

세종은 왕자로 태어났지만 자만하지 않았고, 끊임없이 자신의 마음속에서 솟아오르는 교만을 경계했다. 그는 인간관계의 달인이라 불려도 좋을 만큼 신하들이나 백성들과 원만하게 소통했다. 아무리 실력이 뛰어난 지도자라 할지라도 사람들을 감동시킬 수 있는 친화력이 뒷받침되지 못하면 성공하기 어렵다.

조선시대에는 왕자로 태어나 세자에 책봉되면 대부분 왕위를 계승했다. 그러나 양녕대군과 사도세자처럼 왕위를 계승하지 못하는 경우가 있었다. 양녕대군은 세자에서 폐위된 후 풍류를 즐기며 천수를 누릴 수 있었지만, 사도세자는 부왕인 영조에게 죽임을 당하는 비극적인 결말을 맞이했다.

사도세자는 정치적인 희생양이라는 정서가 퍼져 있지만 리더십의 관점에서는, 정적을 아우르지

> 사도세자가 훙서薨逝하였다. 전교하기를, "이미 이 보고를 들은 후이니, 어찌 30년에 가까운 부자간의 은의恩義를 생각하지 않겠는가? 세손의 마음을 생각하고 대신의 뜻을 헤아려 단지 그 호를 회복하고, 겸하여 시호를 사도세자라 한다. 복제服制의 개월 수가 비록 있으나 성복成服은 세하고 오모烏帽·참포黲袍로 하며 백관은 천담복淺淡服으로 한 달에 마치라. 세손은 비록 3년을 마쳐야 하나 진현進見할 때와 장례 후에는 담복淡服으로 하라." 하였다.
> 〈영조실록〉 38년 윤5월 21일

못하고 편 가르기 했던 그의 대인관계에서 실패의 교훈을 얻을 수 있다.

존경받는 지도자가 되려면 실력을 연마해야 하고, 적과 동지를 명확하게 구분 짓는 처세술을 경계해야 한다. 최고경영자는 스스로의 힘만으로 위대한 업적을 달성할 수 없기에, 함께 하는 구성원들로부터 헌신적인 도움과 조직의 화합을 도모해야 한다. 적과 동지가 순식간에 뒤바뀔 수 있는 현실세계의 냉혹함에 빠지지 않으려면, 적대관계에 있는 사람들과도 원만하게 지낼 수 있는 용기와 심적 여유를 필요로 한다.

커뮤니케이션이 경쟁력이다

세종은 신하들과 소통하며 백성들이 불편해 하는 일들을 꼼꼼히 챙겼다. 그는 권위로서 자신의 의중을 관철시킬 수 있었지만 일방적인 의사결정의 폐단을 잘 알고 있었다. 또한 인간적인 도리를 중시했으며, 신하들의 의견에 귀를 기울였기에 성군정치를 펼칠 수 있었다.

1426년(세종 8) 6월 28일 사헌부는 법도를 내세워 먼 지방에 안치된 연사종이 병든 아내와 상견하기 위해 서울에 올라오는 것을 반대하였으나, 세종은 병든 아내를 보기 위해 잠시 한양에 방문하는 것을 허락하였다. 그는 "부부란 부모와 비하면 비록 가볍다

경기 감사가 계기를, "도내의 안협은 서울에 가기가 멀고 길이 험하여 직납수송直納輸送하는 데 폐단이 적지 않으며, 또 황해도 토산현의 경계에 끼어 있어서 감사가 순행할 때에는 반드시 토산을 경유하게 됩니다. 또 충청도의 죽산현은 도내의 음죽·안성 두 고을 사이에 있으므로 순찰할 때에 또한 죽산을 경유해서 가야만 하니, 원컨대 안협현을 떼어 황해도로 이속시키고, 죽산현을 떼어 본도本道로 이속시키소서." 하니, 의정부와 육조로 하여금 이를 의논하게 하였다. 〈세종실록〉 8년 6월 26일

하겠으나 그 정의情義도 중한 것이니, 아내의 병을 와서 보고 돌아가는 것이 어찌 의리를 상하는 것이겠는가." 하였다.

각 고을의 백성들이 환상還上을 받고 제 때에 바칠 수 없는 상황이 벌어졌을 때도, 세종은 흉년이 중첩되면 큰 낭패를 당할 수 있음을 걱정하며, 백성들의 궁핍한 삶과 탄식이 일어나지 않도록 지혜로운 해법 도출을 위해 신하들과 고뇌하였다.

그는 백성 중에서 채무를 탕감 받은 사람이 있으면 빚을 갚아야 하는 다른 사람에게 부정적인 영향을 미칠 수밖에 없음을 지적하였다. 세종은 어려움에 처한 백성들의 묵은 채무를 걱정하면서도 국가 기강을 바로 세우는 데 미칠 수 있는 악영향을 최소화하는 데 주력했다.

커뮤니케이션은 상호 간에 정

> 여러 해의 묵은 채債를 한꺼번에 다 징수한다면 백성의 근심과 탄식이 혹 일어날 것이니, 어떻게 이를 처리하겠는가. … 만약 백성의 고생을 불쌍히 여겨 매양 감면의 명령을 내린다면, 백성이 반드시 요행히 면제를 받을 마음이 있어 세월이 경과하였으므로 바치지 않을 사람이 자못 많게 될 것이니, 그렇다면 감면의 명령은 내릴 수 없는 것이다." 하면서 이내 도승지 신인손에게 명하기를, "경이 호조와 함께 다시 의논하여 아뢰라." 하였다.
> 〈세종실록〉 17년 11월 5일

보를 전달하고 수신함으로써 의미 있는 가치를 공유하며, 서로의 행동에 영향을 미치는 일련의 과정이다. 대인 간의 커뮤니케이션에 있어서 메시지가 수신자에게 전달되면 다양한 관점에서 해석될 수 있고, 엉뚱한 정보를 전달하여 상대방을 기분좋게 하거나 당황하게 만들 수도 있으며, 뜻하지 않게 정보가 왜곡되어 부정적인 파장을 일으킬 수도 있다. 이처럼 상호 간에 전달되는 메시지는 긍정적 또는 부정적 영향을 미친다.14)

거짓된 정보는 순간적으로는 효과를 발휘하지만, 시간이 지날수록 부작용이 증폭되어 돌이킬 수 없는 큰 사건으로 발전할 수 있다. 메시지는 인간의 언어와 행동을 수반하므로, 커뮤니케이션을 논할 때 전달되는 메시지의 언어적 내용만을 고려해서는 안 된다. 메시지의 관계적 요인은 커뮤니케이션 과정에서 많은 영향을 미칠 수 있다. 그래서 종사원과 고객 간의 커뮤니케이션은 대면 접촉 외에 간접적으로 이루어지는 커뮤니케이션을 간과해서는 안 된다.

기업들은 고객의 불평을 무마하기 위해 순간적으로 거짓말을 하거나 고객이 원하는 것을 다해 준다는 식으로 무책임한 변명을 늘어놓는 것을 경계해야 한다. 또한 외모가 불량하거나 담배 냄새를 풍기는 종사원을 고객이 직접 목격하게 되면 해당 기업의 이미지는 심각한 손상을 입을 수 있다. 종사원과 고객 간에도 서로서로 주고받는 메시지의 단순한 의미를 뛰어 넘는 관계적인 의미를 잘 살펴야 한다.

또한 커뮤니케이션의 영향력을 확대하려면 자신의 이미지 관리에도 만전을 기해야 한다. '주는 것도 없이 미운 사람'이 있는가 하면, '바라보기만 해도 행복을 전해주는 사람'이 있다. 행복을 충전시켜 주는 종사원은 멋진 서비스로 고객의 충성심을 이끌어 낼 수 있다.

인간적인 만남은 우정과 사랑을 싹 틔우고 세상 살아가는 의미와 행복을 일깨워준다. 기업 간 거래에서는 상생할 수 있는 접점을 찾아내야만 협상의 성공확률은 높아지고, 편안한 분위기 속에서 협상을 진행해야만 좋은 결과를 이끌어 낼 수 있다. 또한 선악을 명확하게 구분하는 흑백논리는 인간관계를 어렵게 만드므로 경계해야 한다.

본인은 편안한데 상대방이 불편을 느끼는 장소라면 협상에서 성공하기 어렵다. 상대편의 문화적 특수성도 고려해야 한다. 상대방의 문화적 성향을 면밀히 검토하고 배려해 주면 의외로 좋은 결과를 이끌어 낼 수 있다.

사람들은 정에 약하다. 사회적으로 물의를 일으킨 유명인사가 진솔하게 눈물 흘리며 반성하는 태도를 보이면, 분노를 표출하던 시민들이 그의 처지를 이해하고 동정하는 분위기가 순식간에 확산될 수 있다.

인간관계의 매듭이 풀리지 않을 때는 치밀한 논리와 이성적 판단보다 인간적인 접근이 때때로 큰 효과를 발휘한다. 정이란 상대방을 감동시킬 수 있는 강력한 무기다. 따뜻한 정으로 교류하는 사람은 민감한 주제라도 쉽게 공감을 이끌어 낼 수 있고, 상호존중과 신뢰로 원활한 의사소통이 가능해진다.

사람들은 존중받을 때 혼신의 힘을 다해 상대방을 돕게 되며, 비언어적 의사소통인 몸짓, 어조, 얼굴표정, 상황에 적합한 패션 등이 어우러질 때 최고의 성과를 이끌어 낸다. 정성이 가득 담긴 배려는 상대방을 감동시키는 촉매제 역할을 한다.

소탈하며 정이 많은 사람은 부하직원을 비판할 때도 신중을 기한다. 인간은 본능적으로 비판을 받게 되면 거부반응을 보인다. 칭찬해 줄 일이 생기면 아낌없이 칭찬해 주고, 비판하거나 충고할 때는 상대방이 존중받고 있다고 느낄 만큼 충분히 교감한 후 지혜롭게 상대편의 단점을 지적해야 한다. 그렇지 않으면 상대방은 자신의 잘못을 받아들이지 않으며, 단점을 지적한 동료나 상사에게 적대감을 표출할 수 있다.

인간관계는 가족 간의 관계에서도 예외는 아니다. 가족들은 너무 가까워 부모님이나 형제자매에게 함부로 대하는 경향이 있다. 낯선 이방인을 만났을 때도 신중한 대인관계를 추구하는데, 그 누구보다 배려하고 사랑해야 할 가족 간에 함부로 대하는 행위는 사랑을 가장한 집착이나 폭력이다.

성숙되지 못한 인간은 스스로 잘못을 저지르고 반성하기보다 타인을 비판하는 데 익숙하다. 불필요하게 타인을 비난하면 부메랑처럼 자기 자신에게 되돌아오기 마련이다.

하지만 아첨은 경계해야 한다. 칭찬이란 진실되고 상대방을 배려하는 가치를 담고 있지만, 아첨은 입술에 발린 말이며 언뜻 보면 칭찬 같지만 상대방의 마음을 아프게 할 뿐이다. 자신이 만나고 있는 사람들의 이름을 기억하고 불러 주는 것도 효과적이다. 상대방은 자신의 이름을 듣는 순간 자신이 소중한 존재라는 것을 느끼게 된다.

또한 인간관계는 논쟁 속에서 발전할 수 없다. 토론과정에서 자신의 주장을 관철시키기 위해 타인의 의사를 무시해서는 안 된다. 강압적인 분위기 속에서는 상대방의 자발적인 참여를 이끌어 내기 어렵다.

반면 사랑하고 감사하는 마음으로 상대방을 대하면 대인관계는 발전한다. 인간은 신이 아니며 허점투성이인 존재다. 단점 때문에 괴로워하거나 물고 늘어지기보다 상대방의 단점을 보듬어 주며 용서해 주어야 한다. 용서할 수 있을 때 사랑이 가능하고 감사하는 삶으로 이어지며 행복한 인간관계로 발전한다.

사람들은 이해타산을 따지면서도 순수하게 마음이 끌리는 사람을 좋아한다. 사람들과 좋은 인간관계를 유지하기 위해서는 자신이 관계를 맺고 있는 사람들을 비판하기 전에 먼저 이해해야 한다. 상대방의 사소한 장점이라도 진솔하게 칭찬해 주어야 하고, 상대방의 잠재된 욕구를 불러일으키도록 격려해야 한다.

상대방의 의견을 존중하고 자신이 잘못했으면 인정하는 겸손한 자세를 지녀야 한다. 다정하게 말하고 긍정적인 대답을 이끌어 내는 질문으로 상대방에게 자신감을 심어주며 자발적인 참여를 유도해야 한다.

상대방의 입장에서 생각하는 습관을 키워야 하고, 상대방의 내면세계에 호소하는 의사소통 기술을 개발해야 한다. 텔레비전 광고가 짧은 시간 내에 전달하고자 하는 내용을 함축적으로 표현하여 극적 효과를 제고하는 것처럼, 인간관계도 때때로 극적인 반전이 필요하다.

상호 간에 잘못이 있을 때는 상대방이 사과하기를 기다리지 말고 먼저 사과하는 자세로 상대방을 감동시켜야 한다. 실수를 용서하며 발전적인 기대를 표시함으로써 상대방이 즐거운 마음으로 협력할 수 있도록 해야 한다. 명령하기보다 부탁하고 협조를 구하는 자세가 효과적이다.

사람들은 공개적으로 자신의 체면이 손상되거나 망신을 당하게 되면 잘못을 쉽사리 시인하지 않으며, 자신을 공격한 상대방에게 적대감을 표출한다. 그래서 비판과 충고는 매우 신중해야 하고, 상대방이 스스로 잘못을 인정하고 개선방안을 제시할 수 있도록 유도하는 것이 좋다.

대인관계 분야의 권위자인 스티븐 코비Stephen Covey는 상호의존의 패러다임을 통해 인간관계를 승리로 이끌 수 있음을 강조하고 있다. 상호의존의 패러다임은 개인의 독립성이란 기반 위에서만 성공할 수 있다. 다른 사람을 좋아하기 전에 자기 자신을 사랑하는 마음을 가져야만 대인관계에 성공한다는 논리가 성립된다. 상호의존성이란 독립적이며 자기애를 실천하고 있는 사람들 간에 큰 효과를 발휘한다. 따라서 대인관계의 기술을 향상시키려면 자기 자신을 진정으로 사랑하는 자가 되어야 한다.[15]

상대방의 말과 행동보다 내 자신의 올바른 인품이 갖춰져야만 성과를 낼 수 있으며, 피상적이고 이중적인 인간관계로 상대방을 대한다면 좋은 결실을 맺을 수 없다. 인간관계에 성공하려면 우선적으로 자신의 내면세계를 연마하는 데 집중해야 한다.

아울러 지속적인 만남을 통해 점진적으로 관계 개선을 도모하는 접근법을 추구해야 한다. 만날수록 상대방에게 호감이 가고 신뢰가 쌓여간다면, 인간관계도 상대방의 마음에 '신뢰'라는 예금을 저축하며 관계가 개선된다. 상대방에게 공손하고 친절하며 정직하고 약속을 잘 지키면 긍정적인 자신의 이미지를 상대방의 마음에 심어줄 수 있다. 반대로 타인에게 무례하고 오만하며 무시하고 신용이 없다면 상대방의 마음에 부정적인 이미지가 축적되어 인간관계는 발전하기 어렵다.

이처럼 인간관계는 상호이익을 추구해야만 성공할 수 있다. 나는 좋은데 상대방이 손해를 봐도 옳지 못하고, 상대방은 이익이 되는데 내가 손해를 봐도 관계는 지속되기 어렵다. 다만 국가와 민족, 또는 사회적 약자를 위해 헌신하는 이타주의의 실천은 보편적인 인간관계를 뛰어넘는 특별한 행위로 봐야 한다.

때때로 인간관계는 서로에게 도움이 되는 방향으로 노력해도 서로

에게 도움이 되지 못할 수도 있다. 서로에게 도움이 되는 상황이 전개되지 못할 경우에는 잠시 관계를 단절하고 후일을 기약하는 것이 좋다. 잘못된 상황에 대해 무리를 해 가며 상대방을 설득하는 행위는 또 다른 오해를 불러일으킬 수 있다.

상대방을 깊이 이해하게 되면 자신이 필요로 하는 정보를 얻을 수 있고, 문제의 핵심을 빨리 파악할 수 있으며 상대방에게 자신에 대한 좋은 이미지를 각인시킬 수 있다. 서두르지 말고 인내하며 상대방을 존중하는 마음으로 공감할 수 있는 분위기를 조성해야 한다.

대인기피증이 마음속에 자리잡고 있으면 대인관계에 성공할 수 없다. 대인기피증으로 고민하고 있다면 삶의 균형이 무너진 환경에서 생활하고 있는지 자신을 되돌아봐야 한다. 인간관계에서 상처를 입게 되면 사람 만나는 것이 두려워진다. 그래서 소소한 상처라도 방치하지 말고 바로바로 치유해야 한다. 그렇지 않으면 상처들이 중첩되면서 대인기피증으로 발전한다. 대인기피증이 있는 사람이 낯선 사람과 마주치면 극도로 긴장하고 초조함이 밀려와, 사업상의 협상이나 대고객 서비스를 제대로 수행하기 어렵다. 대인기피증은 스스로를 비하하는 콤플렉스와도 밀접한 관련이 있으며, 타인과의 관계에서 패배의식이 축적되면서 생기는 증상이다. 흥미롭게도 어려운 처지에 있는 사람들을 돕게 되면 놀랍게도 마음속의 상처들이 치유되는 경험을 할 수 있다.

또한 열등감은 세상 사람들과의 소통을 방해한다. 내 마음을 억압하고 있는 열등감을 방치하면 마음속의 상처들이 꼬리에 꼬리를 물듯 확산된다.

상대방이 싸움을 걸어오거나 분노가 치밀어 오르면 즉각적으로 반응해서는 안 된다. 한 발짝 물러서서 격화된 감정을 누그러뜨려야 한다. 그렇지 않으면 마음속에 상처가 자라기 시작한다. 시시때때로 분노를 일으키는 사람은 세상을 너그럽고 여유롭게 바라보기 어렵고, 타인의 성공을 순수하게 받아들이며 축하해 줄 마음의 여유를 갖기 어렵다. 결국 깊은 우정을 나눌 수 없는 관계로 변질된다.

대인기피증과 열등감을 극복하려면 타인을 원망하는 습관도 바로잡아야 하고, 작은 도움에도 감사하는 삶의 자세를 지녀야 한다. 분노하거나 원망하는 사람의 마음을 들여다보면 부정적이고 비판적인 생각들과 타인의 도움과 행복의 의미를 잃어버린 채 너무도 큰 것을 기대하는 욕심으로 가득 차 있다.

상생하는 리더십을 발휘하라

세종은 정치적으로 큰 부담이 된 양녕대군과 대립하는 노선을 취하지 않았다. 양녕대군을 죽음으로 내몰았다면 그는 성군의 반열에 오르지 못했을 것이다. 임금은 경기도 광주에서 유배생활하고 있는 양녕대군의 삶이 불편하지 않도록 세심하게 챙겼다. 부왕인 태종도 양녕대군을 위해 음으로 양으로 세종을 안심시켰고, 폐세사를 경계하는 신하들도 다독였다.

1419년(세종 1) 1월 6일 임금은 재상들에게 이르기를, "부왕과 모후께서 새해 들어 양녕대군을 보고자 하시고, 나도 보고 싶다."

> 임금이 환관 박춘무를 보내어, 양녕대군 이제李褆에게 주육酒肉과 면포 주견紬絹 각 10필과 포 백 필을 주었다. 〈세종실록〉 즉위년 10월 23일

고 하니, 대사헌 허지는 아뢰기를 "양녕대군을 함부로 서울에 들어오게 할 수는 없습니다." 하였다. 임금은 말하기를, "전일에 경들의 말을 듣고 굳이 만류하지 아니하였으나, 형제의 처지에 어찌 사모하는 마음이 없겠느냐."고 하니, 예조 판서 허조는 아뢰기를 "들어와 뵌 적

이 오래지 않으니, 자주 오게 할 필요는 없습니다." 하였다.

신하들의 말처럼 세자에서 폐위된 큰형 양녕대군은 우환거리였다. 하지만 세종은 자신이 편하고자 큰형을 혹독하게 대하지는 않았다. 인간관계의 기본원리는 주고 받는 것이지만, 큰 인물이 되려면 때때로 조건 없이 베푸는 리더십을 통해 조직 구성원들로부터 존경심을 이끌어 내야 한다.

세상살이는 위계질서에 따라 자신보다 윗사람이 있게 마련이고, 아랫사람도 있기 마련이다. 자신이 높은 지위에 있든지 낮은 지위에 있든지 간에 자율적이며 주체적인 삶을 살아가려면 윗사람이나 동료들로부터의 무시나 부당한 요구로부터 자기 자신을 지킬 수 있어야 한다.

약점이 노출되면 곧바로 공격받을 수 있기에, 자신이 맡은 업무에 대해서는 책임감을 갖고 최선을 다해야 한다. 때론 최선을 다하면서도 나약하게 행동하면, 행위 자체가 약점이 되어 공격받을 수 있다.

또한 서로 간에 주고받을 것이 복잡한 관계라면 상생하며 소통하기 어렵다. 이해관계에 있는 누구라도 욕심을 부리면 관계는 악화되기 마련이다. 조직 내에서는 다양한 생각을 가진 사람들이 모여 있기에, 모든 구성원들이 나를 좋아하기는 더더욱 어렵다. 나를 좋아하는 사람이 있는가 하면 특별한 이유도 없이 나를 싫어하는 사람들이 있게 마련이다.

자신이 잘못했으면 고치면 되는 것이고 진솔하게 사과하는 용기도 필요하다. 불필요하게 인권을 유린당하거나 자신의 권리가 부당하게 침해당하는 것을 방치해서도 안 된다. 그냥 내버려 두면 뜻하지 않게 불행한 삶이 자신의 미래를 지배하게 된다. 인간의 행동은 중독성이 강해 나쁜 사람의 행위를 방치하면 피해자의 고통은 점점 더 커질 수밖에 없다. 미래에 대한 불안감에 사로잡혀 맹목적으로 충성하는 어리석음 또한 경계해야 한다.

멋진 삶은 자기 사랑에서 시작되며, 자기 자신을 사랑하지 않으면 자신감이 결여된다. 자기 불신에서 벗어날 수 있는 용기가 필요하고, 타인의 잠재적 위협으로부터 자기 자신을 지켜낼 수 있어야 한다. 미래의 막연한 불안으로부터 자유로워질 수 있는 용기도 필요하다.

용기란 자기 자신에 대한 확고한 믿음 위에서 성장하며, 자신에게 주어진 의무에 충실할 때 강해진다. 자신의 권리를 온전하게 지켜내려면 타인의 권리 또한 침해해서는 안 된다. 부당하게 타인의 권리를 침해하면 곧바로 그 에너지가 부메랑이 되어 자기 자신에게 되돌아온다.

자신의 재능을 발견하고 최선을 다하는 삶이라면 그 과정 속에서 상생하는 인간관계가 전개된다. 결과에 집착하기보다 노력하는 과정 속에서 소통하는 삶이 전개되어야 한다. 자기 사랑은 타인과 비교할 수 없을 만큼 너무도 소중한 자기 자신에 대한 예의이자 품격이다.

갑질 횡포는 약자의 공포심을 역이용하는 심리전술이다. 가진 자는 의외로 사회적 체면과 지켜야 할 것들이 많아 약자의 정공법에 취약하다. 직장 내에서는 상사와 부하직원 간에 또는 동료직원들 간에 성희롱 사건이 발생하곤 한다. 상사로부터 받게 될 수 있는 불이익 때문에 성희롱을 당하면서도 쉬쉬하거나 묵인하게 되면, 끔찍한 상황에서 빠져나오지 못하는 우를 범할 수 있다.

불합리한 요구에 대한 거절은 예의바르면서도 단호해야 한다. 스스로의 힘으로 고통의 터널을 벗어날 수 없다면 전문가나 동료에게 도움을 요청하라. 세상살이는 모순투성이로 비춰지지만 곳곳에서 정의롭게 살아가는 이들이 많다.

한편 종사원들과 고객 간에 이루어지는 소통의 질은 기업 경쟁력을 좌우할 수 있을 만큼 중요하다. 기업은 고객감동을 실현해야 하며, 단골고객 비중을 높여 경쟁력을 향상시켜야 한다. 단골고객 비중이 높아지면 고객 유치에 투입되는 마케팅 비용은 감소하고 영업이익과 순이익이 증가한다.

고객감동을 이끌기 위해서는 우선적으로 종사원들의 만족도를 높여야 한다. 만족하지 못하는 종사원은 고객감동은 고사하고, 고객과의 마찰을 야기하기 쉽다. 호텔이나 항공사와 같은 서비스기업에 근무하는 사람들은 부부싸움도 휴일에 몰아서 해야 한다고 할 만큼, 속상한 근심거리가 있거나 상사에게 꾸중을 듣게 된 종사원은 고객에게 혼신의 힘을 다해 서비스하기 어렵다.

고객관리부서의 팀장들은 소비자들과 소통을 해야 하는 팀원들을 위해 손수 원두커피를 정성들여 뽑아줄 수 있는 마음의 여유와 서비스마인드를 실천해야 한다. 고객과 접촉하는 종사원들의 근무여건을 개선하고, 그들의 직무만족도를 높여주기 위한 인터널 마케팅internal marketing은 소비자를 대상으로 하는 마케팅이 성공하기 위한 전제조건이다. 인터널 마케팅은 1970년대 이후 서비스 분야에서 연구되기 시작했고, 점차 모든 산업분야로 확산되고 있다.[16]

호텔 커피숍에서 근무하는 웨이터의 예를 들어보자. 출근하자마자

매니저로부터 심한 꾸지람을 듣게 된 웨이터는 고객에게 진심에서 우러나오는 서비스를 제공하기 어렵다. 자신의 기분이 좋지 못한 상태에서 고객을 만족시키거나 감동시키기란 어려운 일이다.

종사원들을 만족시켜 고객을 감동시키는 인터널 마케팅은 종사원의 직무만족, 서비스품질 개선, 고객충성도와 수익성 등을 중시한다. 종사원들은 주인의식을 함양하고 인격적으로 존중받으며 근무할 수 있을 때 고객감동을 이끌 수 있다.

인사관리 차원에서는 지속적인 교육을 통해 종사원들의 고객 지향적 마인드와 서비스 지향적 마인드를 함양시켜야 한다. 인사관리 부서와 마케팅관리 부서간의 협력이 중요한데, 부서 이기주의를 극복하고 협력을 증대할 수 있는 리더십이 뒷받침되어야 한다.

또한 신바람 나게 근무할 수 있는 동기부여와 권한위임이 이루어져야만 가시적인 성과를 이끌어 낼 수 있다. 조직 구성원들은 자신들이 제공한 노동력의 대가로 봉급을 받지만, 조직을 이끌어 가는 핵심적인 인재가 아니라고 느낄 때 조직의 발전을 위해 혼신의 힘을 다하기는 어렵다.

경영자는 자신들이 독점해왔던 권한들을 종사원들에게 적절하게 위임해야 하며, 권력구조가 약화되거나 조직을 효율적으로 관리하는 데 문제가 발생할 수 있다는 부정적인 인식을 극복해야 한다. 세상은 끊임없이 변하고 있으며, 경영진과 종사원의 관계도 수직적 구조에서 수평적 구조로 바뀐 지 오래되었다.

업무현장에서의 재량권은 상사의 불필요한 간섭 없이 독자적으로 업무를 처리할 수 있는 권리이다. 하지만 종사원들은 기존에 없던 재량권이 생기게 되면 조직 내에서 자신의 입지가 강화되었다고 오판할 수 있다. 그들이 재량권을 발휘하는 과정에서 상사의 지시에 따라 업무를 처리할 때보다 많은 것을 생각해야 하고, 행위의 결과에 대한 성과 못지않게 과실도 드러나기에, 전보다 많은 스트레스에 노출될 수도 있다.

사람들은 새로운 환경을 동경하면서도 기존의 환경에 안주하려는 습성을 지니고 있다. 조직 구성원들이 환경변화에 따른 혼란 없이 새로운 업무환경에 적응하려면 체계적인 교육 프로그램이 뒷받침되어야 한다. 재량권 부여는 점진적으로 시행하여 환경변화에 따른 구성원들의 불안심리를 최소화하는 것이 좋다.

이밖에도 소통을 강화하려면 감성적으로 교류할 수 있는 능력을 키워야 한다. 감성은 감정과 밀접한 관련을 맺고 있으며, 감정은 우리의 삶에 지대한 영향을 미친다. 때론 내 마음을 통제하는 것이 어려울 때도 있지만, 감성이 풍부해지면 불규칙적으로 분출되는 파괴 본능을 다스릴 수 있는 용기가 샘솟는다.

그래서 내면세계에 울려 퍼지는 감성의 소리를 들을 수 있어야 한다. 과거의 나쁜 기억에 얽매이면 현재의 감정에 충실하기 어렵다. 감성을 충전하면 의사결정의 이면이 보이기 시작한다. 이성이 감성을 만나면 변화무쌍한 사회의 등대가 될 수 있다. 감성이 풍부한 사람들은 얼굴표정과 목소리도 매력적이다. 그들은 세상을 긍정적으로 바라보고 행복한 삶을 실천하며, 행복 바이러스를 전파한다. 또한 활기 넘치는 분위기를 조성하며, 불가능하다 여겨지는 난제들도 슬기롭게 해결한다.

자신의 마음을 짓누르고 있는 노여움과 성냄 등을 떨쳐버리면 억압되어 있던 감성이 풍부해진다. 부정적인 생각은 마음을 분산시키고 여유로운 삶을 방해한다. 세상을 긍정적으로 바라보면 부정적인 생각들이 사라지기 시작한다.

감성이 풍부해지면 상대방의 처지를 이해하고 진솔하게 도움을 주고 싶은 용기가 샘솟는다. 공감하는 분위기가 조성되면 미래로 나아갈 수 있는 용기와 희망의 빛이 강해진다.

자신의 마음속에 내재되어 있는 감정은 순한 양처럼 굴기도 하지만 때론 타인처럼 엉뚱한 짓을 한다. 그래서 분노, 지루함, 무서움, 스트레스, 슬픔 등으로 표출되는 불쾌한 감정들을 다스려야 한다. 반면 감사, 기쁨, 사랑, 행복, 편안함 등으로 표현되는 유쾌한 감정들을 발산하면 불쾌한 감정들은 서서히 자취를 감추게 된다.17)

시너지란 전체가 각 부분의 합보다 크다는 것을 의미한다. 시너지의 본질은 상대방의 차이점을 인정하는 것이며, 그 차이점을 존중하고 강점을 활용하며 약점에 대해 서로 보완하는 유기적인 관계를 중시한다. 인간관계를 성공적으로 이끌기 위해서는 각자의 자아성취와 인격을 존중하면서도 서로에게 도움이 되는 관계로 발전해 나가야 한다.

소통하는 인맥관리

세종은 무수히 많은 일들을 처리하며 신하들과의 원만한 소통을 중시했다. 그는 독단적으로 의사결정하는 것을 경계했다. 1426년(세종 8) 2월 28일 임금이 말하길 "음양이 조화를 잃은 것은 나의 부덕한 소치로다. 내가 비록 변변치 못하나, 만일 대신이 협조한다면 곧 하늘의 재변도 없어질 수 있을 것이다." 했다.

> 여러 도에 기근이 들었는데, 강원도가 더욱 심하였다. 창고가 거의 비어 백성을 구휼할 수 없고, 떠돌아다니는 자도 또한 금지할 수 없었다. … 박전을 함길도에 보내어 창고를 열어서 구휼하게 하고, 만일 수령으로서 정신차려 고찰하지 아니하여, 백성들을 부황나게 한 자는 3품 이상은 보고하여 논죄하고, 4품 이하는 직접 처단하게 하고, 복명復命하는 날에 각각 도내의 기민 수효를 보고하게 하였다. 〈세종실록〉 4년 7월 9일

또한 제법 큰 사건이 발생해 임금에게 보고되면 이해 당사자들은 진실대로 말하기도 하지만, 자신의 이해관계에 따라 거짓 보고하거나 진실을 말하지 않을 수도 있다.

임금은 상소문을 토대로 문제를 해결함에 있어서 관계자들의 의견을 경청한 후 처리하기도 하고, 실마리가 풀리지 않으면 해당 사건을 객관적인 입장에서 바라볼 수 있는 전문가에게 의견을 물어보며 문제에 접근했다. 그래도 해법이 도출되지 않으면 시간적 여유를 가지고 접근하며 의사결정상의 오류를 최소화했다.

보편적으로 대등한 관계에 있

> 병조에서 아뢰기를, "야인이 여연閭延에 들어와 침략할 때에 전사한 사람에게는 마땅히 토관을 증직贈職하고, 부의를 내리고, 호역戶役을 면제해 줄 것입니다. … 그 방비를 허술하게 한 자와 힘을 다하여 싸우지 않은 감고監考와 군졸들은 형률에 의거하여 죄를 과하게 하고, 그대로 그들로 하여금 막아서 지키도록 하소서." 하니, 그대로 따르게 하되, 다만 윤수는 삭제된 고신告身을 다 돌려주고, 신사경의 아내 정월은 적을 막다가 죽었으므로, 또한 명하여 부의를 내리고 치제致祭하고 호역을 면제하도록 하였다. 〈세종실록〉 17년 9월 18일

는 사람들은 소통에 큰 애로가 없지만, 윗사람과 아랫사람 간에는 진실된 정보가 왜곡되어 부작용이 발생하기 쉽다. 현대사회는 탈권위주의가 대세로 자리잡아가고 있지만, 아직도 직권남용의 욕망을 떨쳐버리지 못하는 사람들이 곳곳에서 문제를 일으키고 있다. 스스로 자신의 지위를 뽐내려는 욕망은 화를 자초할 뿐이다.

인간관계는 상생하며 소통해야만 개선된다. 나만 이득이 되고 상대방이 피해를 보거나, 나는 피해를 보고 상대방만 이익이 되어도 인간관계는 악화된다.

상하 간이든 동료 간이든 인간관계에 실패하면 다양한 부작용이 발생한다. 서로서로 마음이 통하지 않으면 화려한 관계 속에서도 상생하는 관계발전을 도모하기 어렵다. 조직 구성원들이 공감할 수 없는 방식으로 의사결정을 내리게 되면 CEO에 대한 충성도는 크게 약

화될 수밖에 없다.

대중들로부터 큰 인기를 누리던 연예인이 마약 복용이나 자살로 세상 사람들의 이목을 집중시키는 현상도 진실된 소통 부재의 인간관계에서 비롯될 수 있다. 피해의식에 사로잡힌 사람은 상처받을까 봐 자신의 속마음을 쉽게 털어놓지 못하고, 가식적이며 형식적인 인간관계에서 벗어나지 못한다. 참된 인간관계를 형성하려면 상대방과 진솔한 대화를 이끌어야 하고, 상대방이 단점을 극복할 수 있도록 배려해야 한다.

특히 상호 신뢰와 진실한 교제가 이루어져야만 지속적인 만남으로 발전할 수 있다. 관계를 지속시키려면 비판을 삼가고 칭찬하는 습관도 키워야 한다. 비판이 필요한 경우에도 충분히 칭찬한 후 비유적으로 비판해야 한다.

첫 만남부터 상대방을 비방하게 되면 잘잘못을 떠나 이해당사자는 자신을 합리화하게 되고 비난하는 자를 원망하거나 분노를 표출하게 되면서 만남은 단절된다. 즉 사람들은 나쁜 짓을 하게 되면 반성하면서도 자신을 합리화하고 자신의 가치를 손상시키는 사람을 미워하거나 공격할 수 있다. 때로는 과시욕이나 허영심을 채우기 위해 과도한 행동도 불사한다.

공자는 덕을 갖춘 지도자라야 조직을 발전시킬 수 있고, 많은 사람들로부터 존경받을 수 있다고 했다. 군자는 기쁠 때나 슬플 때나 스스로 책임지는 자이며, 좋은 성과는 주변 사람들의 공으로 돌리고 잘못된 결과는 자신의 탓으로 돌리는 겸손한 삶을 이끈다. 반면 소인은 타인을 배려할 줄 모르며 사리사욕에 집착하고 잘되면 자기 탓이요,

잘못되면 남의 탓으로 돌리는 무책임한 자다.

인간관계에서 신뢰를 쌓기 위해서는 언행일치를 실천해야 한다. 말을 할 때에도 지나치지도 않고 부족하지도 않은 자기절제가 뒷받침되어야 한다. 공손하고 관대하며 의리와 약속을 중히 여기면서도 일을 처리함에 있어서는 공명정대해야 한다.

노자는 지위가 높아지면 대접을 받기 마련이고, 지위가 낮은 자는 윗사람을 보필하는 것이 일반적이라 했다. 진실로 존경받는 자가 되려면 낮은 처지에 있는 사람을 이해하고 도와줄 뿐만 아니라 늘 겸손한 자세로 아랫사람들을 인격적으로 대해야 한다.

높은 자리에 있으면서도 자신을 드러내지 않고 반듯한 삶의 자세를 실천하려면 순수한 마음을 소유해야 한다. 스스로를 높이려 하지 않기에 높아지고, 스스로를 자랑하지 않아야만 지속적인 영향력을 확산시킬 수 있다. 자신의 내면세계에서 꿈틀대는 대접받고자 하는 욕망을 내려놓을 수 있어야 한다. 인간은 가진 것이 많아지면 자신의 능력을 과시하려는 욕구가 강해지기 마련이다. 바로 이때가 보다 높게 도약하느냐, 자신의 이기심과 과시하고픈 욕망에 사로잡혀 공든 탑을 무너뜨리느냐를 가르는 결정적 순간이다.

세계적인 부자들 중에는 자신의 재력에 어울리지 않게 소박한 주택에 살면서 어려운 이웃들을 보살펴주는 자들도 있지만, 어려운 사람들을 외면한 채 대저택에서 황제처럼 지내는 이들도 있다.

사회적 동물인 인간은 자기 자신과 상대방이 공존하거나 함께 성장할 때 관계가 좋아진다. 상대방을 이해하며 상대방의 관점에서 대화를 이끌어가는 사람은 많은 사람들로부터 긍정적인 평가를 받는다.

상대방을 이해하려면 상대방의 이야기에 귀를 기울여야 한다. 경청이란 단순하지만 사람들과 손쉽게 친해질 수 있는 강력한 수단이다.

상대방의 마음을 읽으려는 자세로 경청하면 상대방의 마음이 조금씩 보이기 시작한다. 적절하게 질문하며 경청하면 보다 효과적이다. 말 못한다고 고민할 필요가 없다. 귀 기울여 상대방의 이야기를 잘 들어주기만 해도 대인관계는 개선된다.

입 다물고 가만히 앉아 들어주는 것이 특별한 훈련이 필요하냐고 반문할 수도 있으나, 현실은 그렇지 않다. 평범한 주제이거나 자신이 흥미를 느끼지 않는 대화가 지속되면 어느 정도는 무관심 속에서 들어줄 수 있다. 하지만 자신과 관련된 첨예한 주제를 놓고 격론이 벌어진 상황에서 상대방의 소신발언을 진지하게 경청하려면 인내가 필요하다.

또한 성공적인 대인관계는 친화력의 복합적인 작용에 의해 결정된다. 친화력이란 사람을 끌어당기는 힘이다. 어떤 이는 상대방에게 몇 마디 말로써 충성심을 이끌어 내기도 하고, 어떤 이는 서로의 눈빛에서 사랑을 확인하기도 한다.

사람들은 듣기보다 말하기를 좋아한다. 말하기를 좋아하는 욕망은 상대방에게 자기 자신을 뽐내려는 욕심을 내포하고 있다. 그런데 세상인심은 스스로 훌륭하다고 외치는 사람들에게 냉소적이다.

말하는 것보다 상대방의 처지와 입장을 정확하게 파악해야 하고, 공감적 경청으로 관계개선을 이끌어야 한다. 공감적 경청은 단순히 상대방의 이야기를 들어주기보다 진지하게 이해하며 다정다감하게 보듬어 주는 행위다. 때론 말하지 말고 공감적 경청을 해주기만 해도 이해당사자가 자발적으로 난제의 실마리를 제시할 수도 있다. 마음의 여유와 유머는 실과 바늘처럼 동행한다. 상황이 어색할수록 조급한 마음을 떨쳐버리고, 유머러스한 분위기를 이끌어야 한다.

6.25 전쟁 때 맹활약했던 더글라스 맥아더Douglas MacArther는 1880년 스코틀랜드 이민자 출신으로 남북전쟁에 참전한 아서 맥아더 장군의 아들로 태어났다. 그는 1903년 웨스트포인트사관학교를 졸업하고 필리핀 등지의 전쟁터를 누볐지만, 특별히 부각될 만한 인물로 평가받지는 못했다. 맥아더 장군이 능력을 인정받기 시작한 때는 1914년 미국이 개입한 멕시코 내전에서 능력을 발휘하면서부터다. 그는 1916년 소령으로 승진했고, 워싱턴에서 언론인들을 상대하는 업무에서 탁월한 능력을 보여 주었다.18)

그 후 그는 요직을 거치면서 승승장구하여 많은 업적을 남겼고, 제 2차 세계대전의 패전국인 일본에 점령군 사령관으로 파견되어 군국주의적인 일본문화를 무력화시켰다. 6.25전쟁 때는 유엔군 사령관의 자격으로 남침한 공산주의 세력에 맞서 민주주의를 지켜냈다.

그는 30대 중반부터 남다른 스타일로 시선을 끌기도 했다. 군인이면서도 개성 넘치는 복장을 즐겨 입었고, 파이프담배를 입에 물고 서 있는 그의 모습은 참으로 인상적이었다. 맥아더는 소극적인 성격의 소유자였지만, 사람들이 모이는 장소에서는 여유로운 태도와 빼어난 말솜씨로 매력을 발산하였다. 대중연설에서도 남다른 재주를 발휘했으며, 부드럽고 다정다감한 인간관계는 상관은 물론이고 부하들로부터도 존경을 이끌어냈다.

서양인들은 자신의 생각과 느낌을 구체적인 언어로 표현하는 데 익숙하다. 반면 한국인들은 사랑하는 감정이나 좋아하는 기분을 언어로 표현하기보다 느낌이나 마음으로 전달하는 비언어적 커뮤니케이션에 익숙하다. 우리는 지인들에게 친절을 베푸는 데 익숙하지만, 낯선 이들에게 친절을 베푸는 것에는 인색하다. 서양인들은 낯선 사람에게도 친절하게 인사를 건네는 데 익숙하다.

농경문화는 외부 세계와의 교류가 적어 낯선 타인을 경계하지만, 유목문화는 이동생활을 했기에 낯선 이들과 공존하는 데 익숙하다. 한국인들은 파티장에서 친분이 두터운 사람들끼리 사교하는 데 친숙하다. 서양인들은 특정인과 오랜 시간을 이야기하기보다 낯선 사람들과 교제하는 데 친숙하다.

한국인의 정서 깊은 곳에는 위계질서를 존중하는 가치가 깃들어

있다. 젊은 상사는 나이 많은 부하직원을 인간적이며 인생 선배를 대
하듯 예우해야 하며, 나이 많은 부하직원은 나이 어린 상사를 존대하
며 조직화합을 주도할 수 있어야 한다.

사람들은 어려움에 봉착했을 때 지인의 도움으로 위기를 모면할
수도 있고, 지인의 속임수에 휘말려 패가망신할 수도 있다. 그래서
독불장군으로 살아가기보다 꼭 필요한 인맥을 탄탄히 구축해야 한
다. 우연히 만났다 헤어지는 만남이 아닌, 행복을 증진시키고 사회적
으로 도약하는데 도움이 될 수 있는 인맥을 구축해야 한다. 타인을
만났을 때 부담을 주는 인상보다는 인간적이며 순수한 얼굴표정이
좋다. 계절과 분위기에 어울리는 패션 연출에도 신경을 써야 하고,
재치 있는 말솜씨와 상대방을 배려하는 눈빛과 몸짓으로 의사소통해
야 한다.

한두 번밖에 만나지 않은 사람에게는 함부로 부탁하는 어리석음을
범해서는 안 된다. 서로 간에 충분한 신뢰가 쌓이기 전에 도와달라고
부탁하는 행위는 도움이 되기는커녕 관계 악화를 야기할 수 있다. 진
실된 인간관계로 발전하려면 많은 노력과 정성을 들여야 하고, 준 것
도 없이 받으려는 삶의 자세는 세상살이에서 고립되는 결과를 초래
한다.

기존의 인맥도 제대로 관리하지 못하면서 새로운 인맥을 구축하려
는 태도 또한 경계해야 한다. 마케팅 차원에서도 기존 고객 관리보다
신규 고객 확보가 더 많은 비용이 든다. 따라서 기존 인맥을 체계적
으로 관리하여 자연스럽게 인맥을 확장시키는 접근법이 좋다.

베풀 때는 받을 것을 기대하기보다 되돌려 받지 못해도 후회하지

않을 만큼 베풀어야 한다. 실리를 전제로 한 만남은 상대방에게 부담을 주게 되어 관계 발전을 저해할 수 있다. 사람들을 많이 만나야 하는 세일즈맨이 아니라면 너무 많은 사람들을 사귈 필요는 없다. 너무 많은 사람들을 사귀게 되면 투입되는 시간과 비용 때문에 삶이 바빠지고 과대한 경비 지출로 이어진다.

윗사람과의 사교술도 성공적인 대인관계에서 빼놓을 수 없다. 인생이란 스스로의 힘으로 살아가는 것처럼 보이지만, 끊임없이 자신을 이끌어 줄 은인을 만나야 한다. 상사와의 공통분모를 찾아내 인적 교류의 기반을 확대하면 관계는 개선된다.

원칙보다 아첨을 좋아하고 듣기보다 말하기를 좋아하며, 스스로 잘난 체하여 만나는 사람들의 심기를 불편하게 하면 인간관계는 악화된다. 인맥관리에 성공하려면 신용 있는 사람이 되어야 하고, 오랜만에 만나도 믿음이 가는 삶을 살아야 한다.

과잉 친절도 서로 간의 관계를 불편하게 만들 수 있다. 아부를 통해 좋은 관계를 형성한다 해도 인격적으로 주종관계가 형성되면, 만남이 지속될수록 피로가 누적된다. 또한 심한 논쟁은 망하는 지름길이므로 불편하더라도 겸손하게 자신의 견해를 피력해야 하며, 난감한 상황에서는 융통성을 발휘하는 재치가 필요하고, 윗사람이 실수하더라도 공개적으로 상사의 무능함을 노출시키지 말아야 한다.

그렇다고 해서 상급자에게 과잉충성하며 상사의 치적을 지나치게 부각시키는 것은 적절치 않다. 과잉칭찬은 상대방에게 부담을 줄 수 있고, 조직 내에서 또 다른 적을 만드는 빌미가 될 수 있다. 무엇보다도 진심에서 우러나오는 칭찬이라야 진실된 관개 개선으로 이어진다. 멋진 인간관계는 어린아이와 엄마가 서로를 완벽하게 의지하는 원리와 같다. 서로에 대한 믿음이 무너지면 인간관계는 발전하기 어렵다. 엄마의 무한 헌신 덕에 어린아이는 엄마를 신뢰하게 되면서 모정의 본질과 사랑을 깨닫게 된다.

타인과의 관계도 모성애 수준의 헌신은 아닐지라도 상대방에게 먼저 다가설 수 있어야 한다. 상대방과 동질감을 형성함에 있어서는 내가 먼저 사소한 약점을 노출하면 상대편도 자신의 속마음을 털어놓게 되면서 서로 간에 신뢰가 쌓이게 된다. 상대방을 긴장시킬 수 있는 단점을 노출하기보다 삶 속에서 벌어질 수 있는 소소한 실수들을 재미있게 공개하면 웃으면서 친해질 수 있다.

서로 간의 공통분모가 많으면 많을수록 신뢰는 공고해진다. 사람들은 비슷한 처지에 있는 사람들끼리 쉽게 마음의 문을 연다. 처지가 비슷하지 않은데 친해지고 싶다면 상대방의 눈높이에서 신뢰를 쌓아나가야 한다. 상대방의 눈높이를 맞추는 일이 스스로 감당하기 어려울 만큼 출혈을 감수하는 일이라면, 인간관계를 지속시킬 것인지 신중하게 고민해야 한다.

순수한 마음으로 교제하라

태종의 처남인 민무구 형제들은 왕(세종)의 후계구도에 개입하고 심각하게 국정을 농단한 죄로 말미암아 죽임을 당하자, 그들의 가족들은 어려운 생활을 해야만 했다. 부왕은 세종의 성군정치를 위해 처남들을 처단하는 결단을 내렸는데, 이에 대한 평가는 엇갈린다. 너무 가혹한 판결이었다는 견해도 있고, 왕권을 농단한 대가라는 평가도 있다.

세종이 민무구 형제의 가족들에게 외방에서 자유롭게 살도록 조치하라고 지시하자, 신하들은 거세게 반대하였다. 형조 판서 조말생 등이 아뢰기를, "이 무리들은 모두 불충한 죄를 범한 자들

> 임금이 선지를 품稟하여 형조에 명하여, 민무구 · 민무질 · 민무휼 · 민무회의 처자에게 외방으로 가서 편할 대로 살게 하고, 이거이의 자손에게는 경외京外에서 자유로 살게 함을 허락하고, 김한로는 청주로 양이量移 하게 하라. 〈세종실록〉 즉위년 8월 21일

이오니, 전하께서 즉위하옵신 첫 정사에 가볍게 용서할 수 없습니다. 그리고 김한로를 서울 가까이 둘 수는 없습니다." 하였으나, 임금이

말하기를 "상왕께서 명하옵신 것이니 감히 좇지 않을 수 없다." 하여, 조말생 등이 굳이 청하였으나 윤허하지 아니하였다.

그는 백성들의 삶에 대해서도 끊임없이 모니터링하였고, 법적인 원칙을 지키려 노력하면서도 백성들의 곤궁한 삶이 나아지도록 혼신의 힘을 다했다. 굶주림을 온전히 해결하지 못한 조선사회에서 백성들의 식량문제는 생존의 문제이자 왕권을 지탱하는 뿌리였다. 시민들의 경제문제는 오늘날에도 최고 권력자의 통치행위 중에서 우선적인 관제임에는 틀림이 없을 것이다.

> 경기 감사에게 전지하기를, "근자에 경차관 이사증의 장계를 보니, 풍양豊壤 등처에의 길에서 죽은 자가 세 사람이나 된다고 하였다. 본도의 남도는 풍년이 들지 못하였지마는, 북도는 조금 풍년이 들었기 때문에 항상 염려하지 아니하였더니, 서울 근처가 지금 도리어 이와 같으니 내가 심히 놀라고 두려워한다."
> 〈세종실록〉 19년 1월 17일

세종 외에도 우리 역사를 빛낸 위인 중에서 인간적인 소통으로 영웅이 된 대표적인 인물로는 이순신 장군을 꼽을 수 있다. 이순신은 인간적인 유대관계를 중시했으며, 부하장수는 물론 장졸들과도 격의 없는 토론을 좋아했다. 신분제사회였던 당시의 상황을 고려해 보면 결코 쉬운 선택은 아니었을 것이다.

장군은 조선 수군의 경쟁력을 높이는 과정에서 꼭 필요한 경우에는 병사들을 군법대로 처리하여 기강을 바로 세웠지만, 병사들의 처지를 살피고 소통하는 데 심혈을 기울였다. 상하 간의 인간적 유대와 소통으로 최정예군을 만들 수 있었고, 투철한 국가관과 솔선수범하는 리더십에 부하 장졸들은 큰 감명을 받았다.

그가 추구했던 소통의 리더십은 원균이 추구했던 불통의 리더십과 대비된다. 선조의 오해와 대신들의 음모에 휘말려 이순신 장군이 한양으로 압송되자, 1597년(선조 30) 2월 삼도수군통제사로 부임한 원균은 이순신과 달리 부하들을 가혹하게 다스렸다.

칠천량해전에서 원균이 이끄는 조선 함대는 적의 공격에 무기력하게 무너졌고, 장졸들은 도망치기에 급급했다. 그나마 경상우수사 배설이 전투를 피해 10여 척의 함선을 이끌고 빠져나와 명량대첩을 치를 수 있는 불씨를 남겨놓았다.

원균은 흑백논리로 전투에 임했지만, 세상살이는 적과 동지가 순식간에 뒤바뀔 수 있으므로 지나치게 내 편과 네 편으로 나누는 인간관계는 옳지 못하다. 또한 전쟁에서 공격 아니면 후퇴라는 경직된 리더십은 적의 피해 못지않게 아군의 피해를 가중시킬 수 있다.

성공한 사람들을 만나보면 카리스마 넘치는 이미지보다 동네 아저씨나 아줌마처럼 소탈한 분위기를 풍기는 이들이 많은데, 미소 띤 얼굴과 상대방을 배려하는 태도가 인상적이다. 그들의 얼굴에는 인간미가 넘쳐흐른다.

성공하려면 성실해야 하고 여유로운 삶에서 묻어나는 품성을 지녀야 한다. 성실한 삶은 스스로 자신의 미래를 설계하고 행동하며 목표에 다가서게 하는 원동력이다. 성실한 자는 삶의 균형을 유지하며 시간이 지날수록 삶이 성숙되고, 세상을 긍정적으로 바라보며 난관을 극복할 수 있는 힘이 축적된다.

처음 만나는 사람이라도 미소 띤 표정으로 대하며, 아랫사람들을 다정다감하게 맞이할 수 있어야 한다. 여유롭게 웃는 얼굴은 능력 있고 자신감이 넘쳐 보이며, 편안하게 대화할 수 있는 여건을 조성한다.

그리스의 철학자 아리스토텔레스는 말하는 이의 품성이야말로 설득력을 높이는 원천이라 했다. 품성이란 상대방의 감정과 기분에 호소함으로써 말하는 이의 의도에 동조하게 만드는 마력을 지니고 있다. 말하는 이의 스토리에 논리가 더해지면 이야기하는 사람과 듣는 사람 간에 우호적인 관계가 형성된다.

미소 띤 밝은 표정과 분위기에 어울리는 패션 연출, 그리고 자신감 넘치는 당당함과 겸손함이 어우러져야만 좋은 이미지가 형성된다. 순수하고 해맑은 눈빛은 긍정적 이미지를 발산하는 매력포인트로서 자신의 심성을 표현한다. 맑은 영혼을 지닌 자는 초롱초롱하게 빛나는 눈빛을 발산한다.

이미지란 인상, 형태 등의 의미를 담고 있는데, 어떤 사람이나 사물로부터 받은 느낌이며 마음속에 떠오르는 영상이고 심상이다. 시각, 청각, 촉각, 후각, 미각 등의 오감을 통해 형성된다. 인품이 훌륭한 사람도 이미지가 나빠 손해를 볼 수 있고, 인품이 좋지 못한 사람인데도 우호적인 이미지로 자신의 단점을 감출 수도 있다.

유머는 진심에서 우러나올 때 사람의 마음을 사로잡을 수 있고, 대인관계를 긍정적인 방향으로 이끌 수 있다. 반면 가식적인 유머는 상황을 어색하게 만들 수 있으므로 경계해야 한다. 인간은 본능적으로 웃는 표정을 빨리 인지하는 능력을 지니고 있다. 아름다운 미소는 식욕을 북돋아주고 세상을 긍정적인 방향으로 이끄는 에너지를 발산한다. 심리학에서는 웃음을 '의식영역아래 자극subliminal priming'이라 부른다.19)

웃음을 잃어버린 무표정한 얼굴이나 화난 표정과 말투로 상대방을 대한다면 자신의 영향력은 급속히 약화될 수밖에 없다. 타인의 얼굴 표정을 순간적으로 미세한 부분까지 파악하는 능력을 지닌 사람은, 자신이 만나고 있는 사람의 얼굴 표정에 민감하게 반응한다.

지속적으로 꾸지람을 듣고 자란 아이보다 자신의 장점에 대해 많은 칭찬을 받고 자란 아이가 성공할 가능성이 높다는 연구결과처럼, 자신감을 갖는다는 것은 성공적인 인생의 필수조건이다. 자기계발을 통해 성공 경험 횟수를 늘려가는 것도 효과적이다. 자신의 재능이 인정받게 되면 자신감은 충만해진다.

자신감이 넘치는 자세와 부드럽고 환하게 웃는 얼굴표정은 절반 이상의 성공을 보장받은 셈이다. 자신감을 가지려면 자신의 단점에 연연하지 말고, 장점을 계발하려고 노력해야 한다. 인간의 마음은 동전의 양면과 같아서 단점을 찾으려고 노력하면 끊임없이 단점이 쏟아져 나오고, 장점을 찾으려고 노력하면 끊임없이 장점을 발견할 수 있다. 단점 때문에 좌절하기보다 장점을 개발하다 보면 자신도 모르게 자신감이 넘쳐나는 사람이 될 수 있다.

외모에서 풍기는 이미지도 능력을 발휘하는 데 큰 영향을 미친다. 그래서 자신에게 어울리는 얼굴표정을 관리해야 한다. 기분이 좋을 때만 웃는 것이 아니라 평상시에도 웃을 수 있는 삶을 살아가야만 행복이 찾아오고, 더 나아가 성공할 수 있다.

유머러스한 사람은 본인도 행복하고 상대방도 행복하게 만들며 질병을 이겨내는 힘도 강해진다. 미소가 아름다운 사람은 주변 사람들을 끌어들이고 공동체의 분위기를 밝게 만들며, 조직의 공동목표를 긍정적인 방향으로 이끄는 에너지를 발산한다.

웃는 연습은 반복할수록 효과적이다. 여성들은 잘 웃기 때문에 남
성들보다 오래 산다고 한다. 여성들끼리 나누는 대화를 유심히 살펴
보면 흥미롭다. 남북통일이나 북한 핵실험과 같은 심각한 주제보다
일상생활에서 흔하게 접하는 가벼운 주제를 가지고 수다를 떠는 데
익숙하다. 수다는 가벼운 웃음으로서 진지한 웃음은 아니지만, 악의
가 없고 세상사의 흐름을 가볍게 터치하며, 허심탄회하게 주고받는
토크쇼와 같다.

억지로 웃는 웃음도 자연스런 웃음만은 못하지만 찡그린 얼굴보단
낫다. 자연스런 얼굴표정은 어느 날 갑자기 만들어지지 않는다. 처음
에는 어색하더라도 지속적으로 훈련을 거듭하다 보면 자연스럽게 웃
는 얼굴은 완성된다.

서양인들은 낯선 사람에게도 웃으면서 인사를 건네는 데 익숙하지
만, 한국사회는 아직까지 낯선 이들에게 선뜻 밝게 웃어주는 행위가
자연스럽지는 않다. 그러나 글로벌시대를 살아가고 있는 우리는, 친
하지 않은 사람들과도 웃으며 인사를 건넬 수 있는 마음의 여유를
충전해야 한다.

자신의 웃는 모습을 다양한 방법으로 시도해 본 후 자신에게 가장
잘 어울리는 웃음을 정립해야 한다. 사람의 이미지는 일관된 분위기
를 연출해야 신뢰감을 줄 수 있다. 웃는 모습이 시시각각으로 변한다
면 상대방으로부터 신뢰를 얻기 어렵다.

밝은 눈빛과 입모양이 U자를 이룰 때 보기 좋은 얼굴표정이 만들어
지는데, 입꼬리가 보기 좋게 올라가는 사람은 자신감이 넘쳐 보인다.
입꼬리를 올려주는 훈련을 반복하다 보면 얼굴표정은 밝아진다.20)

사진을 촬영할 때면 '김치'나 '치즈'라는 단어를 자주 들을 수 있는데, '하하하,' '크크크,' '와이키키'라는 단어도 웃음훈련에 효과적이다. 아침저녁으로 김치, 치즈, 하하하, 와이키키 등을 발음하며 자신의 얼굴표정을 관리하면, 눈에 띄게 자신의 표정이 밝아지는 것을 체험할 수 있다.

팔과 어깨를 사용하여 웃는 표정의 극적 효과를 높일 수도 있고, 눈을 평상시보다 약간 크게 떠 표정을 극대화할 수도 있다. 하지만 웃을 때 볼에 손을 받치거나 머리카락을 만지작거리는 행위는 정서가 불안하고 산만한 사람처럼 비칠 수 있어 주의해야 한다.

아울러 매력적인 목소리도 인간의 마음을 사로잡는 데 큰 영향을 미친다. 말을 할 때도 아름다운 음악처럼 리듬을 타면 좋고, 안정된 목소리와 자신의 캐릭터에 어울리는 음색도 중요하다. 중저음의 목소리는 상대방에게 안정감과 신뢰감을 심어준다.

특히 전화화술에서 매력적인 목소리는 큰 위력을 발휘한다. 얼굴을 보지 않고 대화하기 때문에 목소리를 통해 전달되는 메시지는 많은 의미를 함축한다. 전화예절도 대인접촉 때와 마찬가지로 웃음을 동반한 대화가 성공 비즈니스를 이끌어준다. 가급적이며 전화벨이 3번 이상 울리기 전에 받아야만 상대방의 마음을 편안하게 해준다.

선천적으로 목소리가 아름다운 사람도 있지만, 보통 사람들도 훈련을 하면 아름다운 목소리의 주인공이 될 수 있다. 아름다운 목소리를 가지려면 배에서 소리를 밀어 올리는 방식에 익숙해져야 한다. 복식호흡을 해야 하고, 아름답고 부드러운 목소리를 안정적으로 관리해야 한다. 자신이 닮고 싶은 롤모델을 설정하고 훈련하면 실효성을 높일 수 있다. 어떤 사람은 큰 소리를 내면서 웃는 모습이 아름다울 수 있지만, 어떤 이는 소리 없이 입꼬리만 약간 치켜 올릴 때 가장 아름다운 이미지를 연출할 수 있다.

밝은 표정으로 미소 띤 얼굴에 감성이 더해지면 대인관계를 개선하는 친화력은 배가된다. 인기 있는 사람은 단순히 돈이 많거나 능력 있는 사람이라기보다 풍부한 감성을 지니고 있으면서 자신의 이미지를 효과적으로 관리하는 사람이다.

개미처럼 성실하게 일만 하는 사람은 풍부한 감성을 발산하기 어렵다. 근면성실하게 일하는 사람 곁에서 흥겹게 노래를 불러주는 자도 소중한 사람이다. 감성은 근면성실함을 뛰어넘는 예술 활동이나 여가생활이나 스포츠를 즐기다 보면 풍부해진다. 현대사회는 인간에 대한 이해와 인간적인 유대를 촉진시키며 조직 구성원들의 행복한 삶을 이끌어 줄 수 있는 사람들을 필요로 한다.

상대방을 감동시키는 전략

조선시대에는 자연재해를 과학적으로 관리하기 어려운 현실 여건 때문에 백성들은 시시때때로 굶주림과 사투를 벌여야만 했다. 임금이 난제의 해법을 정확하게 제시할 수 있다면 최고지만, 때론 약자들의 고통에 공감하며 "힘들지요. 최선을 다해 보겠습니다."라는 진정어린 위로의 말 한마디에 백성들은 고통 속에서도 삶의 희망을 발견할 수 있었다.

1419년(세종 1) 4월 1일 세종은 무릉도武陵島에서 나오는 남녀 도합 17명이 경기도 평구역리에 당도하여 양식이 떨어졌다 하므로

> 성균관과 사부학당四部學堂의 여러 선비와 입직入直한 군사와 여러 곳에 부역하는 장인과 군인에게 술을 내렸다.   〈세종실록〉 4년 12월 5일

사람을 보내어 구원케 하고, 왕지하기를 "듣건대 무릉도에서 나오는 사람들이 지금 평구역에 당도하여 양식이 떨어졌는데, 구원해 주는 사람이 없다고 한다. 경기도 한길가가 이와 같은데, 하물며 먼 지방이야 어떻겠느냐. 이로 미루어 각 군 백성들을 생각하면 반드시 굶주

리는 자가 있을 것이니, 호조로
하여금 각도에 공문을 보내 세밀
히 검찰하여 백성으로 하여금 굶
주리고 곤궁한 일이 없게 하여
나의 지극한 향념에 부응케 하
라."라고 하였다.

> 형조에 전지하기를, "연좌緣坐되어
> 도관都官에 입속된 정안지의 아내 석
> 비와 여자 석을비의 아들 오을미를
> 놓아주도록 하라." 하였다.
> 〈세종실록〉 8년 5월 15일

그는 백성들의 고통스런 삶을 외면하지 않았고, 현실적인 조치들
을 통해 백성들의 어려운 처지를 어루만지는 리더십을 발휘했다. 임
금은 자존감이 충만했을 뿐만 아니라 백성들을 배려하는 남다른 애
정으로 그들과 소통했다.

인간관계를 지속적으로 발전시키려면 솔직하고 진솔한 자세로 상
대방의 입장에서 생각하고 공감해야 한다. 너무 완벽하게 행동하려
고 의식하기보다 솔직하고 순수하게 자신을 보여 주는 저세술이면
족하다.

너무 완벽해 보이는 사람은 상대방의 마음을 편안하게 해주기 어
렵다. 인간적으로 빈틈이 있어야 상대방도 마음의 문을 열 수 있다.
인간관계가 발전하여 지속되는 만남으로 성장하려면 상대방의 단점
을 함부로 건드리지 않는 세심한 배려가 필요하고, 너무 가깝게 다가
서거나 너무 거리를 두기보다 서로 예의를 지켜가며 원만한 관계를
형성해야 한다. 상대방의 호의에 대해서는 진심으로 감사를 표해야
한다.

아쉽게도 오늘날의 도시문명은 인간적인 소통보다 개인적인 행복
추구를 중시하고 있다. 시골에서는 애경사가 있으면 주민들이 한집

안 식구처럼 도와주지만, 도시에서는 바로 앞집에서 무슨 일이 일어나는지도 모른 채 살아간다. 서로 간섭하지도 않지만 서로 도와주지도 않는 풍조가 확산되고 있다.

성공마인드의 혁명적 전환으로 평가받고 있는 사회지능인 SQsocial quotient의 관점에서도 사람을 감동시키는 해법을 이끌어 낼 수 있다. 자기 자신만을 위하는 이기적인 유전자가 성공을 이끄는 시대는 저물고 있다. 타인의 행복을 위해 헌신하는 이타적 유전자는 세상을 풍요롭게 하며 인간관계를 성공으로 이끈다.21)

세심하게 귀를 기울여 상대방의 독백이나 표정을 자세히 관찰하면 고객이 진정으로 원하는 욕구를 파악할 수 있다. 서비스 리더십이 지향하고 있는 고객감동은 고객만족을 뛰어넘는 경지다.

고객감동은 상대가 원하는 것을 상대가 요구하기 전에 능동적으로 해결해 주면서도 고객의 기대를 뛰어넘는 서비스를 제공해야 실현된다. 종사원들은 고객의 심리상태와 욕구를 세심하게 관찰하여 상대방의 눈빛만 봐도 고객이 원하는 것을 파악할 수 있는 능력을 키워야 한다. 고객의 욕구를 선제적으로 예측하고 대응하면 고객은 평생토록 기억에 남을 만한 멋진 추억을 간직할 수 있다.

또한 물러설 줄 아는 여유를 지녀야 한다. 겸손한 마음자세로 행동해야 하고, 조직의 특성상 불공정한 인사와 상사의 견제 등으로 억울한 일이 있어도 후일을 기약하는 마음자세를 지녀야 한다. 조직 내에서는 자신을 이끌어 줄 수 있는 윗사람을 만나면 도약하는 것이 수월해진다. 기업들은 최고경영자를 외부에서 영입해 오기도 하지만 기업 내에서 발굴하기도 한다.

능력이 뛰어난 사람도 직속상사의 마음에 들지 않으면 진급에서 누락될 수 있다. 자신의 능력을 마음껏 발휘할 수 있는 높은 자리에 올라가기 위해서는, 자신의 능력을 인정해 주고 음으로 양으로 이끌어 줄 수 있는 은인을 만나야 한다. 효과적으로 질문하는 능력을 개발하고, 때때로 공로는 상사에게 돌리면 윗사람을 자기편으로 만드는 것이 수월하다.

직장인들은 동료들과의 회식자리에서 상사를 비난하며 술을 마시는 데 익숙하다. 지위가 높은 사람들은 본능적으로 자신과 자신의 조직에 관련된 정보를 입수하기 위해 다양한 네트워크를 활용한다. 술을 함께 마시는 동료 중에 스파이가 있을 수 있다.

동료를 밀고하는 스파이는 함께 술을 마시며 상사를 비난하는 척하지만, 상사를 비방했던 내용들을 상세하게 밀고한다. 직장동료를 의심하는 것은 좋은 습관은 아니지만, 성공할 수 있다면 수단 방법을 가리지 않고 타인에게 해를 끼치는 것도 서슴지 않는 자들은 있기 마련이다.

그래서 직장동료들과 저녁 모임을 하게 되면 상사를 칭찬하기는 어렵더라도 상사를 비방하는 행위를 삼가야 한다. 상사를 비방하며 상사를 뛰어넘으려는 전략은 달걀로 바위를 치는 격이다.

어떤 이들은 유능한데도 늘 자신보다 뛰어난 사람들과 비교하며 열등감에서 벗어나지 못하는 우를 범한다. 열등감을 극복하려면 타인과 자신을 비교하는 습관에서 해방되어야 한다. 열등감을 극복하면 행복한 삶을 이끌 수 있지만, 타인과 비교하기 시작하면 불행한 삶 속으로 빠져든다.

부모나 형제자매처럼 태어나면서부터 운명적으로 결정되는 인간관계도 있고, 친구나 직장 동료처럼 사회생활하면서 형성되는 인간관계도 있다. 잠시 만났다 헤어지는 인간관계가 있는가 하면 오래도록 지속되는 인간관계도 있다.

선천적으로 맺어지는 가족은 필연적인 관계로서 일생동안 관계를 유지한다. 가족끼리는 가깝지만 서로 상처받기 쉽고 많은 갈등을 야기할 수 있다. 그래서 가족 간에도 인격적인 존중과 서로 예의를 지키는 삶의 자세가 필요하다.

연인은 가족관계로 발전할 수도 있지만 호감의 단계가 지나고 나면 서로에게 도움이 되는 상황이 전개되어야 관계가 지속된다. 연인들은 부담을 느끼게 되면 바람 앞의 촛불처럼 순식간에 관계를 청산한다.

직장동료는 이해관계로 얽혀 있으며 업무적인 관계 외에도 취미생활과 봉사활동 같은 비공식적 활동을 통해 갈등요인들을 어느 정도는 해소할 수 있다. 가치관이 서로 다른 두 명의 상사를 모실 경우, 상사가 원하는 바가 무엇인지 정확하게 파악한 후 행동에 옮겨야 한다. 때때로 상사의 의중을 확인하지 않은 채 짐작으로 행동하면 상사에게 돌이킬 수 없는 실수를 저지를 수 있다.

아무리 민주화된 조직이라 할지라도 위계질서를 거스르는 행위는 신중해야 한다. 세상은 민주화되었고 조직이 거대해지면서 수평적 조직체계의 중요성을 강조하고 있지만, 윗사람과 아랫사람 간에는 민주적인 가치로 이해하기 어려운 장애물이 존재하기 마련이다. 조직이란 본질적으로 수평적 가치를 존중하면서도 위계질서의 기본구조를 무시할 수 없다.

아울러 팁 문화는 종사원과 고객 간의 서비스문화를 성숙시키는 데 기여하고 있다. 아직까지 우리나라는 팁 문화가 정착되지 못했고, 손님들이 자율적으로 서비스하는 종사원에게 팁을 주는 문화가 보편 적이지는 않다.

반면 서양사회는 고급식당이 아니더라도 음식을 먹고 나면 음식 가격의 10페센트 이상의 팁을 서빙하는 종사원에게 주며 감사를 표 한다. 나는 미국에 머물며 팁을 줘야 하는 문화가 어색해 처음에는 식당 방문을 주저하곤 했다. 어떤 때는 식당에 가고 싶어도 팁 주는 것이 불편해서 집에서 식사를 했다.

한국에서는 고급식당을 방문해도 봉사료를 포함해 계산하기에 별 도의 팁을 주지 않아도 된다. 미국에서는 고급 식당이 아니더라도 종 사원의 서비스를 받게 되면 별도의 팁을 주어야 한다. 점심 식사 때 는 음식가격의 10퍼센트 가량을 팁으로 주었지만, 저녁 때는 음식가 격의 15퍼센트 이상을 팁으로 주곤 했다.

신기하게도 팁 문화에 익숙해지면서 나는 베푸는 자의 마음속에 행복이 피어오르는 것을 경험했다. 고객은 서비스가 만족스러울 때 와 불만족스러울 때 천편일률적으로 팁을 줄 필요는 없다. 특별한 서 비스를 경험했을 때는 보통 때보다 후한 팁으로 감동적인 서비스에 대한 예의를 표할 수 있다. 그리하면 팁을 주는 자도 행복해지고 팁 을 받는 자도 행복해진다.

유머러스한 친화력의 마술

세종은 경청의 달인이라 불릴만큼 신하들의 의견에 귀를 기울였고, 자신의 마음에 들지 않아도 쉽게 불편한 심기를 드러내지 않았다. 아무리 생각해도 신하들의 의견이 잘못되었다고 판단되거나 자신의 주장을 관철시킬 경우에도 신하들이 해법을 도출할 수 있도록 배려하였다.

1432년(세종 14) 11월 3일 황희 등이 아뢰기를 "중국에 가는 사람들이 천만 가지로 꾀를 내어 금하는 물건을 끼고 가는데, 압록강을 지날 때에 비록 감시하여 살피고 뒤져 검사하여도 오히려 찾아내지를 못하옵니다. 신 등의 생각으로는 돌아올 때에 동팔참 東八站에 이르거든 검찰관이 뜻밖

맹사성 · 허조 · 신상 · 정초 · 신장 등이 아뢰기를 "경서와 약재는 무역하도록 신청함이 옳습니다." 하고, 권진은 아뢰기를 "약재는 부득이한 물건이니 마땅히 무역하도록 하고, 경서는 약재의 예와 다르오니 무역하지 않아도 좋을 것입니다." 하고, 황희는 아뢰기를 "경서와 약재의 무역을 신청하는 것은 조급한 듯하오니, 아직은 뒷날을 기다릴 것입니다." 하였는데, 권진의 의논을 따랐다.

〈세종실록〉 14년 10월 4일

으로 나타나 재삼 수색하게 되면 무역한 물건을 거의 다 찾아 낼 것이라고 여겨지옵니다." 하니 그대로 따랐다.

그는 신하들의 의견을 듣고 충분히 생각한 후에 신하들이 공감할수 있는 선에서 의사결정을 이끌었다. 때로는 신하들이 반대하는 상황에서 자신의 주장을 관철시킬 경우에는 신중을 기했다. 또한 말을많이 하기보다 상황에 적합한 화법을 구사했다.

말 잘하는 사람들은 익숙한 주제라도 새로운 시각으로 사물을 바라보며 일상의 다양한 논점과 경험에 대한 이야기를 전개한다. 두세명이 모여서 토론할 때와 대중 앞에서 연설이나 강의하는 방식에 따라 접근을 달리한다. 많은 사람들 앞에서 연설할 때에는 자신의 의사를 정확하게 전달할 수 있도록 집중해야 한다.

군중 앞에 서게 되면 말문이 막히는 이유는 무엇일까? 멋지게 연설하려면 많은 연습이 필요하고, 청중들에게 진솔한 마음을 전달해야한다. 자신의 속마음을 드러내지 않은 채 상대방과 진솔한 대화를 이끌어 간다는 것은 불가능하다. 내가 먼저 속마음을 보여 주어야만 상대방도 마음의 문을 열게 된다.

친구와는 대화가 되는데 낯선 사람 앞에만 서면 말문이 막히는 것은 지극히 자연스런 현상이다. 그래서 익숙하지 않은 사람과 대화할때는 상대방을 편안하게 해 주는 것이 급선무다. 또한 상대방에게 신뢰관계가 형성되었다는 믿음을 심어 주어야 한다. 반면 상대방의 분위기에 압도당해 버리면 자연스런 대화를 이끌기 어렵다. 날씨와 같은 가벼운 주제로 대화를 시작하면 편안한 분위기를 형성하는 데 도움이 된다.

 아울러 '예', '아니요'로 답하게 만드는 질문은 삼가는 것이 좋다. 강요하는 듯한 질문은 상대방을 당황하게 만들어 분위기가 어색해질 수 있다. 상대방이 자유롭게 자신의 견해를 피력할 수 있도록 배려해야 한다.

 "금년처럼 무더운 여름에는 더위를 피해 어디로 떠나면 좋을까요?"

 "올해 주식시장은 유가 상승, 미국 부동산시장 위축 등으로 불안한 장세가 지속될 것으로 예상되는데요. 이 선생께서는 향후 장세를 어떻게 보시는지요?"

 대화의 진행자는 가급적 자신의 견해를 자제하고 상대방의 기를 살려 주어야 한다. 대화의 제1규칙은 '경청'이라 할 정도로 상대방의 견해에 적절하게 맞장구를 쳐 주어야 한다. 보디랭귀지도 적절히 활용하면 도움이 되고, 상대방과 적절하게 시선과 호흡을 맞추는 것도 중요하다.

 한편 파티는 저녁을 먹으면서 가볍게 교제하는 편안한 모임에서부터 대규모의 결혼식에 이르기까지 각양각색이다. 아직까지 우리나라의 파티문화는 대중화되었다고 볼 수는 없지만, 점차 다양한 형태의 사교모임이 보편화되고 있다.

 손님과의 대화는 일대일로 이루어질 때 가장 편안한 분위기가 조성된다. 지인들이 거의 없는 파티에서는 모임의 분위기에 위축되지 말고, 대화상대를 물색하는 노력을 해야 한다. 파티장에서 친한 사람들끼리만 어울리기보다 낯선 사람에게 다가가 교제하는 글로벌 에티켓에 익숙해져야 한다.

 파티장소에서 특정인과 너무 오래 대화하는 것도 경계해야 한다.

적절한 시점에 인사를 하고 대화상대를 자연스럽게 교체하는 것이 좋다. 소그룹으로 이야기를 나눌 때는 대화의 흐름을 주도하여 분위기를 고조시키는 기술이 필요하고, 모든 참석자들이 대화에 참여할 수 있도록 배려해야 한다.

유명인사와 대화할 경우에는 상대방의 명성에 주눅 들기 쉬운데, 지위 고하를 막론하고 자연스럽게 대화를 이끌어가는 담대함과 여유가 필요하다. 유명 인사들도 보통 사람들처럼 일상적인 대화를 즐긴다. 자신이 만나는 상대방의 신분에 민감하게 반응하기보다 자연스럽게 일상적인 대화를 통해 우정을 나누다 보면 신뢰관계가 형성된다.

대화 중에는 적절하게 공감을 표시하여 상대방과 강한 연대감을 꾀하고, 유머감각을 발휘하여 대화의 분위기를 고조시키며 흥미를 유발해야 한다. 반면 심각한 이야기는 오래하지 않는 것이 좋다. 너무 진지한 이야기는 대화 내용의 옳고 그름을 떠나 대화의 분위기를 해칠 뿐 아니라 서로에 대한 긴장감을 고조시켜 상호 간의 신뢰관계에 악영향을 미칠 수 있다.

대화 중에는 지나치게 과장되지 않는 단어를 사용하는 것이 좋고, 의식적으로 세련되어 보이는 전문용어나 새롭게 유행하는 말들을 사용하는 것을 자제해야 한다. 새롭게 유행하는 말들은 참석한 사람들을 당황하게 만들 수 있다. 과장된 표현은 상대방을 폄하하거나 무시하는 것으로 비칠 수 있어 주의해야 한다.

불필요한 말들을 사용하지 않는 것도 중요하다. 대화 중에 특별한 의미를 전달하지 못하는 '어쨌든, 글쎄요, 에~, 아무튼' 등의 말은 자주 사용하지 말아야 한다. 특별한 의미도 없으면서 습관적으로 사용하는 단어들은 대화나 연설의 품위를 손상시키며 주제의 본질도 희석시킨다.

나쁜 언어습관을 고치기 위해서는 익숙한 표현을 활용하는 습관을 길러야 한다. 자신의 입에서 어떤 단어가 튀어나오는지 면밀히 관찰해 보면 자신의 잘못된 언어습관을 고칠 수 있는 실마리를 찾아낼 수 있다. 말하기 전에 미리 생각하는 습관도 길러야 한다. 대화의 스피드는 보통 정도의 수준으로 유지하는 것이 좋다. 너무 말을 빨리하면 자신의 언어습관을 개선하기가 어렵다. 또한 대화의 본질에서 벗어난 이야기를 너무 장황하게 늘어놓아 상대방을 초조하게 만들지 말아야 하며, 대화의 핵심적인 이슈를 이야기하는 타이밍을 적절하게 잡아내야 한다.22)

불필요한 언어의 사용을 자제하고, 중언부언하는 언어습관에서 벗어나야 한다. 평상시에 말을 많이 하는 사람은 각고의 노력을 해야만 말실수를 줄일 수 있다. 순간적으로 말실수를 하였다 하여 주눅이 들거나 대화나 브리핑을 중단해서는 안 된다. 말실수가 고의적이거나 악의적이지 않다면 마음을 가다듬고 자신이 준비한 내용을 자연스럽게 전달하며 분위기를 반전시켜야 한다.

그러나 자신의 실수를 무리하게 은폐하는 행위는 상대방이나 청중들이 분노하는 원인이 될 수 있다. 유명 방송인들도 인간인지라 실수를 할 수 있다. 실수를 했을 때는 겸손한 태도로 사과하는 진솔함도 필요하다.

화술은 상대방이 원하는 구체적인 실익을 파악하는 데 집중하면서도 상대방의 자존심을 건드리지 않는 세심한 배려가 필요하다. 상황에 따라서는 이 거래가 성사되지 않았을 때 발생할 수 있는 부작용을 적절하게 언급함으로써 이해당사자가 협상에 보다 적극적으로 임하도록 이끌어야 한다. 그러나 부정적인 대화는 협상을 파국으로 몰고 갈 수 있기에, 분위기가 좋을 때 잠깐 언급하는 것이 적절하다.

대중연설에서는 청중의 욕구를 파악하고 있어야만 그들과 원활하게 소통할 수 있다. 청중의 욕구를 파악하기 어려운 상황이라면 그들의 직업, 나이, 성별, 출신지역, 관심사항 등을 체크하여 대응해야 한다. 대중은 강의하는 사람의 배경에 대해 매우 궁금해 한다. 누구나 처음부터 강의를 잘할 수는 없지만 자신의 이력사항 중에서 장점이 될 수 있는 내용을 효과적으로 전달해야 한다.

연설이나 강의 중에 청중의 예상을 뒤엎는 표현을 간간이 사용하여 분위기를 반전시키면 극적 효과를 도모할 수 있다. 분위기 반전은 자연스러워야 하고, 핵심적인 내용을 간결하게 표현함으로써, 청중들이 핵심주제만은 이해하고 돌아갈 수 있도록 해야 한다.

평이하지만 단순하고 간결한 표현이야말로 감동적인 연설이나 대화의 필수요건이다. 리듬 있고 호소력 짙은 목소리도 청중들을 사로잡는 데 크게 기여할 수 있다. 때로는 순간적인 고요함 속에서 청중들이 강의나 연설 내용을 음미해 볼 수 있도록 배려해야 한다.

강의 중에는 유머와 다양한 사례를 들어 설명하는 것이 효과적이고, 재치 있는 유머를 적절하게 구사하면 어색한 분위기를 반전시킬 수 있다. 또한 스토리텔링 기법을 활용하면 사람들을 효과적으로 설득하는 것이 용이하다. 에피소드는 자신이 체험한 경험을 활용해야 청중들과 공감대를 형성하기 쉽다. 타인의 이야기는 제한적으로 사용하는 것이 좋다.

강연자는 자신도 모르게 자아도취와 자기자랑을 늘어놓게 되면서 청중들을 짜증나게 할 수도 있다. 명강의는 청중들을 감동시키면서도 강연자가 높아지지 않는다.

대화 중에는 서로 공감하는 사례나 경험담을 소재로 대화를 이끌어야 한다. 가끔은 알면서도 모르는 척 속아주는 연기력도 필요하다. 분위기가 고조된 후 상대방의 심기를 불편하게 만들 수 있으므로 흥분된 상황 속에서도 말수를 적절하게 조절하고, 상대방이 대화의 주인공에서 밀려나지 않도록 배려해야 한다.

대화 중의 시선 처리도 분위기에 큰 영향을 미칠 수 있다. 눈맞춤을 통해 상대방의 본심을 읽어야 하지만, 지나치게 상대방의 눈이나 얼굴을 빤히 쳐다보거나 곁눈질하는 우를 범해서는 안 된다. 눈맞춤은 순수한 눈빛으로 하는 것이 좋고, 자신의 마음을 숨긴 채 상대방이 속마음을 털어놓기를 기대할 순 없다.

Korean Leadership

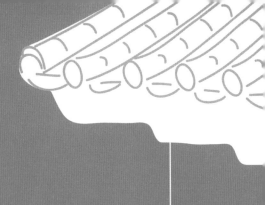

5

덕치와 법치의
휴머니즘

세종은 복잡한 외교관계와 산적한 난제 속에서도 삶의 여유와 타인에 대한 배려를 중시했다. '눈에는 눈, 이에는 이'로 대하는 지도력을 경계하며 신하들의 잠재적 역량을 이끌어 내는 지도력을 발휘하였다. 꼭 필요한 경우에는 신하들과 백성들을 엄하게 다스렸지만, 사람들의 허물을 덮어주며 덕치로 다스리는 미덕을 발휘했다.

인간은 서로서로 도와가며 살아가는 존재다. 아쉽게도 문명이 발달하고 경쟁이 치열해지면서 사람들은 앞서 나가기 위해서라면 경쟁자에게 적대적인 행위도 서슴지 않는다. 경쟁사회에서는 친한 사람들끼리 교류하며 경쟁관계에 있는 사람들을 배격하는 데 익숙하다.

인격적으로 교류하며 인적자원의 체계적인 관리가 뒷받침되면 평범한 사람인데도 우수한 인재로 거듭날 수 있다. 신입사원을 선발할 때부터 우수한 인재들을 안정적으로 영입할 수 있으면 좋겠지만, 무한경쟁 환경을 고려할 때 시의적절하게 우수인재들을 영입하는 것은 결코 쉬운 일이 아니다.

인력개발은 학습하는 인간에 초점을 맞출 수도 있고, 심리적 차원을 고려하는 심리적 만족도에 초점을 맞출 수도 있다. 또한 조직 구성원들의 자아실현 욕구에 효과적으로 대응하여 경영성과를 높일 수도 있다.

할 수 있다는 가능성과 잠재력을 믿어주면 좋은 결과를 도출할 수 있다. 상사나 동료의 신뢰와 기대를 받게 되면 조직 구성원들은 기대 이상의 성과를 이끌어낸다. 감정의 동물인 인간은 자신을 전적으로 인정해주고 믿어주며 격려해 주는 사람이나 조직을 위해 헌신한다.

싸우지 말고 승리하라

세종 즉위 후 독자적인 역량이 부족했던 주변세력의 통치자들은 조선에 특산물을 바치곤 했다. 국가 간의 거래이든 개인 간의 거래이든, 힘이 강한 자와 약한 자 간의 거래이든 일방적으로 한 편이 손해를 보면 관계는 나빠지기 마련이다. 지위가 높은 자라 하여 거만하게 행동하거나 약자에게 무리한 것을 요구하면 관계는 악화된다.

세종은 힘이 약한 자와의 거래에서도 합리적인 의사결정을 중시했다. 그는 주변국의 지도자들로부터 토산품을 받으면 적절한 답례품을 하사하며 조선 임금으로서의 품격을 지켰고, 상대방을 무리하게 압박하는 전략은 지양했다. 그는 후덕했고 신하들을 가급적이면 덕으로 다스렸기에,

> 일본국 하주 태수河州太守 원전源傳이 사람을 보내어 특산물을 바치므로, 답례로 정포正布 42필을 주었다. 비주 태수肥州太守 원정源貞이 글을 올리기를 "두세 해 동안에 소식이 끊어져서 이웃 나라에 대하여 공경하는 예절을 태만히 하였으니 적지 않게 죄를 지었습니다. 표피豹皮를 얻기를 원하오니 특별히 생각하여 주소서." 하고 인하여 특산물을 바쳤다.
>
> 〈세종실록〉 12년 윤12월

신분 여하를 막론하고 전국 각지에서 유능한 인재들을 영입할 수 있었다. 결과적으로 세종은 조선의 그 어떤 군주도 이룩하지 못한 위대한 업적들을 일궈 냈다.

그가 덕치로 세상을 바로잡을 수 있었던 것은 부왕인 태종이 세종의 성군정치에 걸림돌이 될 만한 인물들을 제거했기에 가능했다. 어질고 착한 임금이 다스리는 태평한 세상은 사회가 안정되고 덕을 베풀 수 있는 여건이 갖추어져야만 실현가능한 이상적인 모습이다.

황하문명 이후 중국대륙에서는 천하를 통일하기 위해 영웅들 간의 싸움이 끊이질 않았다. 춘추전국시대에는 엘리트 지식인들이 각자 나름대로의 접근법으로 천하를 다스리기 위한 사상과 전략적인 방법들을 제시했다.

평화가 지속되던 시기에는 덕치와 인의예지를 강조했던 유가사상이나 자연의 순리에서 삶과 통치의 지혜를 배워야 한다고 역설했던 도가사상이 주목받았다. 난세에는 냉철한 통치시스템으로 천하를 다스리는 법가사상과 전쟁을 통해 권력을 쟁취하는 병법서들이 주목을 받을 수밖에 없었다.

> 알타리斡朶里 지휘 마좌화馬佐化 · 최사안崔沙安 · 보하망내甫下亡乃 등과, 올량합兀良哈 천호 호심파好心波 · 두난豆難 · 가을이加乙伊 등과, 여진女眞 지휘 파이대波伊大와 올적합兀狄哈 천호 조음장개照音將介 등이 와서 토산물을 바치니, 모두 옷 · 갓 · 신을 하사하고, 면포를 차등을 두어 답례로 내려 주었다.
>
> 〈세종실록〉 13년 2월 1일

『손자병법』은 싸워서 이기기 위한 기술 못지않게 지지 않기 위한 지혜를 강조하고 있다. 적대관계에 있는 양대 진영이 목숨을 걸고 싸워야 하는 전쟁은 승패를 떠나 서로에게 너무도 큰 상처를 안겨주기에 가급적 피해야 한다. 지도자는 맞춤형 전략으로 승리를 이끌어야 하는데, 때로는 지지 않기 위해 창피함도 무릅쓰고 물러서는 것도 주저하지 말아야 한다.

서로 피를 흘려야 하는 전쟁은 승리를 하더라도 아군의 피해로 인해 또 다른 적에게 제압당하기 쉽다. 게다가 적군을 몰살시키고 승리하게 되면 전리품의 질이 크게 저하되어 전쟁비용을 회수하지 못하는 우를 범하기 쉽고, 승리한 진영에서도 내부적인 권력 암투가 벌어져 최고 권력자가 순식간에 교체되는 권력이동이 전개되기 쉽다.

그래서 싸우지 않고 이기는 진정한 승리자가 되기 위해서는 몇 가지 조건을 충족시켜야 한다. 첫째, 아군의 전력이 경쟁자보다 비교우위에 있음을 각인시켜야 한다. 아군의 전력을 적군에게 노출시키지 않아야 하며, 아군이 적군보다 우위에 있음을 효과적으로 인식시켜야 한다. 둘째, 충격요법을 통해 경쟁자의 항복을 유도해야 한다. 아군은 전쟁을 쉽사리 감행하지 않지만 일단 싸움이 시작되면 적군을 초토화시켜 재기가 불가능한 상태로 만들어 놓는다는 암묵적 공포감을 효과적으로 조성해야 한다. 셋째, 최고 권력자의 이미지 관리를 통해 아군은 물론 적군으로부터도 존경심을 이끌어 내야 한다. 이를 통해 적군의 응집력을 와해시키고 투항을 유도하는 전략을 구사해야 한다.

우리 역사상 싸우지 않고 승리한 대표적인 인물로는 고려의 외교관이었던 서희를 꼽을 수 있다. 서희는 993년(고려 성종 12) 거란이 침입하자 적장인 소손녕과 담판을 벌여 압록강 하류 이남지역인 강동 6주의 영토를 확보하는 비범함을 보여 주었다. 거란은 고려를 침입한 명분으로 고려의 친송 정책과 북진 정책을 내세웠다. 서희는 소손 녕에게 압록강 일대를 장악하고 있는 여진족 때문에 거란과의 관계 회복을 도모할 수 없다는 논리를 내세워 거란의 철군을 이끌어냈다.

거란이 3년에 걸쳐 압록강 일대의 여진족을 토벌함에 따라 고려는 전쟁을 벌이지 않고, 압록강 유역까지 영토를 확장할 수 있었다. 싸우지 않고 이기는 자가 진정한 승리자란 병법의 교훈을 몸소 실천한 셈이다.

난세에는 이기는 것 못지않게 지지 않고 자신을 지켜내는 것이 중요하고, 힘을 결집시켜 상대를 완벽하게 제압할 수 있는 확실한 전략이 수립되었을 때에만 경쟁자와의 직접적인 전쟁을 선택해야 한다.

고려왕조를 세운 왕건도 비범한 친화력과 덕을 베풀어 호족들과 백성들의 마음을 사로잡는 데 성공했다. 당시에는 지방의 호족들이 사병을 보유하며 막강한 권력을 행사하던 시기였다. 왕건은 지방 호족들을 무력으로 다스리기보다 유화책으로 위기상황을 돌파하는 현실적인 대안을 선택했다. 그의 선택은 호족들로부터 큰 호응을 이끌어낼 수 있었고, 호족 연합체 형태의 새로운 정치실험이 전개되었다.

급진적 개혁으로 말미암아 신하들에 의해 권좌에서 물러나야 했던 궁예의 전철을 밟지 않았던 왕건의 리더십은 사회변화가 극심한 현대의 경영자들이 눈여겨봄직한 지혜를 전해주고 있다. 918년 6월 고려왕조의 초대 임금으로 등극한 태조 왕건은 순리와 대세를 거역하지 않는 안목으로 신왕조의 기틀을 공고히 다지는 역사적 소임이 충실했다.

신왕조 건설에 따른 호족들의 불안심리를 꿰뚫고 있던 왕건은 호족들을 규합하는 상징적 조치로서 그들의 여식들을 왕비로 받아들이는 신뢰의 정치를 전개했다. 그 효과는 기대 이상이었다.

그는 29명의 부인으로부터 25명의 왕자와 9명의 공주를 낳았다. 오늘날의 관점에서 보면 29명의 공식적인 부인을 둔 권력자를 언뜻 이해하기 힘들겠지만, 강력한 사병과 재력을 겸비하고 있던 지방 호족들을 규합하기 위한 현실적인 선택이었다. 아쉽게도 왕건 사후 배다른 왕자들 간의 권력 암투는 예견된 수순이 되어버렸다.

한편 사회가 안정되고 풍요로운 사회가 도래하면 덕을 베푸는 리더가 존경을 받게 된다. 덕으로 조직을 이끄는 경영자는 위기상황에 직면했을 때 조직구성원들과 힘을 모아 위기상황을 극복하는 데 유리하다. 아무리 유능한 지도자라 하더라도 조직 구성원들을 강압적으로 다스리면 부작용은 수반될 수밖에 없다.

『삼국지』는 유비와 조조와 손권을 비롯한 영웅들의 리더십을 다채롭게 엮어놓았다.23) 흥미롭게도 삼국 통일을 주도한 조조와 그의 후손들에 대해서는 승리자에 대한 존경과 업적을 부각시키기보다, 그들이 보여 준 인간 됨됨이의 비도적적인 행위에 초점을 맞춰 비판하는 경향이 강하다. 조조는 지도자로서는 성공했지만 혹독하게 사람들을 대했던 비인간적인 면모 때문에, 그의 위대한 업적들은 평가 절하되고 있다.

인품이 훌륭했던 유비는 관우와 장비와 같은 날 같은 시간에 죽기로 맹세한 '도원결의桃園結義'를 다짐했다. 관우와 장비는 유비의 반듯함과 후덕함에 이끌려 그와 의형제를 맺었다. 게다가 유비는 삼고초

려 끝에 당시 최고의 지식인이자 전략가였던 제갈량까지 영입할 수 있었다.

그럼에도 불구하고 유비는 중국천하를 통일하지 못했다. 하지만 그는 오늘날에도 바람직한 리더의 표상으로 융숭한 대접을 받고 있다. 유비에 대한 과분한 칭찬은 올바르고 후덕한 리더를 원하는 대중들의 열망 때문일 수 있다.

아울러 공자가 주창한 유가사상을 이야기하다 보면 덕치주의를 빼놓을 수 없다. 지도자란 덕으로 세상 사람들과 소통해야 하며, 덕이 부족한 리더는 진정으로 위대한 영웅이 될 수 없음을 부각시키고 있다. 그는 덕치주의를 실천하기 위한 다양한 해법들을 제시했는데, 많은 부분에서 공감이 가면서도 지나치게 리더의 역량을 도덕적인 틀 속에 가두려는 의지가 담겨 있다.

공자의 가르침은 기본적으로 인仁에서 출발한다. '인'은 인간이 살아가면서 실천해야 할 최고의 덕목으로서 '인간에 대한 사랑'에 초점을 맞추고 있다. 그는 일관되게 덕을 갖춘 지도자가 진정으로 위대한 영웅이라는 점을 부각시키면서 언행일치를 강조했다. 인간이란 무릇 말과 행동이 일치하지 않으면 서로에게 믿음을 줄 수 없다는 논리를 내세웠다. 지도자가 덕치를 실천하여 능력을 발휘하기 위해서는 자기 자신을 반듯하게 다스릴 수 있어야 한다는 접근법이다.

반면 법가사상은 권력을 효과적으로 유지하고 확장하기 위해서라면 모략과 권모술수도 적절하게 활용해야 함을 강조하고 있다. 법가의 접근법과 공생하기 어려운 유가의 덕치주의는 사람들의 마음을 사로잡을 수 있는 접근법이지만, 권력 암투가 끝이지 않는 세상에서 효율적으로 조직을 이끌고 나가기에는, 현실적인 모순과 한계를 지니고 있다.

권력이란 양립하기 어렵고 덕으로 리더의 단점을 가리기도 어렵다. 경영자의 덕치가 빛을 발하기 위해서는 리더로서의 탁월한 능력과 식견을 겸비해야 한다. 대중들은 덕으로 사람들을 대하는 영웅을 동경하지만, 능력이 부족한 지도자가 덕으로 다스리려 하면 조직은 와해되기 쉽다. 조직 구성원들은 최고 경영자를 우습게 여길 수 있고, 일이 잘못되어도 리더가 관용을 베풀 것이라는 기대감에 사로잡혀, 조직에 해를 끼치는 일들이 반복됨으로써 조직의 응집력은 와해될 수 있다.

때론 덕치로, 때론 법치로

조선왕조는 유교적인 예법과 덕치, 충과 효의 중요성을 중시했기에 모략과 권모술수를 부리는 사람들을 경계했다. 유교사상은 '사람이란 무릇 배가 고프고 목숨을 잃더라도 대의명분을 중시해야 한다.'고 가르치고 있다.

세종은 정의로운 사회 건설에 박차를 가했는데, 죄인에 대한 판결이 잘못되어 억울하게 누명을 쓰거나 본래의 죗값보다 부풀려져 백성들이 고통 받는 것을 경계하였다. 세종 대에도 공모하여 사람을 죽이는 사건은 간간이 발생했는데, 임금은 관련된 범죄가 드러나면 능지처사凌遲處死를 지시할 만큼 엄하게 다스렸다.

> 형조에 교지를 내리기를, "무릇 사죄死罪를 세 차례 거듭 조사해서 아뢰게 하는 것은, 사람의 목숨을 소중히 여겨, 혹시 착오가 있을까 염려하는 까닭이다." 〈세종실록〉 3년 12월 22일

그의 통치스타일은 덕으로 다스리는 방식이었지만 백성들을 괴롭히는 관료들은 엄벌에 처했다. 하지만 세종은 시간이 걸리더라도 법

치보다 덕치로 문제를 푸는 방식을 선호했다. 부득이하게 법치로 다스릴 경우에도 시간적 여유를 가치고 법치의 냉혹함을 최소화하는 데 주력했다.

다른 한편으로 셋째아들로서 왕이 된 세종은 첫째아들에게 권좌를 물려주었지만 자신이 이룩한 위대한 업적들을 계승 발전시키지 못하는 한계를 드러냈다. 그의 맏이였던 문종은 병약하여 권좌에 오른 지 얼마 되지 않아 세상을 떠났고, 뒤를 이어 1452년에 나이 어린 단종이 즉위하자 조선왕조의 기틀은 순식간에 와해되고 말았다.

나이 어린 조카(단종)를 죽이고 왕이 된 수양대군(세조)을 비판하는 것이 대중들의 보편적인 정서일 수 있지만, 세종의 후계구도 실패에서 조선왕조의 비극적인 사건은 이미 시작되었다고 볼 수 있다. 유가사상의 또 다른 단점은 평등과 민주주의 정신을 중시하는 현대사회의 이념과 배치된다는 점이다.

안타깝게도 조선의 권력자들이 추구했던 유학 중심의 정치철학은 백성들에게 크나큰 고통을 안겨주었다. 1636년(인조 14) 12월에 발발한 병자호란 때는 거의 망해버린 명나라를 두둔하다 혹독한 대가를 치러야만 했다.

당시 명나라를 존중하고 청나라를 배척했던 조선왕조의 대응전략을 오늘날의 관점에서 보면 너무나 어처구니없는 행동처럼 보인다. 그러나 당시의 상황에서는 나름대로의 명분이 있었다. 유학을 중시한 조선의 통치철학은 명분과 의리를 매우 중시해, 정세변화가 급변해 적과 동지가 뒤바뀌는 난세에 국익을 우선시하는 전략 수립이 쉽지 않았다.

명나라가 쇠퇴하고 청나라가 중국대륙을 지배하게 되는 상황하에서, 인조와 관료들은 임진왜란 때 조선을 도와준 명나라에 대한 은혜를 저버리지 못했고, 새롭게 부상한 청나라를 폄하하며 명나라를 도와야 한다고 역설했다. 그 결과 조선은 대륙의 신흥강자인 청나라로부터 미움을 받게 되었고, 급기야 조선반도가 초토화되는 병자호란을 자초하고 말았다.

오늘날의 관점에서 보면 병자호란을 자초한 인조는 무능하기 짝이 없는 임금이었는데, 인조의 무능함이 전쟁을 자초했다는 비판 못지않게 청나라의 치졸함과 야만적인 행위를 비판하는 정서가 강한 편이다.

조선왕조는 의리와 은혜를 중시하는 나라였다는 주장이 잘못되었다고 볼 수는 없다. 하지만

> 저물 무렵에 대가大駕가 출발하려 할 때 태복인太僕人이 다 흩어졌는데, 내승內乘 이성남이 어마御馬를 끌고 왔다. 대가가 숭례문에 도착했을 때 적이 이미 양철평良鐵坪까지 왔다는 소식을 접했으므로, 상이 남대문 루에 올라가 신경진에게 문 밖에 진을 치도록 명하였다. 최명길이 노진虜陣으로 가서 변동하는 사태를 살피겠다고 청하니, 드디어 명길을 보내어 오랑캐에게 강화를 청하면서 그들의 진격을 늦추게 하도록 하였다.
>
> 〈인조실록〉 14년 12월 14일

힘이 지배하는 국제질서 속에서 임금이 덕치와 의리의 환상에서 벗어나지 못했다는 반성이 앞서야 한다. 최고경영자에게 덕치란 필요조건은 될 수 있을지언정 충분조건은 될 수 없다.

'예의가 참으로 바른 나라'는 듣기 좋은 소리다. 인조의 예의바름은 나라가 위기에 처해 버린 상황 속에서 국익에 반하는 지도력으로 변질되고 말았다. 아울러 지나칠 정도로 기득권 세력에게 유리하게 짜여진 조선의 통치철학은 백성들에게 큰 고통을 안겨주었다. 그래서

우리는 유교문화의 품격을 중시하면서도 차별을 배격하며, 평등사회를 지향해야 하는 시대정신을 간과해서는 안 된다.

공자께서 중시했던 덕치는 정치가 안정되고 백성들의 삶이 풍요로울 때는 나름대로 바람직한 통치방식이다. 하지만 민심이 흉흉해지고 사회의 안전망이 흔들리는 난세에는 빛을 보지 못했다. 난세에는 덕치보다 법치가 효과적일 수 있다. 유가와 달리 법가는 모략과 권모술수를 동원해서라도 권력을 쟁취하는 것을 정당화했다. 너무도 가혹하고 부도덕한 행위도 마다하지 않았던 법가의 사상은 백성들에게 큰 호응을 얻지 못했다.

법가의 사상가들은 덕치주의를 비판하며 형벌주의에 기초하여 사람들을 엄하게 다스려야만 조직의 효율성을 높일 수 있다고 보았다. 법가사상은 엄격한 법률에 따라 사람들을 다스렸고, 혈육의 정마저 저버렸기에 너무 가혹하다는 평을 듣는다.

중국대륙에서는 고대로부터 20세기에 이르는 동안 패권 쟁탈전의 소용돌이가 극심해, 특정 사상이나 리더십을 오래도록 지속시킬 수 있는 토대가 마련되지 못했다. 한때는 덕치주의가 빛을 보았을지라도 새로운 권력자가 등장하면 또 다른 통치 스타일이 등장하곤 했다.

드넓은 중국대륙에서 패권을 다투기 위한 영웅들의 생존게임 속에서, 덕치주의는 법가 사상과 경쟁하며 대중들의 마음을 사로잡곤 했다. 유비가 보여 준 덕치의 중요성을 간과하지 않으면서도, 모략과 천하를 손에 넣기 위해 정적들을 주도면밀하게 제압했던 조조의 리더십은 시사하는 바가 크다.

중국 최초의 통일국가를 건설한 진시황이 법가 사상을 수용하여

천하를 통일했으며, 중국대륙의 수많은 권력자들이 법가의 서적들을 탐독했음은 널리 알려진 사실이다. 흥미롭게도 권력자들은 내법외덕 內法外德의 가치를 중시한다. 대외적으로는 덕치를 내세우지만 법치의 엄격함을 선호한다는 의미다.

유가사상과 대비되는 법가사상을 집대성한 한비자는 주군이 될 수 있는 자격과 주군과 신하의 관계에 대해서도 유가와 다른 주장을 피력했다. 유가사상에서는 영웅이란 타고나는 것이라는 운명론을 중시한 반면, 법가사상에서는 영웅이란 타고나는 것이 아니기에 보통 사람도 최고권력자로 성장할 수 있음을 강조하고 있다. 유가에서는 주군에 대한 충성을 제도화했지만, 법가에서는 부하가 충성할 수밖에 없도록 만드는 통치기술을 중시했다.

조선사회에서 선비들은 왕이 함께 일하자고 부르더라도 마음이 내키지 않으면 출사하지 않는 경향이 강했고, 왕이라 하더라도 함부로 신하의 생명을 위협하지 못했다.

반면 법가사상을 집대성한 한비자는 최고 권력자의 노선에 반대하는 신하들을 엄하게 다스려야 한다고 주장했다. 그래야만 다양한 이해집단들이 좌충우돌하는 혼란스런 사회를 평정하고 통일제국을 건설할 수 있다고 본 것이다. 진시황의 만행으로 기록되고 있는 분서갱유 사건은 법가사상의 틀 속에서 많은 학자들을 죽음으로 내몰았고, 그들의 연구업적들을 불태울 수 있는 논리적 근거를 뒷받침했다.

춘추전국시대에 정립된 법가사상과 부분적으로 맥을 같이 하는 정치사상이 16세기 서양에서도 만들어졌다. 바로 르네상스운동 이후 혼란스런 이탈리아반도에서, 마키아벨리에 의해 기록된 『군주론』이다. 24)

당시 이탈리아는 통일국가를 이룩하지 못한 혼돈기였다. 피렌체를 지배하고 있던 메디치가의 신생군주에게 1513년 마키아벨리는 정치권력을 공고히 하면서 군주의 권력을 강화할 수 있는 방법들을 집대성한 『군주론』을 바쳤다.

메디치가가 피렌체를 지배하게 된 계기는 스스로의 군사력이나 능력보다는 교황의 영향력과 이탈리아반도를 둘러싼 국제정치의 역학구도를 지혜롭게 활용했기 때문이다. 하지만 권력기반은 취약했고, 자칫 잘못하면 권력기반이 순식간에 무너질 수도 있는 위태로운 상황이 전개되고 있었다. 마키아벨리도 난세에는 덕치보다 모략을 활용한 법치가 효과적이라는 견해를 가지고 있었다.

그는 강력한 국가를 지탱하기 위한 기본조건으로 용병을 고용하거나 우호관계에 있는 주변국들에게 원군을 요청하는 대신, 스스로의 힘으로 강력한 군대를 육성해야 함을 강조했다. 메디치가문의 권력기반이 취약한 상황에서 마키아벨리의 진단과 주장은 논리적 근거가 탄탄했다. 마키아벨리는 법가를 집대성한 한비자의 견해와 달리 군주가 덕으로 백성들을 다스리는 것 자체를 부정하지 않았지만, 백성들에게 훌륭한 성품을 지닌 군주로 평가받기 위해서는 많은 비용이 발생하여 백성들에게 보다 많은 세금을 거둬들여야 하므로, 결국에는 백성들의 삶을 힘들게 할 수 있다고 보았다.

또한 구두쇠로 불릴 만큼 검소한 삶을 살아가는 군주는 처음에는 백성들에게 크게 주목받기 어렵지만, 시간이 지남에 따라 백성들에게 세금을 적게 물리게 됨으로써 백성들로부터 후덕한 군주로 평가받게 된다고 했다.

『군주론』은 백성들을 결속시키고 국가의 기강을 바로잡기 위해서라면, 군주는 잔인하다는 사회적인 평판을 두려워해서는 안 된다고 했다. 때로는 백성들에게 사랑을 받는 것보다 두려움의 대상으로 인식되는 것이 권력을 유지하는 데 효과적일 수 있다는 논리를 내세웠다. 그럼에도 불구하고 마키아벨리는 군주란 존경받을 만한 성품을 두루 갖추는 것이 필요하다고 보았는데, 이 점에 있어서는 한비자의 견해와는 배치된다.

한비자가 주장한 황제의 통치술은 덕치보다 엄격함과 정에 치우치지 않는 법치로 나라를 다스려야만 부강한 제국을 건설할 수 있다고 본 반면, 마키아벨리는 덕을 베푸는 덕치를 존중하면서도 법치의 효용성을 부각시켰다.

마키아벨리는 위선을 부려서라도 백성들에게 후덕하게 보이는 것이 통치에 효과적이라고 보았다. 그러나 군주의 지위가 흔들리고 권력 유지가 불가피한 상황에서는 비행과 기만과 속임수를 적절하게 발휘해야 함을 강조했다. 즉,『군주론』은 리더십의 효율성 측면에서 법치와 덕치를 탄력적으로 선택하는 접근법을 중시했다. 이처럼 마키아벨리의『군주론』은 오래전에 동양에서 정립된 법치와 덕치의 선택적 활용을 통해 메디치가의 통치기반을 공고히 할 수 있는 해법 마련에 주력했다.

아울러 한비자와 마키아벨리 모두 위대한 군주의 권력을 유지하기 위해서는 비도덕적인 행위와 모략을 통해서라도 소기의 목적을 달성해야 함을 강조했다. 한비자의 실리주의는 유가의 덕치주의와 배치되는 차원에서의 실리주의였지만, 마키아벨리의 실리주의는 법가사상의 실리주의와 유가사상의 덕치주의를 융합한 사상적 특성을 보여 주고 있다.

오늘날 한국사회는 법조인들의 전관예우의 부작용을 개선하고자 노력하고 있으나 쉽게 해결되지 못하고 있다. 우리의 정신 속에 깊숙이 내재되어 있는 위계질서와 윗사람을 받드는 것을 미덕으로 여겨왔던 관행을 쉽사리 떨쳐버리지 못하고 있다는 반증이기도 하다.

무한경쟁이 벌어지고 있는 현대사회의 특성을 고려해 볼 때, 덕치를 멀리하고 무자비한 수단을 동원해서라도 권력을 쟁취해야 한다고 주장하는 한비자의 법치보다, 덕치주의를 존중하면서도 권력 유지를 위해서는 선택적으로 모략과 권위주의를 내세워 사람들을 통치해야 함을 주장했던 마키아벨리의 통치술이 보다 현실적으로 와닿는다.

21세기는 인권과 평등, 공존의 가치와 이타주의를 중시하는 영웅들에게 찬사를 보내고 있다. 따라서 경영자가 능력을 발휘하기 위해서는 환경변화에 따른 맞춤형 리더십을 발휘해야 하는데, 덕치와 법치의 절묘한 조화를 추구하는 것이 바람직하다.

세상 사람들은 도덕적인 삶에 익숙하며 권력자들의 부도덕한 행위에 치를 떨지만, 높은 자리에 오른 사람들은 권력을 유지하기 위한 불가피한 상황이 발생하면 위선을 부려서라도 소기의 목적을 달성하려는 욕망을 떨쳐버리기 어렵다. 최고경영자는 인품을 겸비한 도덕성을 우선시하면서도 법치의 엄격함을 동시에 갖추고 있어야만 난세를 이끄는 영웅의 반열에 오를 수 있다.

행복 바이러스를 전파하라

세종은 신하들의 고충을 면밀히 관찰하며 불편함은 없는지 보살피는 수고로움을 아끼지 않았다. 백성들이 배고픔에 고통 받을 때는 진수성찬과 술을 멀리했다. 그는 정이 많은 인간적인 면모를 갖추었고 약자의 처지를 헤아리는 미덕을 지닌 군주였다.

지도자가 모범을 보여야 조직이 건강해지고 경쟁자를 압도할 수 있는 응집력과 창조적 문제해결능력이 향상된다. 세종은 105세 된 노인에게 동옷과 모관과 쌀 3석을 하사하기도 했다. 오늘날에도 100세 이상 장수하는 것은 흔한 예가 아닌데, 의학이 발달하지 못했고 경제사정이 녹록지 않았던 15세기에, 100세를 넘긴 인물은 존귀한 상징성을 내포했을 것이다.

> 임금이 하연 등 6명의 대언에게 모의 毛衣를 내려 주면서 말하기를, "일기가 몹시 차니 입직入直하는 데 갖옷 裘이 없어서는 안 된다."고 하였다.
> 〈세종실록〉 즉위년 11월 19일

'뿌린 대로 거둔다'는 격언이 있다. 타인을 원망하는 바로 그 부정적인 에너지는 거대한 태풍으로 발전하여 부메랑처럼 되돌아오기 마

련이다. 시기와 질투를 멈추어야
만 인간관계는 개선된다. 이해당
사자들이 서로서로 칭찬하고 사
랑하려면, 악한 행위를 자발적으
로 철회하는 결단력과 용기가 필요하다.

세종은 세상사에도 두루 관심
이 많았다. 그는 1434년(세종 16)
8월 2일 제주 안무사 박안신이
아내의 병이 심해져 급히 사직하
고 떠나려 하자, 그의 처지를 고
려하여 다른 사람으로 하여금 박
안신의 일을 처리하도록 조치하
고 부인을 돌보도록 배려하였다.

> 고양현高陽縣에 나이 백 5세나 된 노
> 인이 있으므로, 임금께서 동옷補衣과
> 모관毛冠과 쌀 3석을 내려 주었다.
> 〈세종실록〉 즉위년 11월 21일

> 임금이 말하기를, "가뭄이 너무 심하
> 다. 소나기가 잠시 내렸으나 안개가
> 끼고 흙비가 왔을 뿐이다. 기후가 순
> 조롭지 못하여 이렇게 되니 장차 벼
> 농사 형편을 나가 보리라." 하고, 드
> 디어 서문 밖에 나가 두루 살피고
> 돌아와서 대언들에게 말하였다. "금
> 년 벼농사는 모두들 '꽤 잘 되었다.'
> 고 하더니, 오늘 보니 눈물이 날 지경
> 이다." 〈세종실록〉 7년 7월 1일

〈세종실록〉은 백성들의 굶주림을 해결하기 위한 고뇌와 해법 모색
에 대해 반복적으로 기술하고 있다. 백성들의 먹고 사는 문제를 해결
하기 위해 〈세종실록〉이 쓰였다고 해도 과언이 아닐 만큼, 세종의
애민정신은 즉위년부터 일관되게 기술되었다. 가뭄으로 인한 백성들
의 고통이 바로 임금의 고통으로 비춰질 만큼, 성군 세종은 백성들과
동고동락하는 삶을 실천했다.

조선 후기에도 무너져 내린 나라의 기강을 바로 세우려한 정조가
부친인 사도세자의 명예회복에 박차를 가하자, 사도세자를 제거하는
데 동참했던 대신들은 곳곳에서 문제를 야기하며 정조의 개혁정치를
방해했다. 사회발전에 역행하는 사람들은 정의사회 구현보다는 개인

적인 부귀영화를 위해 반사회적인 행위도 서슴지 않는다.

반면 존경받는 지도자는 소통하는 사람들에게 피해주는 것을 꺼린다. 상생하는 인간관계라야 서로에게 도움이 되며, 오래도록 지속될 수 있는 관계로 발전할 수 있다. 타인에게 도움을 주기는커녕 상대방에게 피해를 주면서까지 개인적인 탐욕을 채우려는 자는, 성공의 실크로드에 다다르기 힘들다. 타인에게 피해를 입히는 원인은 이해당사자에 대한 원망이나 분노 때문일 수도 있고, 타인의 잘못을 인내하고 용서하지 못하는 성향 때문일 수도 있다.

나는 상대방에 대한 비판을 멈추었는데 상대방이 지속적으로 공격해 오면 싸움을 받아주지 말고 피해야 한다. 부정적인 생각과 파괴본능은 경험하면 할수록 그 강도는 더 심해져, 자신의 행위를 스스로 통제하지 못하는 극한 상황으로 내몰릴 수 있다.

기독교를 창시한 예수는 동족으로부터 모함 받아 십자가에서 피흘리며 생을 마감하는 마지막 순간까지 원수를 사랑하라고 했다. 불교를 창시한 석가모니는 모든 생명체는 소중하며, 시기와 질투와 분노와 원망뿐만 아니라 삶을 불행으로 이끄는 모든 탐욕으로부터 자유로워질 때, 진리의 세계에 도달할 수 있다고 설파했다.

경쟁 속에 빠져있으면 타인의 마음을 이해하거나 용서할 용기가 자라지 못한다. 자유롭게 생각하며 상대방을 이해하기 시작하면 타인에게 특별히 무언가를 바라는 욕심을 떨쳐버릴 수 있다.

타인으로부터 행복의 씨앗을 구하려 하기보다, 세상을 올바르게 볼 수 있는 지혜를 터득하며 자신의 내면세계를 갈고 닦아 스스로 행복해지는 길을 선택해야 한다. 인생이란 끊임없는 선택의 갈림길에서 고민하는 여정이다. 자신을 사랑하며 자족하는 자라야 타인의 행복을 위해서도 헌신할 수 있다.

타인을 원망하는 삶에 익숙한 사람은 정의로운 사회 구현에도 방해가 된다. 정의로운 사회는 행복을 증진하고 자유를 존중하며 미덕을 기르는 행위를 지지한다. 자유와 행복과 미덕은 사회 구성원 간의 합의와 노력이 중요하고, 행위의 주체인 각 개인의 실천의지가 뒷받침되어야 한다.

칭찬받으며 일하는 사람은 자신의 능력을 뛰어넘는 성과를 창출할 만큼 에너지가 넘쳐난다. 어려운 여건에서도 상사나 동료들로부터 지속적으로 칭찬을 받게 되면, 할 수 있다는 자신감이 생겨나고 내재되어 있는 무한에너지가 분출되며, 인간관계를 개선시키고 능동적으로 환경변화를 주도하는 삶의 자세를 견지할 수 있다.

인간의 자아성취에 대한 열망도 조직 경쟁력을 향상시키는 데 기여한다. 심리학자 매슬로우는 인간의 욕구를 생리적 욕구, 안전의 욕구, 사회적 욕구, 존경 받으려는 욕구, 자아실현 욕구 등 다섯 가지로 구분하였다. 이 중에서 가장 기본적인 욕구는 생리적 욕구이고, 가장 으뜸으로 여기는 최고의 욕구는 자아실현의 욕구다.

인간은 생리적 욕구가 충족되면 안전에 대한 욕구가 강해진다. 안전에 대한 욕구가 충족되면 사회적 욕구가 강해진다. 사회적 욕구가 충족되면 존경받으려는 욕구가 강해지고, 점차로 자아실현 욕구에 대한 열망이 넘쳐난다.

사람들은 높은 단계의 욕구가 충족될수록 행복해지며 일에 대한 동기부여도 개선된다. 조직 구성원 개개인의 업무성과를 높이기 위한 동기부여와 자아실현 욕구를 지원하는 기업문화는 조직 경쟁력의 실효성을 높여준다.

또한 사람을 칭찬할 때는 본래 가지고 있는 외모나 재능을 칭찬하기보다, 새롭게 노력하여 이룩한 것을 칭찬할 때 당사자는 보다 큰 감동을 받는다. 인간은 단순한 노동력을 지닌 존재가 아니며, 인격적 가치와 공익을 중시하는 존재로서 존중받는다고 느낄 때 스스로도 놀랄 만큼 큰 성과를 이룩할 수 있다.

그래서 높게 도약하려면 행복 바이러스를 전파하는 자가 되어야 한다. 학력이 좋거나 외모가 빼어나거나 가진 것이 많은 사람들은, 자신도 모르게 타인을 업신여기거나 타인에게 마음의 상처를 입히지 않도록 주의해야 한다.

아울러 팀워크에 의한 창의적인 문제해결능력은 개인적인 천부적 재능을 뛰어넘는 성과로 보답한다. 지위고하를 막론하고 조직 구성원들 간에 서로서로 배려하고 인정해 주는 인격적인 교류는 경쟁상대를 압도할 수 있는 경쟁력으로 승화된다.

인간은 고대로부터 현대에 이르기까지 조직 속에서 삶을 영위해 왔다. 조직은 성공과 실패를 결정짓는 용광로와 같다. 개인은 자신의 발전을 위해 조직이 필요하고, 조직은 발전을 이끌기 위해 사람들을 필요로 한다. 인간들의 결합체인 조직의 목표와 조직 구성원 개개인의 목표가 일치할수록 조직 경쟁력은 향상된다. 하지만 경영자는 조직이 추구하는 목표가 달성되면 조직 구성원들의 목표도 함께 달성되는 것이라고 오판해서는 안 된다.

조직의 목표와 조직 구성원들의 목표는 반드시 일치하는 것이 아니며, 때때로 갈등관계에 놓일 수도 있다. 조직의 목표를 효과적으로 달성하기 위해서는 조직 구성원 개개인의 목표를 심층적으로 분석해야 한다. 경영학 차원에서의 조직행동은 조직 내에서 조직목표와 조직 구성원 개개인의 목표 간에 발생할 수 있는 갈등 해소와 조화를 도모하여, 조직과 구성원들이 상생할 수 있는 길을 모색하는 데 초점을 맞추고 있다.

조직과 구성원 개개인의 조화를 도모하기 위해서는 이해집단 간의 갈등을 효과적으로 해소해야 한다. 때로는 조직 내에 적절한 긴장을 조성하여 조직성과를 높이는 전략도 필요하다. 의사결정권자는 갈등을 불필요하고 해로운 것으로 인식하거나, 조직 내에서의 갈등을 불가피한 것으로 인식하는 관점에서 벗어나 통합적으로 이해하는 습관을 길러야 한다. 조직 내의 갈등이 지혜롭게 관리되면 조직 발전을 이끄는 원동력이 될 수 있다.

조직 내에서의 심각한 갈등을 예방하려면 조직 구성원 간에 신뢰를 바탕으로 서로 존중하는 근무환경을 조성해야 한다. 연공서열을 중시하는 전통적 가치관을 무시하지 않으면서, 공정한 평가시스템과 보상체계를 도입하여 조직의 팀워크와 경쟁력을 높이는 전략을 추구해야 한다.

갈등 발생 시에는 갈등의 순기능을 활용해야 하는 특수한 상황을 제외하면, 가급적 빠른 시간 내에 갈등을 해소하는 전략을 구사하는 것이 좋다. 갈등이란 감정대립으로서 시간이 흐를수록 주변에 산재해 있는 부정적 에너지를 흡수하여 갈등의 폭발력을 키울 수 있다.

인간의 마음속에는 선한 마음과 악한 마음이 공존한다. 조직 내의 상황에 따라 선한 마음으로 문제를 해결할 수도 있고, 악한 마음으로 문제를 증폭시킬 수도 있다. 경영자가 구성원들의 동의 없이 정해놓은 보상과 문책 기준은 조직화합을 저해하고 갈등을 증폭시켜, 조직 경쟁력을 약화시키는 주범이 될 수 있다.

조직 구성원들은 동기부여가 되어야만 조직의 발전을 위해 헌신하기에 동기부여를 위한 체계적인 관리시스템을 구축해야 한다. 그 보편적인 기법은 성과에 따른 보상이다. 보상은 금전적 혜택뿐만 아니라 구성원들의 존재감과 자긍심을 고취시키는 접근법도 효과적이다.

종사원들의 자아실현을 지원하는 기업문화와 윤리경영을 통한 기업의 브랜드 제고는 구성원들의 사기를 진작시키는 데 크게 기여할 수 있다. 한편 최선을 다해 일하고 있는 종사원들을 지나치게 격려하는 행위는 부담감과 압박감을 가중시켜 실수하거나 좋지 못한 결과를 도출할 수도 있음을 고려해야 한다.

동기부여란 구성원 개개인이 조직의 발전을 위해 헌신하도록 이끄는 전략이지만, 조직이 추구하는 목표가 달성되고 나면 조직의 역동성과 응집력은 약화되기 마련이다. 이를 극복하려면 도전해야 하는 새로운 과제를 시기적절하게 제시하는 리더십을 필요로 한다.

멋진 결과를 이끌어 내는 지혜

세종은 최고 권력자였지만 신하들과 백성들의 불만을 해결하는 데 혼신의 힘을 다했다. 권력이란 백성으로부터 나온다는 통치의 보편적 원리를 중시한 세종은, 신하들을 격려하며 불요불급한 상황이 아니면 각 부처의 업무에 간섭하지 않으려 부단히 노력했다.

1427년(세종 9) 2월 19일 의금부에서 계하기를 "지돈녕知敦寧 이담이 몰래 효령대군의 첩 기생 계궁선과 간통했으니, 법에 의하면 곤장 90대에 도형(徒刑: 중노동시키는 형벌) 2년 반에 해당됩니다." 하니, 명하여 다만 직첩만 회수하여 공주로 귀양보내게 하고, 계궁선은 곤장 90대에 중매한 기생 대천교는 곤장 80대에 처하게 하며, 도년(徒年: 도형의 기간)은 모두 속(贖: 벌금) 바치게 하고 본래 정해진 역役으로 환원시키게 하였다.

형조에서 계하기를, "충주의 죄수 종 내근내가 본 주인을 구타했으니, 형률에 의거하면 참형에 해당됩니다." 하니, 그대로 따랐다.

〈세종실록〉 9년 2월 10일

세종 대에도 판결하기 어려운 난제가 발생하면 임금에게 전달되곤 했다. 임금은 담당 부처의 관료들이 원칙대로 문제를 해결할 수 있도록 조치했고, 임금의 직권으로 법전을 도외시하는 판결을 극히 꺼렸다.

1436년(세종 18) 8월 7일 정인지가 세종에게 올린 글을 보면 세종이 얼마나 신하들의 의사결정을 중시했는지 이해할 수 있다. 충청도 감사 정인지가 글을 올리기를, "영동 현감 곽순은 수령의 신분으로 기생을 싣고 마구 돌아다니므로, 신이 그 사유를 물으려다 급한 업무가 있어 추문하지 않았으며, 다만 등급을 사정査定할 적에 이를 중등中等에 두었더니, 곽순이 글을 올려 가뭄이 있는 이유를 말하면서 오로지 소신(정인지)을 지적하였다고 하오니, 신은 이 소식을 듣고는 하루라도 곽순의 위에 머물러 있을 수가 없습니다. 원컨대 유사有司에게 내려 그 죄를 밝게 다스리소서." 하니, 임금이 말하기를 "곽순이 올린 글은 감사(정인지)를 지적한 것이 아니기에 논죄하지 않음이 마땅하다. 그러나 이와 같이 되면 감사와 수령 사이에 반드시 혐의와 틈이 있게 될 것이다." 하고, 곽순의 관직을 파면시켰다.

국가든 기업이든 지도자는 구성원들의 직무만족과 우수 인재들이 소외되지 않고 능력을 발휘할 수 있도록 꼼꼼히 챙겨야 한다. 일류조직이란 경쟁자를 선도할 수 있는 우수인재들이 합심하여 세상을 선도하는 조직체다. 우수한 인재들이 모여들어 시너지효과를 창출하는 조직이라야 일류로 거듭날 수 있다.

경영자와 관리자는 조직 구성원들을 통제와 감시의 대상으로 인식하기보다 사업파트너로 인식해야 한다. 인적자원 관리는 종사원들의 능력 개발과 육성에 초점을 맞추어야 하고, 구성원 개개인의 발전을 체계적으로 관리해야 한다.

우수인재들은 일류조직을 이끄는 핵심 자원이며, 직급에 따른 권한위임과 공정한 평가와 보상을 통해 뛰어난 성과를 창출한다. 그들은 체계적인 훈련과 창조적 지식의 융합을 통해 세상을 선도하는 신기술이나 신상품을 시기적절하게 시장에 내놓아야 한다. 또한 문제해결능력, 창의력, 최고를 향한 추진력, 도전정신, 균형감각 등이 뛰어나야 한다. 창의력을 개발하기 위해서는 틀에 박힌 사고에서 벗어나야 하고, 뒤집어 생각해 보는 역발상의 지혜를 연마해야 한다.

조직 경쟁력 차원에서는 특정 대학 졸업생들이나 오너 일가가 요직을 장악하는 것은 바람직하지 못하다. 일류기업들은 다양한 지식과 경험을 지닌 인재들을 영입하여 창의적인 문제해결 능력과 혁신적인 상품들을 개발하는 데 심혈을 기울이고 있다. 정보의 홍수 속에서 지적 자산과 경험의 다양성이 뒷받침되어야만, 글로벌 경쟁력을 지닌 일류기업으로 도약할 수 있다.

우수인재들이 중시하는 기업 선택의 조건에는 자신의 능력에 합당한 연봉, 쾌적한 근무여건, 기업의 사회적 명성, 복리후생 등이 포함된다. 단순한 경제적 보상을 뛰어넘는 인간적인 유대와 삶의 질을 중시하는 경영풍토가 정착되어야만 우수한 인재들이 조직 내에서 능력을 발휘할 수 있다. 또한 고급 호텔이나 리조트와 같은 공간 속에서 종사원들이 자부심을 느끼며 일할 수 있도록 근무여건을 개선하는데도 심혈을 기울여야 한다.

아울러 경쟁시장을 선도하기 위해서는 기업 이미지 향상과 경쟁시장에서의 비교우위를 구축해야 한다. 조직이 추구하는 핵심가치를 전 구성원들에게 학습시키고 실천하게 하는 관리시스템이 필요하며,

문화적 다양성과 독창성을 지닌 인재들의 욕구를 적절하게 충족시켜
주는 현지화 전략을 병행해야 한다.

우수한 인재들을 시기적절하게 영입하기 어려운 환경에서는 내부
인적자원의 업그레이드 전략에 만전을 기해야 한다. 구성원들의 사
기를 진작시켜 무에서 유를 창조하는 리더십을 발휘해야 한다. 인간
의 잠재능력은 무한하기에, 서로 인정하고 칭찬하며 격려해 주는 경
영풍토는 예상 밖의 뛰어난 성과를 이끌어 낼 수 있다.

민주적인 의사소통과 신분보장을 중시하는 경영철학도 조직 내의
불협화음을 자율적으로 해결하는 데 큰 도움이 된다. 반면 위계질서
를 지나치게 중시하는 경영풍토는 유능한 직원들이 능력을 발휘하지
못하는 부작용을 초래할 수 있으며, 공정한 평가와 보상시스템의 구
축을 방해할 수 있다.

뿐만 아니라 조직 구성원들을 통제하여 경영성과를 창출하기보다
조직 구성원 스스로 신명나게 근무할 수 있도록 지원해야 한다. 계획
과 통제로 사회발전을 이끌려 했던 사회주의가 망하고 인간의 자유
로운 능력 발휘를 중시한 자본주의가 흥하게 된 것을 보더라도, 인간
은 자유로운 환경 속에서 동기부여가 되면 상상하지 못할 만큼의 뛰
어난 능력을 발휘할 수 있다.

동기부여는 주고받는 계약관계에 기초하며, 조직의 경영성과를 높
이기 위한 수단으로 활용되고 있다. 경영자는 구성원들에게 동기부
여를 하고 좋은 성과가 창출되면 보상하지만, 좋은 성과를 이끌지 못
하면 책임을 묻는 절차를 밟게 된다. 그러나 계약관계에 의한 동기부
여는 업무성과에 대한 냉혹한 평가가 뒤따르기에 부작용이 수반될

수 있다. 그래서 일류조직으로 발전하려면 냉혹한 평가의 부작용을 경계하며, 인간의 존엄성과 휴머니즘을 존중하는 지도력을 발휘해야 한다.

인간은 본능적으로 자신의 존엄을 지킬 수 있을 만큼의 물질적 욕구가 충족되면, 보다 많은 물질적 이익을 위해 윗사람에게 충성하려는 태도는 약화되기 마련이다. 그보다는 인격적 대우와 인간의 존엄성이 보호받는 기업이라야 종사원들의 지속적인 헌신과 몰입을 이끌어 낼 수 있다.

상급자는 긴급을 요하는 상황이 아니라면 설령 부하직원이 실수하더라도 즉각적으로 혼내거나 모욕감을 주는 행위를 경계해야 한다. 인간은 자신의 잘잘못을 떠나 심한 꾸지람을 받게 되면 사기가 저하될 뿐만 아니라 상사에 대한 적개심을 표출할 수 있다. 아직까지 우리사회는 서양식 합리주의와 능력에 따른 보상에 익숙하지 못하며, 전통적으로 중시해 왔던 연공서열의 갈등요인들도 상존해 있다.

경영진은 자신들이 누려왔던 다양한 권한들을 부하 직원들에게 적절하게 위임해야 한다. 권한을 부여받은 조직 구성원들이 직권을 남용할 수 있는 부작용을 경계하면서도, 통제 위주의 경영에서 벗어나 구성원들의 자율성을 존중해 줘야 한다.

사람들은 타율적으로 간섭받기보다 자율적으로 자신의 욕구를 성취하는 과정에서 내재되어 있던 잠재능력을 발휘하여 놀라운 성과를 창출한다. 인간의 존엄성을 억압받으면서까지 보다 많은 돈을 벌기 위해 직장을 옮겨 다니는 사람들 못지않게, 연봉이 최고는 아닐지라도 존중받으며 일할 수 있는 직장을 선호하는 사람들을 주목해야 한다.

며칠을 굶어 죽을 처지에 놓인 사람에게 빵을 주면 그 빵의 가치는 그 무엇과도 바꿀 수 없을 만큼 클 수밖에 없다. 하지만 뷔페식당에서 배부르게 먹은 후 진수성찬이 차려진 파티에 참석한다면 배고플 때 먹었던 빵만큼의 가치를 느끼기는 어렵다.

기업은 규모가 커질수록 관료화되기 쉬운데, 자율성을 억압하는 거대기업은 관료화되면서 경쟁력을 상실하지 않도록 만전을 기해야 한다. 조직이 복잡해질 수 있는 환경을 단순화하면서도 경쟁력을 강화하는 능력이야말로, 유능한 경영자가 갖추어야 할 덕목이다.

조직의 비효율성을 제거하려면 조직혁신을 단행해야 한다. 부서별 팀제 운영은 생산성과 품질, 조직의 경쟁력 제고를 이끄는데 효과적이다. 하지만 팀제 운영방식은 새로운 조직관리 비용을 증가시킬 수 있기에, 다차원적인 연구와 부작용을 최소화하는 전략을 수립해야만 본래의 취지대로 뛰어난 성과를 이끌어 낼 수 있다. 경영진으로부터 권한을 위임받은 팀장은 조정자이자 팀원들의 코치로서의 사명에 충실해야 한다.

조직 구성원들은 아무리 좋은 제도라 하더라도 변화 자체를 기피하는 경향이 있다. 그래서 환경변화의 불확실성에 따른 위험을 최소화하면서 종사원들의 저항을 슬기롭게 극복해야 한다. 사람들은 변화에 따른 득실에 민감하며, 변화를 받아들이는 것이 자신의 발전에 도움이 되는 길이라는 확신이 서야만 동참하는 태도를 취한다.

권위주의를 타파하라

세종은 난제의 원인을 진단하며 해법을 도출하기 위해 집중했고, 해당 업무의 책임자가 최선의 결과를 이끌어 낼 수 있도록 격려했으며, 적절한 권한위임으로 눈치보지 않고 업무에 집중할 수 있도록 조치했다. 그는 탁월한 능력의 소유자였지만, 뛰어난 자의 우월감을 스스로 통제하는 비범함을 보여 주었다.

1427년(세종 9) 7월 11일 세종은 신하들에게 가뭄을 걱정하며 백성들의 고충을 덜어주라고 주문했다. 백성들이 제대로 먹지 못하면 전염병이 확산되는 부작용을 수반하곤 했다. "근래에 9년이나 가물고 3년은 더욱 심하였는데, 그중에도 금년이 가장 심하니 그대들은 가서 마음을 다하여 굶주린 백성들을 진휼賑恤하여 그들

각 도의 감사에게 전지하기를, "민간에 전염병이 발생하거든 구제하여 치료해 주라는 조항을 여러 번 법으로 세웠었는데, 각 고을의 수령들이 하교의 취지를 살피지 않아서, 금년은 전염병이 더욱 심하건만 구료하기를 좋아하지 않으니, 일찍이 내린 각 년의 조항條項을 상고하여 구료해 살리도록 마음을 쓰라." 하였다.

〈세종실록〉 14년 4월 21일

로 하여금 굶주려 죽는 사람이 없게 하라."

조선왕조는 유교적인 통치철학을 중시했고, 우리 역사를 빛낸 세
종대왕과 이순신 장군을 키워냈지만 관료화된 통치시스템의 비효율
성이 확산되며 국력이 약화되는 부작용을 초래했다.

유교문화는 충과 효를 강조했고, 조선사회를 안정적으로 유지하는
데 크게 기여했다. 또한 기득권 세력에게는 지나치게 유리했지만 피
지배계층에게는 고통을 전가하는 비민주적인 부작용을 초래하였다.
조선의 유학자들 중에는 주자학의 토씨 하나라도 고치는 행위를 불
경한 짓이라고 몰아세우며, 유교문화를 새로운 각도에서 해석하려는
실학자들을 공격했다. 조선 후기 무기력해진 사회를 개혁하고자 혼
신의 힘을 다했던 실학자들은 탄압의 대상이 될 수밖에 없었다.

유교적 권위주의는 윗사람의 권위를 뛰어넘거나 새로운 방식으로
문제의 해법을 찾아내려는 사람들에게 우호적이지 못하다. 한국에서
는 아주 뛰어난 학생이었는데, 서양의 일류대학에 진학하여 제대로
적응하지 못하는 학생들의 이야기는 우리 사회의 권위주의 문화가
낳은 부작용일 수 있다.

위계질서는 그 나름대로의 장점도 있지만 현대사회에서 중요시하는
창의적 문제해결능력을 저해할 수 있다. 상호존중과 자유로움이 살아있
는 조직이라야 창의적 문제해결능력은 향상된다. 본래 인간의 마음속에
는 창의적인 방식으로 문제를 해결하려는 강한 본능이 자리잡고 있다.

우리끼리는 권위적이라는 것을 인식하기 어렵지만, 외국 여행을
해 보면 단박에 표가 난다. 서양인들은 타인에 대한 배려가 몸에 배
어 있고, 낯선 사람에게도 인격적으로 존중하는 문화에 익숙하다.

한국사회는 대기업과 중소기업의 격차뿐만 아니라 가진 자와 가지지 못한 자의 격차를 좁히지 못하고 있어 사회의 안정망을 위협하고 있다. 21세기에도 대기업들이 영세사업자들을 괴롭히는 관행들이 쉽게 개선되지 않고 있는데, 우리나라의 대표적인 식품회사 직원이 대리점 주인에게 욕설을 퍼부어가며 횡포를 일삼는 비리가 폭로되어 시민들의 분노를 자아내기도 했다.

기득권 세력의 횡포는 사회 곳곳에 만연해 있다. 가진 자들이 약자를 착취하여 손쉽게 부귀영화를 누리려는 못된 습성들을 개선하지 못한다면, 대한민국의 미래는 빛바랜 잿빛사회가 되고 말 것이다.

갑질횡포는 대기업과 중소기업의 관계이든, 식품회사와 대리점의 관계이든, 최고경영자와 중간관리자의 관계이든 경쟁력을 약화시키는 주범이며, 조직의 역동성을 약화시키고 창의적인 조직문화를 파괴하는 부작용을 초래한다.

위계질서의 부작용을 줄이고 조직 경쟁력을 향상시키기 위해서는 수직적인 조직구조에서 탈피하여 조직 구성원들이 자부심을 느끼며 일할 수 있는 민주적인 경영풍토를 조성해야 한다. 무엇보다도 조직 구성원들이 자발적으로 일하며, 헌신적으로 이끄는 지도자가 혼연일체가 되어야만 조직 경쟁력은 개선된다.

경영자는 매사에 모범을 보여야 하고 조직 구성원들을 강압적으로 통솔해서는 안 된다. 구성원 상호간에 배려하는 근무여건이 조성되어야만 구성원 스스로 조직의 발전을 위해 헌신하게 된다. 또한 지도자는 언행일치를 실천하여 구성원들로부터 신뢰와 충성심을 이끌어내야 한다.

조직 구성원들이 신뢰하지 못하는 근무환경이 조성되면 자율경영의 성과가 반감되기에, 사소한 부작용에 대해서는 최고경영자가 직접 개입하기보다 팀원들이 자율적으로 문제점을 해결할 수 있도록 믿고 기다리는 신뢰의 리더십을 발휘해야 한다.

세계적으로 대형마트의 사업모델을 정립한 월마트의 샘 월튼 Samuel Moore Walton 회장은 기업의 규모가 커질수록 의사결정의 책임과 권한을 직원들에게 적절하게 위임함으로써 탁월한 성과를 창출했고, 매장의 관리자들과 부서의 책임자들은 자신의 가치를 인정해 주는 CEO를 존경하게 되면서 월마트의 경쟁력은 크게 향상되었다.

조직 구성원들에게 권한이 적절하게 위임되면 경영자들은 보다 자유롭게 활동할 수 있는 시간을 확보할 수 있고, 조직 경쟁력을 높일 수 있는 비전 개발과 성장 동력을 발굴하는 데 매진할 수 있다. 이 과정에서 경영자는 구성원들의 의사결정과정을 모니터링하면서 모순이 발생하면 적절하게 개입하여 장애요인들을 슬기롭게 극복해야 한다.

우리사회는 오랜 세월에 걸쳐 연공서열을 중시해 오면서 어려운 사람들과 더불어 공존하는 미덕을 중시해 왔다. 한국적인 경영방식은 정이나 인간적인 매력을 중시하며, 철저하게 성과 중심으로 조직 구성원들을 평가하는 서양식 능력급제와 비교하여 나름대로 차별화되는 강점도 지니고 있다. 반면 서양식 합리주의는 연공서열보다 능력에 따른 공정한 평가와 보상을 중시한다.

무한경쟁 속에서 조직을 이끌어야 하는 기업들은 그 어느 때보다 창조적 역량을 발휘해야 하는데, 신구의 조화처럼 오랜 세월 축적된 경륜과 젊고 유능한 인재들의 신지식이 창조적으로 융합될 때 최고의 성과를 도출할 수 있다. 구성원 개개인이 할 수 있다는 신념과 자신감이 충만해야 하고, 혼자 일할 때의 성과보다 팀으로 일할 때의 성과가 뛰어나야 한다.

경영자는 봉사하고 배려하는 리더십을 발휘해야 하고, 종사원 개개인은 자신의 장점을 업무에 접목시켜 자율적이며 창조적으로 성과를 도출해야 한다. 그리하면 종사원들의 조직 충성도가 높아지며, 구성원들 간에 이해관계가 충돌해도 갈등의 확산을 슬기롭게 극복하는 풍토가 조성됨으로써 인간적인 유대관계가 개선된다.

한편 업무상의 책임을 전적으로 상사가 통제하고 있는 상황하에서 부하 직원들에게 권한을 위임하는 것은 형식적인 권한위임에 불과하다. 조직구조 차원뿐만 아니라 일정 범위 내의 자율성이 부여되어야만 자율경영은 본래의 취지대로 높은 성과를 이끌어 낼 수 있다.

권한위임은 조직 구성원 간에 신뢰를 구축하고 민주적 의사결정을 통해 이루어진다. 또한 팀원들의 성과 창출과 자율경영을 뒷받침할 수 있는 교육체계가 뒷받침되어야만 실효성을 높일 수 있다. 이는 조직 내 권력의 창조적 분배이며, 책임을 공유하는 민주적인 의사결정 과정이다.

권한을 위임받은 관리자들은 소속 팀의 구성원들이 최고의 성과를 창출할 수 있도록 정보의 공유를 통해 성과를 도출해야 하고, 종사원 개개인이 서로 존중받을 수 있는 근무여건을 조성해야 하며, 성과에 대한 공정한 평가와 보상을 실시해야 한다.25)

권한위임이 효과적으로 이루어지면 상사가 부하직원을 억압하는 부작용은 크게 감소하고, 조직의 공동목표를 달성하기 위한 권한의 효율적 분배는 강화된다. 팀원을 이끄는 책임자는 구성원들을 통제하기보다 조언하는 코치의 역할에 충실해야 한다. 팀장과 직원들은 모두 주인의식을 가지고 당면과제에 대한 창조적 해법을 도출하기 위해 함께 고민하며, 각자의 역량을 발휘하고 누릴 수 있는 권한을 스스로 확산시켜야 한다.

권한이 적절하게 위임된 조직은 멋지게 근무할 수 있는 여건이 조성된다. 특별히 고객과 접촉해야 하는 일선 종사원들은 권한이 위임된 재량권이 있느냐, 없느냐에 따라 고객감동을 구현하는 데 큰 차이를 보인다.

식당 종업원이 된장찌개를 나르다 손님에게 엎질렀을 때, 사고 친 종업원이나 식당의 현장 매니저가 사고처리 권한을 가지고 있어야만, 신속한 대응이 가능해져 고객 불평을 최소화할 수 있다. 권한을 위임받은 종사원은 고객의 요구에 발 빠르게 대응할 수 있고, 일대일 맞춤형 서비스 제공이 용이하다.

또한 고객만족과 고객감동은 같은 듯 다른 의미를 함축하고 있다. 고객만족은 고객이 원하는 것을 충족시키면 되는 수동적 관점의 접근법이다. 고객이 물을 원하면 물을 제공하고 맥주를 원하면 친절하게 맥주를 제공하는 서비스에 초점을 맞추고 있다.

고객감동은 레스토랑의 종사원이 커피를 마시고 싶어하는 고객에게 다가가 "오늘 같이 더운 날씨에는 아이스커피가 어떨까요?"라며 고객이 마시고 싶어하는 커피를 마실 수 있도록 능동적으로 이끄는 접근법이다. 고객은 자신이 마시고 싶은 음료나 음식을 종사원이 다가와 먼저 의견을 물어주면 감동받게 된다.

경영자는 적절한 권한위임 후에 코칭 리더십을 발휘해야 한다. 코칭 리더십은 리더가 종사원을 대하는 자세와 태도에 초점을 맞추고 있는데, 상사가 먼저 자신을 되돌아보는 자아성찰에서부터 시작된다. 자신의 허물을 덮어둔 채 부하 직원들을 코칭하는 행위는 적절하지 못하다.[26)]

코칭은 종사원들의 잠재능력을 개발하는 데 효과적이고, 조직 구성원 스스로 자신의 가능성을 발견하게 도와준다. 또한 열정적으로 일할 수 있는 동기부여를 제공하며, 근로의욕을 고취시켜 뛰어난 성과를 이끌어 준다. 아울러 코칭은 상사가 부하직원에게 일방적으로 지시하거나 명령하는 행위가 아닌, 인간적인 커뮤니케이션을 통해 구성원들의 단점을 보듬어 주는 활동이다.

코칭 리더십은 단순하게 직원들의 근로의욕을 고취시키는 차원을 뛰어넘어 상사와 부하직원 간에 신뢰할 수 있는 토대를 마련하며, 종사원들이 조직의 발전을 위해 자발적으로 참여하는 여건을 마련해 줄 수 있다. 종사원 스스로 자신의 역량을 계발하도록 돕는 차원에서도 유용하게 활용될 수 있다.

자신에게 주어진 업무를 독립적으로 수행할 수 있는 권한은 주인의식 고취와 종사원 내면에 숨겨져 있던 잠재력을 발견하고 활용하는 계기가 될 수 있다. 코칭 리더십이 조직문화로 정착된 기업에서 경영자와 종사원은 동업자와 같은 파트너라는 공동체문화가 확산되면서, 기존에 달성하지 못했던 놀라운 성과들을 창출하게 된다.

경영자나 관리자가 조금만 도와주면 우수인재로 발전할 수 있는 부하직원들을 격려하고 지원할 수 있다면, 조직 경쟁력은 배가될 수 있다. 무엇보다도 코칭 리더십은 조직 구성원들을 통제하고 관리하는 리더십을 배격한다.

약자를 배려하는 휴머니즘

세종은 천문학을 전문으로 하는 천문생을 증원하여 농업의 난제였던 천재지변과 날씨의 변화를 예측하는 데 혼신의 힘을 다했다. 조선시대에는 식량문제를 관리하는 일이 나라를 통치하는 임금의 주요한 국정과제였다. 또한 나라를 경영하다 보면 국내외 정세가 자국의 발전에 유리하게 작용할 수도 있고 불리하게 작용할 수도 있다.

부왕인 태종도 가뭄이 극심해져 백성들의 삶이 궁핍해지면 다양한 해결책을 제시하곤 했는데, 죄인들에 대한 사면령을 통해 백성들의 성난 민심을 잠재우곤 했다. "지금 날이 가물어 재화災禍가 이와 같은 지경에 이르렀으니, 실로 과인에게 연유한 것이다. … 천심을

예조에서 아뢰기를, "서운관 관원은 천문을 보는 일을 맡았는데, 간혹 마음을 다하여 절후節候를 살피지 아니하오니, 지금부터는 본사에도 후찰관候察官을 정하여, 매양 천변天變의 있고 없음을 본관本觀은 예조에, 궐내는 승정원에 모두 파루罷漏 전에 정문呈文하여 고찰하는 빙거憑據를 삼아야 할 것이오니, 그 천문생天文生을 원액元額 20명에서 다시 10명을 더하게 하옵소서." 하니, 그대로 따랐다. 〈세종실록〉 13년 6월 28일

누리지 못하여 백성들의 생리生理가 심히 염려된다. 무지한 사람이 형옥에 빠져 모두 원한을 일으켜 화기를 상하게 하였는가 염려된다."

아울러 국가가 존립하려면 세금을 잘 거둬들여야 한다. 그런데 흉년이 들면 세금을 거둬들이는 일이 쉽지 않았다. 세종은 가뭄이 극심해지면 궁핍한 백성들에게 세금을 원칙대로 거두는 행위보다 백성들의 안위를 먼저 걱정했다.

1427년(세종 9) 8월 17일 임금이 말하기를, "환상還上을 다 거두었는데도 돌려주는 것이 고르지 못하여 백성이 굶어 죽게 된다면, 이것은 백성의 먹을 것을 빼앗아 그들로 하여금 죽게 하는 것이다. 내 마음에는 옳지 못하다고 생각되니 다시 의논하여 아뢰라." 하였다.

본래 환상은 나라에서 곡식을 창고에 저장하였다가, 백성들에게 봄에 꾸어주고 가을에 적절한 이자를 붙여 받는 제도였다. 하지만 환상을 관리하는 관료들이 무리한 이자를 받거나 굶어 죽을 지경인 백성

들에게 원칙을 내세워 꾸어준 곡식을 받아내다 보면, 실제로 굶어 죽는 사람들이 발생하곤 했다. 그만큼 당시의 식량난은 심각한 상황이었다.

한편 어려운 상황에서도 지도자가 솔선수범하며 자발적으로 고통 분담을 실천하면, 조직 구성원들은 혼신의 힘을 다하는 충성심으로 위기상황에서도 놀라운 성과를 창출할 수 있다.

프랑스혁명의 소용돌이 속에서 영웅으로 부상한 나폴레옹Napoleon Bonaparte도 국가적인 위기 상황 속에서 영웅으로 부상할 수 있는 전기를 마련했다. 프랑스혁명이 발발하기 전인 1789년 루이 16세는 고갈된 재정과 혼란된 사회분위기를 수습하기 위해 귀족, 성직자, 평민이 참여하는 삼부회를 소집하면서 스스로 위기를 자초하고 말았다.

동년 6월 혁명이 시작되자 제3계급으로 인구의 절대 다수였지만 부당한 대우를 받고 있던 평민들은, 삼부회를 장악하고 왕정을 무너뜨린 후 공화국을 탄생시켰다. 프랑스 국왕이었던 루이 16세는 붙잡혀 1793년 1월 21일 단두대의 이슬로 사라졌고, 왕비였던 마리 앙투아네트도 동년 10월 16일에 처형당했다.27)

본래 나폴레옹은 1769년 프랑스 인근의 소국인 코르시카 독립운동가의 아들로 태어났다. 프랑스혁명 당시 초급장교였던 나폴레옹은 장교 숙청의 위기에서 벗어날 수 있었다. 그는 프랑스 정통 귀족이 아닌 프랑스에 항거했던 독립운동가의 후손이어서 살아남을 수 있었는데, 혁명이 지속되면서 나폴레옹은 군장교로서 탁월한 용병술과 지도력을 발휘하여 프랑스가 주도한 전쟁에서 수많은 성과들을 일궈 냈다.

내부고객인 부하들을 응집시켜 강력한 에너지를 발산시킨 그의 리더십은 눈부셨다. 나폴레옹은 인간적인 매력과 카리스마로 사람들의 마음을 사로잡을 수 있었다. 그는 전쟁터에서는 무자비한 장수의 면모를 보여 주었지만, 개인적인 만남에서는 정이 넘치는 따듯한 인간미를 발산했다.

오늘날에도 정도의 차이는 있을지언정 경제 위기로 인해 대량실직 사태가 발생하게 되면, 사회 안전망을 위협하는 고민거리가 될 수 있다. 실제로 1997년 IMF 외환위기 때 우리나라의 많은 기업들이 도산하여 대량실업 사태를 촉발시켰다. 사람은 본능적으로 나보다 어려운 사람을 도와주면 보람을 느낀다. 인간다운 삶이란 지나치게 능력으로 평가받아 보상받는 삶이라기보다, 인간적으로 교류하며 서로서로 도와주는 휴먼네트워크를 중시하는 삶이다.

영웅이 되려면 사사로운 감정을 제어해야 하고, 조직 발전을 이끌려면 자신의 정적까지도 포용할 수 있는 리더십을 발휘해야 한다. 권력자가 개인적인 원한을 풀기 위해 권한을 남용한다면 우수인재의 영입이 어렵고, 응집력이 와해되면서 조직의 생존과 번영을 추구하기 어렵다.

그동안 우리나라의 대기업들은 우수인재들을 손쉽게 영입할 수 있었는데, 요즘에는 탈권위주의로 무장한 첨단 벤처기업들이 쾌적한 근무환경과 스톡옵션 등의 파격적인 대우로 우수한 인재들을 영입해 가면서, 우수인재를 영입하기 위한 기업들의 경쟁은 치열해지고 있다.

인적자원은 선발도 중요하지만 효율적으로 관리되어야만 조직 경쟁력을 높일 수 있다. 경쟁시장을 선도하는 기업이 되려면 우수한 인재들이 몰려드는 경영풍토를 조성해야 한다. 우수인재들은 수동적으로 근무할 직장을 선택하기보다 능동적으로 자신이 근무하고 싶은 직장을 선택한다. 그들은 기업의 장기적 비전과 기업 이미지, 합리적인 평가와 보상에 민감하게 반응한다. 급변하는 경영환경 속에서 기업의 비전은 현재의 가치를 뛰어넘어 미래의 발전가능성을 충족시켜야 한다.

기업 이미지란 대내외적인 평가에 기반을 둔다. 또한 적정이윤을 추구하며 자사의 능력에 어울리는 사회적 봉사활동에 충실한 기업이 사회적으로 좋은 평가를 받는다. 합리적 평가와 보상은 종사원의 업무성과를 객관적으로 평가하여 능력에 따라 대우한다. 위계질서를 중시해 왔던 한국사회에서 종사원들을 합리적으로 대우하고 평가하는 것은 결코 쉬운 과제가 아니다.

현대기업은 문화의 다양성만큼이나 인재의 다양성을 충족시켜야 한다. 경쟁사회에서 앞서 나가기 위해서는 끊임없는 창조적 사고와 아이디어를 공급해야 한다. 인재관리가 성과를 내려면 인재를 적재적소에 배치하여 가능성을 찾아 주고, 조직 구성원들을 목표 설정에 참여시켜야 한다. 공정한 평가시스템을 도입하여 종사원들이 공정하고 합리적인 대우를 받아야 하며, 평생교육 시스템을 도입하여 그들의 자아성취를 지원해야 한다.

선발된 인적 자원을 적재적소에 배치하는 데에도 혼신의 힘을 다해야 한다. 병원에서 인턴제를 도입하고 있는 것처럼 신입사원들에게 모든 부서를 경험할 수 있는 기회를 제공해야 하고, 자신의 자율적인 의사와 적성에 따라 종사원들이 근무하고 싶은 부서를 선택할 수 있는 적절한 권한을 부여해 줘야 한다.

코리안
리더십

피그말리온 효과로 난제를 해결하라

세종은 성과를 도출한 사람들에게, 그에 합당한 보상을 통해 충성을 이끌어 냈다. 당시 검은 여우는 귀한 동물이어서 산 채로 잡아 바치는 사람에게는 특별한 보상이 이루어졌다. 검은 여우를 바치면 쌀 50석을 포상으로 받았는데, 오늘날로 치면 대략 이천만원에 해당되는 금액이다.

그는 신하들의 단점 때문에 괴로워하기보다 신하들의 잠재능력을 이끌어 낼 수 있는 해법 마련에 주력했다. 본래 충녕대군과 황희는 악연이라 불릴 만큼 관계가 좋지 못했다. 하지만 세종은 즉위 후 자신의 대권가도를 방해한 황희와 대립각을 세우기보다 핵심 측근으로 삼는 용인술을 선택했다. 그는 황희의 충심을 오해하지 않았고, 중용하는 결단을 통해 개

각도의 감사와 도절제사에 전지하기를, "검은 여우黑狐를 산 채로 잡아 바치는 사람이 있으면 쌀 50석을 상주고, 면포로는 50필을 줄 것이며, 이를 보고 관官에 알려 잡게 한 사람은 쌀 30석을 상주고, 면포로는 30필을 줄 것이다." 하였다.

〈세종실록〉 10년 2월 12일

인적인 감정보다 능력으로 인재를 발굴하는 군주의 위용을 신하들에게 각인시켰다.

세종은 병사들의 처지를 헤아려 세심하게 배려하는 리더십도 중시했다. 1428년(세종 10) 4월 19일 병조에서 계하기를, "군사로서 외방外方에 사는 자가 자기 집에 가고 싶으면 거짓으로 성혼成婚한다고 일컫고 휴가를 청하는 자가 꽤 많습니다. 지금부터는 수령이 주혼자主婚者를 핵문하여, '아무개의 아들 아무개가 모월 모일 아무개의 집 딸에게 장가든다.'고 보고하면, 본조本曹에서 그 길의 멀고 가까운 것을 참작하여 휴가를 주고, 성혼한 뒤에도 10일 동안 머물러 있다가 한양으로 돌아오게 하도록 하소서." 하니 임금은 그대로 따랐다.

그는 공이 큰 신하들의 자식에게 혜택을 부여하는 제도를 통해 신하들의 충성을 이끌어 내기도 했다. 오늘날에는 권력자의 자식을 특혜로 취업시키면 사회적으로 큰 물의를 일으킬 수 있는 일이지만, 세종은 충신의 자녀들에게 공직에 나갈 수 있는 적절한 특혜를 부여했다.

"본조에서 충의위忠義衛를 설치하고 공신의 자제들을 모두 이에 입속시켜 그 공을 보답하고 있으니, 이것이 본래 삼가와 육경이 그 관직을 세습한 데 견줄 바는 아니나, 그 포상이 대대로 내려가는 것은 일반이다."

아울러 교통과 통신시설이 좋지 못했던 세종 대에는 지방에 파견된 관리가 역모를 꾀한다 해도 누군가가 밀고하지 않으면 사전에 발견하기가 쉽지 않았기에, 신하들을 엄하게 다스리는 법치만으로 충성심을 이끌어 내기에는 한계가 있었다.

인간은 자발적이며 헌신적으로 일할 수 있는 여건이 주어지면 불가능한 일들을 해결해 낼 수 있는 무한한 잠재력을 지닌 존재다. '피그말리온Pygmalion'은 불가능한 것을 가능한 것으로 만들어 내는 상징성을 내포하고 있다.

본래 피그말리온은 그리스신화에 등장하는 조각가의 이름이다. 피그말리온 효과의 사전적 의미는 타인의 기대나 관심 때문에 능률이 오르고 결과가 좋아지는 현상으로서 자기 충족적 예언이란 의미를 함축하고 있다. 인간이란 타인으로부터 칭찬받고 해낼 수 있다는 긍정적 평가를 받게 되면, 자신감이 충만해지고 잠재력이 발휘되면서 예상을 뛰어넘는 결과를 이끌어 낼 수 있다.

조각가 피그말리온은 아름답고 신비로운 여인상을 조각하고 그 여인상과 사랑에 빠졌다. 조각된 여인상은 감정도 없고 움직임도 없었지만 미와 사랑의 여신 아프로디테Venus는 그 조각가의 사랑과 열정에 감동하여 그 여인상에게 생명을 불어넣었다는 스토리는, 인간의 간절한 소망과 실천의 위대함을 일깨워 준다.28)

종사원들의 애로사항을 자발적으로 해결해 줌으로써 경영성과를 개선하는 서번트 리더십의 관점에서도 피그말리온 효과는 설득력이 높다. 또한 경영자가 감성적인 매력을 발산함으로써 경영성과를 이끌어 내는 감성 리더십의 차원에서도 피그말리온 효과를 이해할 수 있다.

즉, 피그말리온 리더십은 서번트 리더십과 감성 리더십을 아우르는 접근법이다. 지도자는 조직 구성원들을 감시의 대상으로 인식하기보다 배려하고 격려하며 해낼 수 있다는 자긍심을 심어줌으로써 기대 이상의 경영성과를 이끌어 내야 한다. 경영현장에서 피그말리온 효과가 성과를 내려면 경영자의 리더십 못지않게 중간관리자의 역할이 중요하다. 피그말리온 효과가 긍정적으로 작동하기 위해서는 중간관리자의 이직을 예방하고 사기를 진작시켜야 한다.

새로 영입된 우수인재들을 체계적으로 교육시키고 관리하여 멋진 근무환경을 조성해 주는 것도 필수적이다. 최고경영자는 중간관리자들을 상대로 피그말리온 효과를 도모해야 하고, 중간관리자들은 종사원들의 피그말리온 효과를 이끌어야 한다.

경영자는 눈에 보이지 않는 비전에 갈등하고 있는 종사원들에게 높게 도약할 수 있다는 강한 신념과 확신을 심어줄 수 있어야 한다. 팀워크를 중시하는 극기 훈련과 스포츠 활동은 조직 구성원들의 부정적인 생각을 치유하는 데 효과적이다.

다른 한편으로 경영자는 피그말리온 효과를 부정적인 관점에서 활용할 수도 있다. 경영자와 관리자는 종사원들의 잘못에 대해 경고하거나 징계할 수도 있지만, 경우에 따라서는 침묵과 무관심으로 종사원들에게 강력한 경고의 메시지를 보낼 수도 있다. 종사원들은 상사로부터 인정받지 못한다고 느끼면, 위기상황을 극복하기 위해 업무에 대한 집중력을 높일 수 있다.

그러나 피그말리온의 부정적인 효과를 사용할 경우에는 단기적인 충격요법으로만 사용해야 한다. 부정적인 접근법이 장기간 지속되면 조직 내에 불신이 확산되고 조직 전체의 시너지가 반감되어 경영상 위기를 초래할 수 있다.

피그말리온 효과에 반하는 리더십의 위험성은 폭군으로 널리 알려진 연산군의 리더십에 잘 나타나 있다. 그는 12년 동안 권좌에 올라 폭군정치로 왕족들과 신하들과 백성들에게 큰 고통을 안겨주었다.

그로 인해 많은 신하들과 백성들이 억울하게 죽임을 당했고, 그의 폐륜행위는 세상 사람들이 동의하기 어려울 만큼 상식적이지 못했다. 연산군이 공포정치를 펼치자 신하들은 표면적으로는 충성할 수밖에 없었다. 그러나 연산군의 리더십에 염증을 느낀 신하들은 치밀하게 역공을 준비

> 금상今上이 경복궁에서 즉위하고 왕을 폐하여 교동현喬桐縣으로 옮겼다. 처음에 왕의 어머니 폐비 윤씨가 성질이 모질고 질투하였다. 정희·소혜·안순 세 왕후가 윤씨의 부도한 짓이 많음을 보고 매우 걱정하여 밤낮으로 훈계하였으나, 더욱 순종하지 않고 악행이 날로 심하므로, 성종이 할 수 없이 의지懿旨를 품稟하여 위로 종묘에 아뢰고 왕비를 폐하였었다. 〈연산군일기〉 12년 9월 2일

했고, 반격이 시작되자 연산군의 폭정도 막을 내릴 수밖에 없었다.

인간이란 사회적 동물로서 공동체 안에 존재하면서 삶의 가치와 문화적 성숙을 도모한다. 사람들이 조직 속에 모이면 서열이 정해지고 각자에게 해야 할 일이 할당된다. 조직은 인간을 성장시키지만, 사람들은 조직의 규율을 지키지 않으려는 배타성을 표출한다.

인간이란 자유로운 존재인 동시에 조직의 질서 속에서 자신이 성장할 수 있는 자양분을 공급받는다. 조직은 커질수록 문제가 많아짐으로 조직의 단순화를 통해 관료주의를 개선해야 한다.

경영자는 조직 내의 비공식적 집단의 영향력을 간과해서는 안 된다. 표면적으로 비공식적 집단은 공식집단보다 조직에 대한 영향력이 적어보이지만 실제적인 영향력은 매우 크다. 기업 내에 형성된 고등학교나 대학교 동창생 모임 등의 비공식적 집단들은 경영 전반에

큰 영향을 미치고 있다.

창의성이 발휘되는 조직구조를 형성하려면 수평적 의사결정이 가능하도록 해야 한다. 창의성을 저해하는 관리자들을 경계해야 하며, 종사원들의 여가생활을 체계적으로 지원하여 창의적 발상과 문제해결능력을 촉진시켜야 한다.

창의적인 사람이 되려면 때때로 배짱도 필요하고, 권위주의적인 근무환경과 시간적 압박에서 자유로워져야 한다. 수직적 위계질서를 중시하는 군대와 달리, 신기술을 개발해야 하는 연구원들의 근무환경이 좀 더 자유로워야 하는 것은 창의적인 생각과 아이디어가 살아 숨쉬는 여건을 중시하기 때문이다.

인간은 자유로운 상상력이 보장될 때 천동설의 패러다임을 바꾼 지동설처럼, 창의적인 생각들 속에서 인간의 삶을 풍요롭게 하고 문명을 발전시킬 수 있는 새로운 기술이나 가치를 창조할 수 있다.

반면 새로운 아이디어의 성공가능성에 지나치게 집착하면 훌륭한 아이디어가 빛을 보기도 전에 묻혀버리는 환경이 조성될 수 있다. 창의적인 아이디어에 기반한 신상품이나 신기술은 상업적으로 성공할 수도 있고 실패할 수도 있기에, 실용화를 위한 다차원적인 타당성 분석이 뒷받침되어야 한다.

코리안
리더십

민주적이며 역동적인 기업문화

세종은 죄인을 판결함에 있어서 민심의 동향을 예의주시하였고, 죄인이라 할지라도 악의적으로 저지른 죄가 아니라면 적절한 타이밍에 사면하는 명을 내리곤 했다. 덕치란 이에는 이, 눈에는 눈으로 사람들을 다스리는 법치와 달리 사람들을 사랑으로 감싸주는 지도력이다. 지도자는 부하의 허물이 있다 하더라도 때로는 눈감아 주며 능력을 발휘할 수 있도록 격려해야 한다.

임금은 자신을 위해 헌신한 신하들에게는 작은 공로라 할지라도 그에 합당한 포상을 하였다. 1428년(세종 10) 11월 6일 세종은 함길도 절제사 하경복에게 안팎 옷감 1벌을 내리고, 경원 부사慶源府使 이징옥과 경성 부사鏡城府使 유연지에게 각기 옷 1벌을 내리니, 해청海靑을 잡아 바쳤기 때문이었다.

또한 세종은 죄인을 징계하는 것이 적절하다고 판단했을 때는 주저하지 않았다. 1436년(세종 18) 10월 23일 종부시宗簿寺에서 아뢰기를, "원윤元尹 이복생이 처음에 해주의 온정에 목욕한다고 몽롱하게 임금에게 계달하고는, 공정 대왕恭靖大王의 기신忌辰에 기생이 있는 춘천에 가서 순평군이라 사칭하고, 여러 날 동안 유숙하면서 매를 놓아 사냥을 했으니, 이를 죄주기를 청합니다." 하니, 명하여 복생의 직첩을 회수하게 하고 외방에 귀양 보내었다. 복생은 순평군 이군생의 아우이다.

아울러 위기상황에서는 당근인 보상과 징계하는 채찍의 적절한 활용으로 난제를 해결하는 데 집중해야 한다. 이순신 장군은 전라좌수사로 부임하여 조선 수군을 정예병으로 키우려 하였으나 병졸들은 장군의 지시를 잘 따르지 않았다. 장군은 군대의 기강을 바로세우기 위해 군법을

> 임금이 대사헌 김익정과 좌사간 허성에게 이르기를, "권희달이 중국 조정에 가서 광포한 짓을 하고, 또 화를 내어 진헌하는 말이 좋지 못하다고 떠들어 대어 그가 범한 죄과는 비록 무겁지만, 그의 정실을 따져 본다면 본국을 해치려는 것이 아니요, 다만 광패하고 사리를 알지 못해서 그런 것이니, 사실은 내가 그에게 시킨 것이 잘못이었다. 당초에 나는 이것을 내버려 두고 문제로 삼지 않으려 하였으나, 여러 신하들이 모두 이르기를, '이 사건은 성질이 가볍지 아니하므로 가볍게 용서할 수 없다.' 하기에, 자헌資憲급의 재상임에도 불구하고 가로街路에서 장형 1백 대에 먼 곳에 유배하고, 벼슬을 삭탈하여 평민이 되게 하였으니, 저가 아무리 성질이 못됐을지라도 어찌 징계하는 마음이 없겠는가. 더구나 이 사람은 태조의 원종 공신이며, 또한 태종을 오랫동안 모시고 있었으니, 그의 시위한 공로도 작지 아니하다. 그리하여 지금 고신告身을 돌려주려 하는 것이니 경 등은 그리 알라."
>
> 〈세종실록〉 8년 2월 2일

어기는 자들을 엄하게 다스렸다. 한편으로 그는 사랑과 배려로 부하 장수들과 병졸들을 돌보았고, 충에 대한 가치가 흔들리지 않았기에 이순신이 원하는 방향으로 조선 수군을 이끌 수 있었다.

임진왜란 때는 노비의 면천免賤 등을 통해 신분제에 의한 국론분열을 해소하고, 이반된 백성들의 마음을 되돌리며 군사력을 증강시킬

수 있었다. 면천법은 노비라
하더라도 전쟁에 참전하여 공
을 세우면 양인으로 삼거나 포
상하는 제도였다. 하지만 임진
왜란이 끝난 후 선조와 관료들
은 전란 중에 공을 세운 노비
들에게 사전에 약속한 포상에
소극적으로 대처하면서 백성
들의 민심은 크게 동요하였다.

비변사가 아뢰기를, "사노私奴 순이·장
량 등이 중국 파발아擺撥兒를 수행하여
순안順安의 수냉천水冷川에 도착하였을
때, 그중 하나는 왜인의 머리를 참하였
고, 하나는 왜인의 말을 빼앗아 광녕廣寧
으로 보내었습니다. 그러자 양 총병과
참장參將이 크게 칭찬하고 은 30냥과 비
단 3필을 주었고, 도찰원都察院에서도
은냥을 지급하였습니다. 이는 예전에는
없던 일입니다. 순이와 장량을 모두 면
천시키소서." 하니, 상이 따랐다.
〈선조실록〉 25년 7월 18일

인간의 마음은 오묘하여 성과에 합당한 대우를 받지 못하면 실망
할 수 있고, 과실에 대한 징계가 뒤따르지 않으면 실수가 반복될
수 있다. 현대경영에서도 CEO는 상황에 따라 보상과 처벌을 슬기
롭게 활용해야 한다. 인간은 너무 편한 환경에서 근무하게 되면 나
태해지기 쉽지만, 끊임없이 미래를 향해 도전하는 조직 속에 있을
때는 최선을 다하게 되고 무의식이 발휘되면서 놀라운 성과를 창출
한다.

그러나 인간은 경제적 보상만으로 지속적 성과를 창출할 수 있는
존재가 아니다. 경제적 보상은 처음에는 큰 효과를 기대할 수 있지만
시간이 지날수록 그 효과는 반감된다. 배고픈 아이에게 빵을 주면 매
우 고맙게 생각하지만 배부른 아이에게 빵을 주면 짜증을 낼 수도
있다. 지나친 보상도 옳지 못하고 지나친 처벌도 옳지 못하다.

조직 경쟁력을 높이려면 인간 존중의 기업문화를 정착시켜야 한
다. 사람들은 자존감이 상처받게 되면 자신이 잘못했어도 상사나 회

사를 위해 충성하기보다 회사에 해가 되는 행동도 서슴지 않을 수
있다.

현재 우리 사회는 권위주의적인 구세대와 수평적인 문화에 익숙한
신세대 간의 갈등을 치유하고 미래로 나아가야 하는 과제를 안고 있
다. 젊은이들은 합리주의적 가치와 공정한 분배에 익숙하다.

한국의 기업들은 가족중심 경영을 선호하여 소유와 경영의 분리에
소극적이며, 수직적인 인간관계와 권위주의적인 경영풍토에 익숙하
다. 반면 미국의 기업들은 행동 지향적이며 고객 위주의 사고방식을
중시한다. 일본의 기업들은 충성심과 온정을 중시하고 인화와 공동
체의식을 강조한다.

경영자들이 기업문화의 중요성을 인식하면서도 경영현장에서 큰
효과를 거두지 못하는 것은 기업문화의 본질을 제대로 이해하지 못
하거나, 자사의 규모나 조직의 특성을 고려한 기업문화를 정착시키
지 못하기 때문이다.

기업문화는 기업체의 구성원들이 공유하고 있는 가치관과 신념,
문화적 관습, 전통과 규범, 전문지식과 기술 등을 포괄하는 개념이
다. 삼성의 제일주의와 IBM의 고객 서비스, 3M의 창의적 아이디어
등은 기업문화가 지향하는 가치를 함축하고 있다. 경영혁신이 조직
구성원들의 동의하에 진행되어야만 큰 성과를 거둘 수 있는 있는 것
처럼, 기업문화도 조직 구성원들이 동의하고 수용할 때 기업 경쟁력
에 기여할 수 있다. 기업문화는 기업의 특성에 따라 맞춤형으로 정립
되어야 하고, 구성원들의 의식수준과 역량을 충분히 반영해야만 실
효성을 높일 수 있다.

　오래된 기업일수록 그동안 축적해 온 관행과 전통이 존재하기 마련이다. 시간적 범위를 정해 놓고 짧은 기간 내에 혁신 하듯 기업문화의 변신을 추구하다 보면, 부작용으로 말미암아 예전만 못한 결과를 초래할 수 있다.

　종사원들은 경영이념과 사업목적에 공감하고 비전에 대한 강한 신념과 변화의 방향성에 동의해야만 능동적으로 참여한다. 자발적인 참여와 협력 속에서 기업은 발전하며 조직 경쟁력도 크게 향상될 수 있다.

　또한 기업문화는 사회적 가치를 존중해야 한다. 아무리 훌륭한 기술과 인적 자원을 보유한 기업이라 할지라도 사회가 추구하는 가치에 위배되는 상품을 판매하면 도태될 수밖에 없다. 무엇보다도 신명나게 근무할 수 있는 여건, 기업의 성장에 따른 공정한 분배, 구성원 개개인의 잠재가치를 개발시켜 주는 교육 시스템, 경영자와 종사원

간의 신뢰회복 등을 아우를 수 있는 기업문화를 추구해야만 경쟁시장을 선도할 수 있는 경쟁력을 확보할 수 있다.[29]

기업의 문화적 가치는 종사원들에게 긍지를 심어 주고, 창조적으로 최선을 다하는 근무환경을 조성해 준다. 일류기업의 문화적 특성은 유전인자처럼 모든 구성원들에게 확산되어 개별 종사원들의 능력의 합보다 큰 성과를 창출하는 원동력이 된다.

기업은 조직 구성원들이 공유하는 가치를 토대로 경쟁환경을 극복하며 미래를 대비한다. 기업의 전략적 선택은 장기적이며 거시적인 차원의 경영 목적 달성을 위한 역할을 수행한다. 경영자는 긍정적이며 적극적인 태도로 종사원들을 이끌어야 하며, 미래의 불확실성을 증폭시키는 언행을 삼가해야 한다.

인간 공동체인 기업은 구성원들 간의 우호적인 협력을 위한 인간적인 유대관계를 중시한다. 친목이 잘되는 조직은 서로를 신뢰하는 분위기가 조성되어 스트레스를 감소시키고, 어려움에 처했을 때 동료들에게 도움을 요청할 수 있으며, 인간적인 유대관계를 발전시킨다. 반면 결속은 공동체가 추구하는 목적을 달성하기 위해 조직 구성원들이 업무에 몰입하는 것을 중시한다. 결속이 뛰어난 공동체는 인간적인 친목이 좋지 않더라도 조직의 목적을 달성하기 위해 조직의 전략적 목표를 설정하고 위기상황에 민첩하게 반응하며, 낮은 성과를 창출하는 종사원들에게 가혹한 징계를 내릴 수 있다.[30]

CEO는 친목도 좋고 결속도 뛰어난 이상적인 조직을 꿈꾸지만 친목과 결속은 때에 따라서는 상반되는 특성을 표출할 수 있기에, 기업의 특성에 따라 상대적인 친목과 결속의 중요도를 고려하는 리더십을 발휘해야 한다.

적정 수준의 친목과 결속만으로도 조직이 추구하는 목적을 효과적으로 달성할 수 있다면, 무리하게 친목과 결속을 강화할 필요는 없다. 다양한 사교모임을 활성화시키며 종사원들 간의 격식을 간소화시키고, 종사원들을 가족처럼 대하며 어려움에 직면한 종사원들을 따듯한 마음으로 대해주면, 친목이 강화되는 마법을 경험할 수 있다.

사람은 높은 자리에 오를수록 교만해지기 쉽고 타인을 무시하기 쉽다. 그러나 존경받는 지도자가 되려면 그 반대로 행동해야 한다. 도가사상을 제시한 노자는 자신을 낮추는 일에 매진하는 것을 중시했다. 높은 자리에 오를수록 타인을 업신여기는 교만한 마음을 떨쳐버려야 한다.

조선 최고의 명재상인 황희는 세종대왕을 혼신의 힘을 다해 보필하면서도 겸손의 리더십을 발휘하여 백성들로부터 존경을 받았다. 그는 집에서 일하는 하인들에게도 함부로 대하지 않고 허물없이 지낼 만큼 인간적인 면모를 보여 주었다.

황희 정승 외에도 세종 대에 조선을 빛낸 위인들이 많다는 사실에 주목할 필요가 있다. 역사적으로 위인들은 자신이 목숨 바쳐 섬길 만큼의 훌륭한 군주가 아니면, 출사하지 않고 때를 기다리는 길을 선택했다.

한편 흠결이 있는 지도자가 채찍을 들게 되면 앞으로 나아가기는커녕 부작용만 초래한다. 경영자는 일처리에 있어서 공평해야 하고, 조직 구성원들의 다양한 목소리에 귀 기울이며 소통해야 한다.

경영자는 조직을 혁신하거나 긴급하게 해결해야 하는 과제가 아니라면 조직 내에 너무 많은 정보를 제공하지 않는 것이 좋다. 정보를 무리하게 전달하기보다 부하 직원들로부터 다양한 의견을 청취하는 데 보다 많은 정성과 노력을 기울여야 한다. 또한 서로 인정하며 개인적인 잠재능력을 발휘할 수 있도록 배려하는 기업문화 조성에도 힘써야 한다.

조직 구성원들은 성장을 경험하지 못하면 꿈을 잃게 되고 현실에 안주하는 분위기가 확산되면서 조직의 경쟁력은 약화된다. 단기간에는 성과를 창출하지만 지속적인 성장을 이룩하지 못하는 조직은 바람직하지 못하다. 경영환경이 좋을 때는 조직 구성원들이 성공 경험을 체험하며 지속적인 혁신을 통해 경쟁력을 배가시켜야 하고, 성과의 향상과 선도적인 시장지배력을 지속시키는 리더십을 발휘해야 한다.

Korean Leadership

코리안
리더십

세·종·에·묻·다

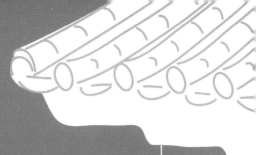

6

자존감의 마술

양녕대군이 폐세자 되자 궁궐에서는 태종과 신하들 간에 첨예한 신경전이 벌어졌다. 신하들은 감히 후임 세자를 정하는 데 소극적으로 임할 수밖에 없었다. 〈태종실록〉은 두 번째 세자 책봉과 관련하여 둘째 효령대군보다 셋째 충녕대군이 총명하고 군주로서의 자질이 우수하다고 기록하였다.

충녕대군은 태종의 셋째 아들이어서 왕세자가 될 가능성이 낮았지만, 꿈을 잃지 않았다. 왕자로서의 품격을 지키며 학문 연구에도 매진했다. 그런 그에게 왕이 될 수 있는 기회가 찾아왔고, 충녕대군은 그 기회를 놓치지 않았다.

성공적인 인생이란 자아혁신에서 출발한다. 자아혁신은 환경변화와 미래예측의 불확실성을 고려하며 이루어져야 한다. 성공하려면 건강해야 하고, 자신의 전문영역에서 차별화된 능력을 발휘해야 한다.

인기 있는 직업을 맹목적으로 선택하기보다 비록 현재는 인기가 덜하더라도 미개척분야이면서 향후 발전 가능성이 크다면 과감하게 도전하는 용기를 지녀야 한다. 일류 브랜드가 추구하는 '선도자의 법칙'은 개인 브랜딩 전략인 자아혁신에서도 예외는 아니다.

물욕과 쾌락을 숭배하는 세상

양녕대군은 여색을 지나치게 탐해 패가망신한 대표적인 인물이다. 건장한 남자가 미인에게 관심을 두는 것은 자연스런 현상일 수 있지만, 사회적 통념을 망각하고 이해관계자들과 불협화음을 일으키면서까지 미인을 탐한 그의 행태는 상식적이지 못하다. 그는 세자의 품위를 저버리고, 마음에 드는 여인이 발견되면 기어코 자신의 여자로 만들어야 직성이 풀리는 기질의 소유자였다.

> 임금이 인덕궁에 나아가니, 상왕이 이를 위하여 술자리를 베풀었다. 여러 종친들이 모두 시연했는데, 연회가 파하자 세자가 부마 청평군 이백강이 일찍이 축첩한 기생 칠점생을 데리고 돌아오려 하였다. 충녕대군이 만류하며, "친척 중에서 서로 이같이 하는 것이 어찌 옳겠습니까? 하였다. 말을 재삼하니, 세자가 마음으로 노하였으나 애써 그 말을 따랐는데, 그 뒤로 세자는 대군과 도道가 같지 아니하여 마음으로 매우 꺼려하였다. 임금이 이를 염려하여 바로 여러 대군의 시종하는 인수人數를 줄였다.
> 〈태종실록〉 16년 3월 20일

신이 아닌 인간은 마음속에서 끓어오르는 탐욕이나 쾌락에 대한 욕구를 완벽하게 통제하기는 어렵다. 그럼에도 불구하고 높은 자리에 오른 지도자의 반사회적인 행위는 대중들의 마음을 아프게 할 뿐만 아니라, 그가 차지하고 있는 존귀한 자리를 위협하는 시한폭탄이 될 수 있다.

세종 대에도 권력 있는 사대부들이 송사를 듣는 관리라든가 전곡錢穀을 출납하는 유사에게 사사로이 편지를 왕래하여 옳고 그른 것을 뒤바꾸고, 관가의 물건을 축내고 훔쳐내는 등 그 폐단이 적지 않았다. 권력자의 물욕이 통제되지 못하면 누군가는 큰 피해를 보게 마련이다.

> "전조의 습관이 아직도 다 개혁되지 아니하여, 경외의 관리들이 성문된 법을 지키지 아니하고 편지를 사사로이 왕래하여 관가의 소유물을 공공연하게 보내주니 매우 미편한 일입니다. 지금부터는 일절 《육전》에 의하여 엄금하되, 금하는 것을 어기고 준 자나 받은 자를 모두 다 장물을 계산하여 율에 따라 죄를 판정하여, 선비의 풍습을 신칙하게 하소서." 하니, 그대로 따랐다.
> 〈세종실록〉 6년 7월 14일

세종은 권력형 비리를 척결하기 위해 혼신의 힘을 다했고, 흉년으로 인한 민생 파탄에 가슴 아파했다. 무엇보다도 그는 백성들의 삶이 궁핍해지면 진상하는 물선物膳은 모두 진상하지 못하도록 조치했고, 각사各司에 상납하는 공물도 감면하거나 면제하도록 조치하였다. 먹을 것이 없어서 백성들이 굶어죽는데, 관료들의 부정부패가 더해지면 왕권의 존립기반은 위협받을 수밖에 없었다.

> "인륜의 도는 진실로 삼강三綱 밖에 나오는 것이 없고, 천성의 참됨은 진실로 만대에 같은 것입니다. 마땅히 전인前人들의 행실의 기록을 모아 오늘의 모범을 삼아야 하겠습니다. 그윽이 살펴보건대 임금에게 충성하고 아버지에게 효도하고, 남편에게 정렬貞烈함은 하늘의 법칙에 근본한 것이고, 신하로서 이것을 하고, 아들로서 이것을 하고, 아내로서 이것을 하는 것은 순종하는 땅의 도리에 근원하는 것입니다. 오직 하늘의 법과 땅의 도리의 정해진 원리는, 예전이나 지금이나 조금도 다른 것이 없습니다. 〈세종실록〉 14년 6월 9일

그는 탐욕으로 인한 폐단을 고치고 사회의 기강을 바로 세우기 위해 집현전을 통해『삼강행실』三綱行實을 편찬하였다. 세종은 백성들에게 과도한 물욕을 경계해야 하며, 인간다운 삶의 의미와 중요성을 설파하였다. "백성의 떳떳한 도리를 드높이고 세상에 교화를 부식扶植하여, 다행하게도 태평성세를 친히 눈으로 볼 수 있게 되며, 왕도王道를 준수하여 화평한 시대를 이루어서 길이 영원한 후세까지 전할 수 있을 것입니다."

인류역사에서 가족제도는 보수성과 개방성을 넘나들며 사회발전을 지탱해 왔다. 현대사회는 가족제도를 존중하고 있지만 가족의 응집력은 점점 약화되고 있다. 신라시대에 여왕은 제도적으로 남편을 여러 명 둘 수 있었는데, 결혼한 남자도 남편으로 맞이할 수 있을 만큼 결혼제도가 느슨했고 성적인 타락이 도를 넘어선 시대였다.

물질만능주의라는 탐욕은 인간의 육체와 영혼을 타락시키고 있다. 현대인들은 신본주의의 굴레를 벗어던지고 내세보다 현세에서의 안락한 삶을 갈망한다. 조선의 선비들이 추구했던 무릉도원은 관념적인 가치였으나, 현대인들은 현세에서의 무릉도원을 갈망한다.

조선시대와 달리 오늘날에는 과학문명이 발전하면서 현대인들의 삶은 정신이 없을 정도로 바쁘다. 출근시간에 지하철을 타보면 자신도 모르게 쫓기는 자의 삶에 빠져든다. 조급해지면 분별력이 약해지고 의사결정의 순간이 다가왔을 때 오판하기 쉽다.

서울 도심을 걸어보면 자신도 모르게 발걸음이 빨라질 수 있다. 빠르게 걸어가는 사람들과 동행하다 보면 천천히 걷는 것이 어색하게 느껴진다. 도심 속을 거니는 사람들이 느림의 미학을 깨닫기는 참으로 어렵다.

많은 재산을 상속 받아 물질적 풍요를 누리는 사람은, 자신이 물려받은 재물 때문에 노동의 신성함과 소중한 가치를 잃지 말아야 한다. 상속받은 재물이 나쁜 것은 아니지만 자신의 노력과 상관없이 거저 받게 되는 재물은, 인간을 차별하거나 노동의 신성함을 마비시키는 독이 될 수 있다.

반면 가진 것이 적기 때문에 불행한 삶을 살고 있다고 생각하는 사람은, 인생의 기나긴 여정 속에서 불행의 터널을 벗어나기 어렵다. 그럼에도 불구하고 많은 사람들이 똑같은 실수를 반복하며 불행해지는 길을 걸어간다.

돈을 버는 방식도 마찬가지다. 일확천금을 꿈꾸는 한 인간은 불행의 늪에 빠지기 쉽다. 복권 당첨은 성공할 확률도 낮지만, 복권 당첨자들의 삶은 감당하기 어려운 환경변화와 많은 돈을 흥청망청 소비하는 과정 속에서 불행해지기 쉽다.

현재의 고통은 경제적 이슈이든 외모에 관한 이슈이든, 자신이 감당할 수 있는 범위 내에 있어야 한다. 경제적으로 윤택한 사람은 자식의 유학경비를 마련하는 데 큰 어려움이 없다. 그러나 자식을 유학 보내느라 감당하지 못할 만큼 큰 빚을 지게 되면 다방면에서 부작용을 초래한다.

그래서 자신에게 주어진 일에 최선을 다하며 순리를 추구하는 삶을 살아야 한다. 열심히 일하거나 공부하는 여정 속에서 행복을 누리는 습관을 길러야 한다. 자본주의 사회에 살면서 물욕을 무시할 수도 없고 무시해서도 안 되지만, 물욕의 노예가 되어서는 안 된다. 진정으로 행복한 삶이란 물질적 욕망에 대한 집착에서 벗어나는 것이며, 정신적 행복의 가치를 깨닫는 삶 속에서 실현된다.

물질적 욕망은 어느 정도는 자신의 노력으로 달성할 수 있지만, 자신의 의지와 상관없는 환경변화로 인해 자신의 뜻대로 되지 않는 경우가 다반사다. 반면 정신적 행복은 노력하면 노력할수록 배가된다. 사회적인 부귀영화와 상관없이 행복한 인생을 원한다면 물질적 욕망을 다스리며 정신적 행복을 중시하는 삶을 살아야 한다.

물욕이란 끝이 보이지 않는 목표를 향한 질주지만, 정신적 행복이란 소소한 일상에서도 행복의 꽃길을 거닐 수 있는 여정이다. 봄이 되면 꽃구경도 가고 여름이 되면 해수욕을 즐기며, 가을에는 단풍구경도 다니면서 계절의 변화를 만끽할 수 있는 마음의 여유가 필요하다.

물질적 욕망을 줄이려는 노력보다 명상이나 사색이나 음악 감상이나 사랑하는 이와의 여행이나 겨울 눈꽃세상을 향해 떠나는 여정을 통해 정신적인 행복을 추구하는 삶이 확장되면 물질적 탐욕은 자연스럽게 치유되거나 완화될 수 있다.

사회의 제도와 규범은 인간의 행동을 통제하지만 인간의 영혼마저 통제하기는 어렵다. 자유로움이란 타인의 간섭으로부터 벗어나는 것이며, 타인을 간섭하는 불필요함으로부터 해방되는 것이다. 자신의 능력을 과시하기 위해 남을 위협하거나 괴롭히는 자의 영혼은 자유롭지 못하다.

타인으로부터 간섭받거나 종속되는 환경으로부터 벗어나야 하지만, 세상살이의 메커니즘은 사람들의 자유를 억압한다. 중세사회는 인간의 신체적 자유를 억압했지만, 현대사회는 인간의 존엄성과 자유로운 삶을 제도적으로 보장한다.

현대인들이 경제적 풍요로움 속에서도 고통스런 삶에서 쉽사리 벗어나지 못하는 것은 정신적으로 자유롭지 못하기 때문이다. 육체적 건강과 정신적 건강을 이분법적으로 나눌 수는 없다. 육체적 건강은 정신적 건강에 영향을 미치고, 정신적 건강은 육체적 건강에 영향을 미친다.

진정으로 행복한 삶을 살아가려면 육체와 정신 모두 건강해야 한다. 육체가 건강해야 정신이 건강해질 수 있다는 논리가 틀린 것은 아니지만, 영적인 동물인 인간에게는 육체적 건강 못지않게 정신적 건강이 중요하다.

인생을 살다보면 몸이 아플 수도 있고, 정신질환으로 고통 받을 수도 있다. 질병이나 교통사고로 고통 받을 수도 있고, 가족이나 친구들로부터 괴롭힘을 당해 방황할 수도 있다. 자신의 의지와 상관없이 피하고 싶은 상황에 마주치기도 한다.

가족에 의한 지나친 간섭으로 말미암아 불행해지는 것도 경계해야 한다. 정신과 치료를 받아야 하는 환자들 중에는 가족에 의한 괴롭힘이나 폭력에 의해 행복한 삶이 파괴된 자들이 적지 않다. 가족이라는 특권을 내세워 간섭하거나 경제적 도움을 요청하지만, 위기에 처했을 때 도와주기는커녕 파멸의 구렁텅이로 몰아세우는 예도 적지 않다.

오늘날 한국사회는 이혼율이 증가하면서 사회안전망도 흔들리고 있다. 때로는 형제자매들이 한 가정을 파괴하는 데 앞장서기도 한다. 형과 누이가 앞장서서 남동생의 부인이 집안 살림은 뒷전이고 아이들을 제대로 돌보지 않는다면서 이혼하라고 부추겨 놓고는, 정작 이혼하고 나면 자신들이 언제 이혼하라고 했냐면서, 이혼 후유증이 자신들에게 번질까봐 전전긍긍하는 난처한 상황들이 벌어지곤 한다.

가족이 아닌 친구나 직장 동료 간의 갈등은 친구관계를 정리하거나 직장을 옮기면 근원적인 문제가 해결되지만, 가족은 혈연관계여서 버리고 싶어도 버릴 수 없는 상황에 놓여있다. 참으로 어처구니없는 일 같지만 가족에 의한 테러는 인간의 행복을 방해하는 중대한 위험요인이다. 가족은 위계질서를 중시하되, 특정인에게 지나친 희생을 강요하는 어리석음을 범해서는 안 된다.

가족이라는 이름을 내세워 부모나 형제자매에게 심각한 고통을 가하고 있는 것은 아닌지 종종 자신을 되돌아봐야 한다. 부모라는 지위를 내세워 자식들에게 자신의 생각을 지나치게 강요하려는 욕망도 자제해야 한다. 자식들 또한 무한한 권리를 행사하려는 의타적인 삶의 태도에 빠지지 않도록 경계해야 한다. 가족 간에도 인격적 평등과 배려를 존중하고 실천해야 한다.

행복한 삶은 자아실현 욕구와도 밀접한 관련을 맺고 있다. 심리학자 매슬로우는 자아실현이야말로 인간을 인간답게 하고 삶의 질을 고양시킬 수 있는 숭고한 가치라 했다. 자아실현이란 단순히 먹고 살기 위해 일하거나 부모님의 성화를 견디지 못해 공부하는 것과는 거리가 멀다.

자아실현이란 자기 사랑과 자존감 위에서 자신이 진정으로 하고픈 내면세계의 순수한 욕망과 의지에 이끌려, 자신도 모르게 하면 할수록 재미있고 삶의 보람을 느끼는 체험에서 결실을 맺는 숭고한 가치다. 부모님은 자식에게 법관이 되라고 하는데, 자식은 비행기 만드는 엔지니어가 되고 싶을 때 갈등은 증폭된다. 자식은 자신이 진정으로 원하는 자아실현을 중시하는데, 부모는 사회적 체면에 사로잡혀 자녀의 자아실현과는 거리가 먼 불행의 터널로 안내할 수 있다.

거리에는 수많은 자동차들이 질주하며, 저녁이 되면 화려한 네온사인들이 시민들의 시선을 사로잡는다. 14세기 르네상스 혁명 이후 인간들은 신을 통해 은혜를 받으려는 욕구 대신 물질적 욕망이 자극하는 달콤한 유혹에 빠져버렸다. 물질만능주의라는 이데올로기가 세상을 지배하고 있다.

우리 사회는 반세기 전만해도 물질적 풍요는 고사하고 굶는 문제를 해결하는 것이 사회적인 화두였다. 내가 1970년대에 초등학교 다닐 때만 해도 학생들이 흰쌀밥 도시락을 싸오지 못하도록 학교에서 엄하게 단속했다. 지금이야 보리밥을 건강식이라며 별미로 먹는 시대가 되었지만, 당시에 쌀밥을 먹는다는 것은 잘사는 사람이라는 것을 뽐내는 상징성을 내포하고 있었다.

열심히 일한 덕에 한국사회는 이제 세계인들이 부러워할 만큼 잘살게 되었다. 그러나 많은 것을 잃어버렸다. 좋은 옷을 걸치고 멋진 자동차를 타고 다니지만, 머릿속은 시기와 질투심으로 가득 차 버렸다.

예전에는 꼬마 아이가 수박이 먹고 싶어 수박밭을 서성거리고 있으면, 수박을 손질하던 주인아저씨는 웃으면서 수박 한 통을 따줄 수 있는 시대였다. 지금 시골에서는 그런 풍경을 상상하는 것 자체가 상식적이지 못한 일이 되어버렸다.

자본주의와 물질만능주의는 인간들을 끊임없이 경쟁하도록 내몰고 있다. 생산능력이 떨어지는 사람들을 도태시키려고 안간힘을 쓰고 있다. 심지어 학문을 연구하는 대학에서도 취업이 안 되는 학과들은 구조조정을 당하고 있다.

선진사회는 물질적 생산능력과 효율성을 중시한다. 하지만 인간의 행복지수는 선진국을 평가하는 척도로 활용되지 못하고 있다. 마당에 널어놓은 곡식들을 비나 눈이 내리는데도 깜박 잊은 채 공부하던 선비들이 그리워질 만큼, 현대인들은 물질만능주의에 빠져버렸다.

그러나 인간은 사회적 체면과 지위를 벗어던지면 자신의 우월함을 굳이 보여 줄 필요를 느끼지 못한다. 내 삶에서 자유로움이 회복되어야 자아실현의 소중함을 깨달을 수 있다. 사회적 체면과 지위는 자신이 멋진 사람이라고 뽐내는 데 필요한 것들이다. 일상의 굴레를 벗어던지고 자유롭게 생활하다 보면 자신이 진정으로 살아보고 싶은 인생의 참의미를 깨닫게 된다.

심학, 멋진 세상을 보는 창

충녕대군은 자신의 마음을 닦는 심학에 대한 깊은 성찰과 실천으로 모범적인 삶을 살았다. 심학이란 혼자 있을 때나 함께 있을 때나 부끄럽지 않게 행동하도록 자신을 관리하는 능력이다. 그는 왕세자 (양녕대군)의 행위가 올바르지 못하면 지적하곤 했다. 양녕대군은 모비母妃에게 말하길 "충녕의 어짊은 우연한 것이 아닙니다. 국가의 대사를 장차 함께 의논하겠습니다." 왕비가 이 말을 임금에게 말하니, 주상이 듣고 마음이 편안치 아니하였다.

> 이날 세자가 성盛한 복장을 하고, 모시는 자를 돌아보며, "신채身彩가 어떠한가?" 하니, 충녕대군이, "먼저 마음을 바로 잡은 뒤에 용모를 닦으시기 바랍니다." 하매, 모시는 자가 탄복하였다. "대군의 말씀이 정말로 옳습니다. 저하께서는 이 말씀을 잊지 말기를 바랍니다." 세자가 매우 부끄러워하였다.
>
> 〈태종실록〉 16년 1월 9일

결국 양녕대군은 부왕과 왕비의 기대에 부응하지 못한 채 충녕대군에게 세자의 자리를 넘겨주고 말았다. 태종은 세자를 폐위시키면서도 그의 안위를 크게 걱정하였다. 종실 인척인 문귀와 최한을 통해 양녕대군에게 전달된 글에는, 임금으로서 세자를 교체할 수밖에 없는 솔직한 심경이 담겨 있다.

부왕은 폐위되는 세자를 향한 인간적인 고뇌와 자식에 대한 사랑과 양녕대군의 삶이 어렵지 않도록 배려하는 마음을 전했다.

양녕대군이 세자에서 폐위되자 새로운 세자를 선출해야만 했다. 태종은 효령대군이 불가하다는 입장을 분명히 했고, 충녕대군을 세자로 삼고 싶다는 심경을 신하들에게 명확히 했다. "효령대군은 바탕이 나약하나, 충녕대군은 고명高明하기 때문에 내가 백관의 청으로 세자를 삼았다."

"너는 비록 광패狂悖하였으나 너로 하여금 새사람이 되도록 바랐는데, 어찌 뉘우치지 않고 개전改悛하지 않아서 이 지경에 이르리라고 생각하였겠는가? 백관들이 지금 너의 죄를 가지고 폐하기를 청하기 때문에 부득이 이에 따랐으니, 너는 그리 알라. 네가 화를 자초하였으니, 나와 너는 부자이지만 군신의 도리가 있다. 내가 백관의 청을 보고 나의 몸도 또한 상연爽然히 떨렸다. 네가 옛날에 나에게 고하기를, '나는 자리를 사양하고 시위侍衛하고 싶습니다.'고 하였는데, 내가 불가하다고 대답하였다. 이제 너의 자리를 사양하는 것은 네가 평소에 바라던 바이다.

〈태종실록〉 18년 6월 6일

부왕은 유배지로 떠나는 양녕대군에게 아버지로서의 솔직한 심경을 밝혔다. "중궁이 울면서 나에게 청하기를, '이제 李禔가 어린아이들을 거느리고 먼 지방으로 간다면 안부를 통하지 못할 것이니, 빌건대 가까운 곳에 두소서.'하고, 나도 또한 목석이 아닌데 어찌 무심하겠는가? 이에 군신에게 청하니, 군신들도 잠정적으로 또 따랐으므로 너를 광주에 안치하는 것이다. 네가 백관의 장狀을 보면 너의 죄를 알고, 또 나의 부득이한 정을 알 것이다. 비자婢子는 13구口를 거느리되, 네가 사랑하던 자들을 모두 거느리고 살라. 노자奴子는 장차 적당히 헤아려서 다시 보내겠다. 전殿 안의 잡물을 모조리 다 가지고 가도 방해될 것은 없다."

양녕대군의 굴곡진 인생을 살펴보면 높은 자리에 오르려는 사람의 자기관리가 얼마나 중요한지 저절로 깨달아진다. 삶은 변화무쌍하다. 부자로 태어났지만 가난해질 수도 있고, 가난한 집안에서 태어났지만 부귀영화를 누릴 수도 있다. 노후를 대비하는 연금과 인생의 안전을 담보하는 보험상품이 존재하지만, 인생여정에는 예측 불가능한 사건들이 곳곳에서 발생한다.

그럼에도 불구하고 여유로운 마음과 눈으로 세상을 바라보아야 행복한 삶이 전개된다. 깨달음이란 삼라만상의 모든 존재가 소중하다는 것을 인정하는 것이다. 그리하면 행복이 넘쳐나고 인간을 향한 존경과 배려를 실천할 수 있는 내면세계의 변화가 시작된다. 세상을 향한 찬사와 상생의 에너지를 발산해야만 성공적인 인생을 펼칠 수 있다.

세종은 즉위 후에도 자신의 마음속에 이글거리는 교만과 시기와 질투를 떨쳐버리기 위해 자기수양에 집중했다. 인간의 마음은 간사하여 오늘은 멋진 지도자의 모습을 보여 주었다 할지라도, 자신의 마음을 끊임없이 갈고 닦지 않으면 순식간에 악마로 돌변하기 쉽다. 조물주는 인간에게 멋진 인생을 살아가도록 자유의지를 허락했지만, 나약한 인간들은 시시때때로 자유의지를 악용한다.

경연에서 『대학연의』를 종강하였다. 임금은 정사에 부지런하고 천성이 글 읽기를 좋아하여, 날마다 편전에서 정사를 보고 나면 경연을 열되, 상왕의 외유나 연회를 받는 이외에는 잠깐도 폐한 일이 없었다.

〈세종실록〉 1년 3월 27일

오만한 자는 자신의 능력만으로 세상살이에 임하지만, 겸손함과 순수한 마음으로 세상과 소통하는 자는 삼라만상의 에너지가 충전되어 무한경쟁을 선도할 수 있는 지혜를 터득한다. 『연금술사』에 등장하는 양치기 소년 산티아고의 삶이 아니더라도, 겸손한 자세로 소통하는 사람은 자신의 미래를 이끌어줄 나침반을 발견할 수 있다.

세상살이의 고통들은 남을 원망하고 싶고 자살하고 싶을 만큼 괴로울 수 있지만, 시간이 지나고 나면 폭풍이 거친 후의 평온한 바다처럼 고요함과 살아있음에 감사하는 마음으로 바뀔 수 있다. 살아있기 때문에 겪게 되는 삶의 고통까지도 행복한 인생으로 향하는 여정임을 깨닫게 되면, 불완전한 직장과 인간관계의 고통 속에서도 미래의 희망을 발견할 수 있다.

나는 대학 졸업 후 여행사에 근무하며 대학생활에서 느낄 수 없었던 심한 갈등을 겪었다. 업무적인 스트레스는 어떻게든 견딜 수 있었지만, 업무 외적인 갈등은 참으로 견디기 힘들었다. 동료들과 업무가 끝난 후 직장 근처의 호프집이나 선술집에서 늦은 밤까지 간부들을 안주 삼아 불평불만을 토로하기도 했다. 세월이 흘러 대학에서 학생들을 가르치고 있지만, 아웅다웅하며 살아가는 인생살이는 비슷한 것 같다.

살다 보면 화낼 일들이 곳곳에서 발생한다. 어떤 이는 화가 나도 내색하지 않고 웃는 얼굴로 상대방을 대한다. 어떤 이는 화를 내지만 상대방이 감당할 수 있는 선에서 자신의 마음을 추스른다. 어떤 이는 화가 나면 원인 제공자를 원수처럼 대하며 복수를 서슴지 않는다. 화를 내면 마음의 상처가 위로받지도 못한 채 자신의 영혼과 육체만 힘들어진다. 또한 건강에 해롭고 이성적 판단력이 떨어져, 악한 감정의 포로가 될 수 있다. 뜻하지 않는 비이성적인 돌발행동은 사태를 악화시킬 뿐이다.

화란 자신의 욕구가 충족되지 않았을 때 일어나는 마음의 상처이자 불쾌감이다. 화의 분출은 사사로운 이해관계에서 발생할 수도 있고, 사회 정의를 위한 이타주의 차원에서 발생할 수도 있다. 백화점에서 사고 싶은 물건을 사지 못할 때 욕구불만으로 화가 날 수도 있고, 공권력에 의해 선량한 시민들이 폭행당할 때 분노가 치밀어오를 수도 있다.

화를 화로 대하면 문제만 확대 재생산될 뿐, 해결책은 점점 더 멀어진다. 그래서 열린 마음으로 사랑하고 용서하고 배려해야 한다. 세종은 덕으로 신하들의 허물을 덮어주었고, 신하들은 성과로 주군의 성은에 보답했다.

후덕한 사람은 화가 나는 상황에서도 웃을 수 있는 여유를 지니고 있다. 상대방의 잘못에 대해 일일이 대응하며 화내거나 벌을 주려는 욕구를 적절하게 제어하지 못하면 행복한 삶에서 멀어진다. 때로는 정의롭지 못한 상황이나 불공정한 대우에 화를 낼 수 있는 용기도 필요하다. 그러나 화를 다스리는 인내와 포용력이 보다 효과적이다.

부도덕한 상사나 못된 고객 때문에 퇴근 후 샤워하면서 소리 지르고 화를 내보면 잠시 잠깐은 화가 풀릴 수 있지만, 큰 슬픔과 불안과 분노가 거세게 일어난다. 결과적으로 스트레스가 가중되어 마음이 조급해지고 얼굴에는 여유가 사라진다. 그래서 상대방이 화나게 만들어도 상대방의 의도에 말려들지 말아야 한다.

가정에서든 직장에서든 갈등은 피할 수 없는 숙명과도 같다. 다만 슬기롭게 갈등을 조정하고 해법을 이끌어 내는 지혜가 필요하다. 현명한 사람은 삶의 고통 속에서도 희망의 빛을 발견하는 자다. 있는 그대로 자신의 위치에서 조급함과 서두름 없이 자신의 길을 가야 한다. 자신의 환경을 무리해가며 억지로 바꿀 필요는 없다. 지나치게 평온한 삶을 추구하는 집착이 불행을 몰고 올 수도 있다.

세상을 살면서 화가 나는데 억지로 참으면 자기 마음이 아프고 치유되지 않아, 시간이 흐르면서 마음에 병이 생긴다. 장기적으로는 문제를 야기한 상대방도 조심하고 서로 경계하게 되면서 인간관계는 성숙되지 못한다.

또한 자신의 감정을 지혜롭게 표현하여 상대방이 동일한 실수를 반복하지 않도록 해야 한다. 화가 난 상황을 확대 해석하지 말고 시간의 흐름 속에서 해결해야 한다. 당장은 죽이고 싶을 정도로 미워하는 사람이라도, 시간이 지나면서 그 사람에 대한 원망과 분노는 점차로 사라질 수 있다. 악을 악으로 대하거나 법적으로 승리하여 내가 미워하고 있는 상대방을 응징하게 되면, 또 다른 모순이 반복될 수

있다. 때론 내가 응징하여 무너진 상대방의 인생을 걱정하며 괴로워
할 수도 있다.

화를 무리하게 참아서도 안 되지만, 화가 폭발하지 않도록 열린 마
음과 상대방의 입장에서 생각해 보는 마음의 여유가 필요하다. 상대방
의 입장에서 문제를 들여다 보면 많은 갈등이 자연스럽게 치유된다.

행복이란 의미 있고 재미있는 삶 속에 존재하며, 이기주의와 개인
주의를 뛰어넘는 이타주의적인 삶 속에서 성숙된다. 그래서 삼라만
상의 위대함을 섬세하게 느낄 수 있는 삶의 여유가 필요하다.

인간의 심리는 긍정적인 영역과 부정적인 영역으로 나뉜다. 성공적
인 인생을 살아가려면 세상을 긍정적으로 바라보는 삶의 자세가 필요
하다. 낙관주의는 사람들을 현혹시킬 수 있기에 적절하게 경계하는 지
혜도 필요하지만, 낙관주의를 저버리면 비관주의에 쉽게 빠져든다.

마음속에 내재되어 있는 피해의식인 콤플렉스도 극복해야 한다. 외
모에 대한 콤플렉스뿐만 아니라 학력에 대한 콤플렉스도 극복해야 할
피해의식이다. 인간은 할 수 없다는 부정적인 생각이 자신의 마음을
지배하게 되면, 아무리 유능한 사람이라도 성공의 길로 나아가기 어
렵다. 할 수 없다는 공포를 떨쳐버리지 못하면 행복한 삶에서 멀어진
다. 현재의 환경이 힘들고 고통스럽더라도 꿈을 저버려서는 안 된다.

두려운 마음과 공포를 극복하려면 꿈을 꾸면서도 과도한 욕심이
꿈틀대지 않도록 자신의 마음을 다스려야 한다. 증오와 시기와 질투
로부터 자유로워져야 하며, 자신의 마음 속 깊숙한 곳에 둥지를 틀고
있는 불안심리를 떨쳐버려야 한다. 공포는 불안한 마음을 조장하며,
미래를 향해 나아가는 긍정적인 에너지를 약화시키는 주범이다.

긍정적인 자아상을 정립하라

이방원(태종)은 '왕자의 난'을 일으켜 형제들을 무자비하게 죽이고 권좌에 올랐다. 그는 자신의 출세가도에 걸림돌이 되는 인물들을 과감하게 제거할 만큼 냉혹한 성격의 소유자였다. 반면 세종은 그 어떤 군주보다도 가족과 일가친척의 우애를 중시했다. 그는 폐세자 된 양녕대군에 대해 엄하게 다스려야 함을 전하는 지속적인 상소에도 아랑곳하지 않고 양녕대군을 지켜주었고, 그의 생활이 불편하지 않도록 세심하게 배려했다.

세종의 측근들은 혹시라도 발생할 수 있는 양녕대군 추종 세력의 역모를 걱정하였다. 임금도 형님을 지지하는 세력들이 힘을 모아

"죄인으로 하여금 당세에 접근하지 못하게 하는 것은 의외의 변을 대비하기 위한 것입니다. 이제 제禔를 기내에 두고, 한로를 지극히 가까운 곳에 두어, 서로 내왕하게 하여 각기 편의를 얻게 하셨으니, 이것은 죄인으로서 다행한 일이요, 폐출한 것은 아닙니다. 성명聖明한 시대에는 아무렇지도 않으나, 후세에 보여 주는 뜻에서는 실로 어긋나는 것이오니, 엎드려 바라옵건대, 대의로 단정하시어 모두 먼저 상소한 바와 같이 각기 먼 변방으로 보내어 신민들의 마음을 쾌하게 하소서."

〈세종실록〉 6년 11월 5일

역모를 도모할 수도 있음을 경계했다. 양녕대군은 행동거지를 조심하며 세종과 오해가 생기지 않도록 노력했지만, 사소한 오해거리가 생기더라도 세종은 신하들을 다독이며 큰형을 지켜주었다.

사회를 구성하는 기초단위인 가족은 성공적인 사람들을 키워내는 인큐베이터와 같다. 사람들은 크게 성공한 가문에 많은 관심을 기울이며, 자녀들의 성공을 묵묵히 지원하고 뒷바라지한 부모의 수고와 노력을 높게 평가한다.

> 의정부에 전교하기를, "양녕대군이 전일 젊었을 때 행실에 덕망이 없어 대통을 계승할 수 없었던 까닭으로, 태종께서 외방으로 방치하셨을 따름이나, 부자간에는 본디부터 모반한 죄가 없었고, 형제간에도 또한 시기하고 싫어하는 일이 없었는데도 의친懿親의 장으로서 오랫동안 외방에 쫓겨나서 종친의 반열에 참예하지도 못하였으니, 나의 마음에 항상 미안하였다. 이제는 이미 나이도 연로하였으니, 서울 집에 들어와서 살게 하여 때때로 만나 보고 우애하는 정을 펴고자 하노라." 하였다.
> 〈세종실록〉 20년 1월 5일

아쉽게도 오늘날에는 '가족의 해체'라는 용어가 보편적으로 사용될 정도로 이혼하는 사람들도 많고, 결혼하지 않고 인생을 즐기며 살아가는 사람들이 적지 않다. 하지만 사회를 구성하는 기초 단위인 가족의 중요성을 간과해서는 안 된다. 가족이란 거대한 사회 조직이 유지되는데 필요한 지혜를 가르치는 학교와 같다.

가족 구성원 간의 결속과 단결, 사랑이 넘치는 환경 속에서 성장한 사람들은 아무래도 따뜻하게 소통하는 것이 어렵지 않다. 사랑이 넘치는 가족 공동체를 만들려면 온 가족이 노력해야 하지만, 어머니의 역할은 절대적이다. 여성들이 사회의 각 분야에서 두각을 나타내고 있는 현상은 서비스와 감성 리더십을 중시하는 사회구조의 변화에서도 그 원인을 찾아볼 수 있다. 여성들이 남성들보다 육체적으로는 약할 수 있지만, 여성 특유의 섬세함과 부드러움, 모성애를 느낄 만큼의 다정다감한 소통 능력은 정에 약한 현대인들의 마음을 사로잡기에 충분하다.

역사적으로 농경문화의 영향 하에 생활해 온 한국인들은 유목문화적인 가치를 중시하며 살아온 서양인들과 생각의 차이를 보일 수밖에 없다. 또한 자유분방하게 살면서도 특정 분야의 지도자로서 뛰어난 능력을 발휘하는 것이 불가능한 것은 아니지만, 조직이란 팀워크를 중시함으로 성장과정에서 지나치게 자기중심적인 삶을 살아온 경험들은 조직관리 차원에서는 도움이 되지 않을 수 있다.

지도자는 편협적인 인간관계 대신 상생하는 리더십을 발휘하여 조직성과를 향상시켜야 한다. 하지만 가족 중심 경영이나 학연이나 지연 등에 지나치게 집착하는 조직관리는 조직 구성원들 간에 갈등을 증폭시켜 경쟁력을 약화시킬 수 있다.

상대방을 제압함으로써 자신이 당당하게 살아있음을 인정받으려는 욕망은 소통을 방해할 뿐이다. 자아실현의 욕구가 아니더라도 자기 자신을 사랑하며 멋진 삶을 살게 되면 의도적으로 타인을 압도하며 자신이 뛰어난 존재임을 확인할 필요가 없어진다.

때론 자기 자신이 미울 정도로 일이 잘 풀리지 않을 수도 있고, 작은 실수 때문에 중요한 계약을 놓칠 수도 있다. 그럼에도 불구하고 자신의 단점 때문에 괴로워하기보다 자신의 장점을 발전시키면서 단점을 줄여 나가는 지혜를 발휘해야 한다.

자기 자신을 사랑하지 못하는 지도자가 부하직원들로부터 충성을 이끌어 내기는 어렵다. 사람들은 당당하게 살아가는 사람들에게 매

력을 느낀다. 자기 자신을 사랑하는 사람이라야 타인으로부터도 사
랑받을 수 있다.

'긍정의 힘'으로 살아가야만 성공적인 인생을 살 수 있다는 설교로
세상 사람들을 놀라게 하고 있는 조엘 오스틴Joel Osteen 목사는, 부정
적으로 살지 말고 긍정적인 삶을 살아야만 성공의 실크로드에 다다
를 수 있음을 설파하고 있다. 인생이란 성공한다는 확신을 가지는 것
이 중요하고, 원망이 뿌리내리지 못하게 하며 간절한 소망을 지녀야
만 설정된 목표를 달성할 수 있다. 조엘 오스틴은 미국의 차세대 리
더로 주목받고 있는 개신교 목사로서 1999년 10월 레이크우드교회의
담임목사로 부임하였다. 레이크우드교회는 그가 부임한 후에 세상
사람들의 주목을 받을 만큼 크게 성장하여 미국의 대표적인 교회로
발전하였다.31)

그의 순수하고 밝은 표정은 사람들에게 강한 희망의 빛을 전해 주
고 있다. 긍정의 힘을 적극적으로 발산시키는 사람이 되기 위해서는

비전을 키워야 하고, 건강한 자아상을 정립해야 한다. 과거의 잘못된 경험이 축적된 생각의 도가니에서 벗어나, 역경 속에서도 강점을 발견하고 베푸는 삶을 실천해야 한다.

현재의 처지가 어렵다고 비관하면서 부정적인 가치를 추구하다 보면 결국 실패하는 인생을 살게 된다. 반면 현재의 여건이 어렵더라도 '성공할 수 있다'는 신념하에 자신이 성취하고자 하는 꿈을 이루기 위해 최선을 다하다 보면, 성공이라는 결과는 서서히 자신의 것이 될 수 있다.

영적인 동물인 인간의 성공은 육체적인 노력 못지않게 자기 자신의 '마인트 컨트롤'에서 시작된다고 해도 과언은 아니다. 조엘 오스틴은 자기 자신을 있는 그대로 받아들여야 함을 강조한다. 우리 인생에서 기적을 일으키는 원동력은 남의 믿음이 아니라 자신의 믿음에 근거한다는 것이다. "있는 그대로 자신을 사랑하라." "올바른 생각을 품으라." 긍정적이고 기쁜 생각을 하게 되면 자신을 둘러싼 사람들이 점점 기쁨과 행복에 젖어들게 되며, 주위에는 긍정적인 생각을 가지고 살아가는 사람들이 모여든다.

자신의 부정적인 미래를 설계하면서 고통을 경험하거나 괴로워하지 말고, 과감히 자신의 행복한 미래를 꿈꾸며 아름답고 성공적인 미래로 나아가야 한다. 보편적인 선과 성공적인 삶을 희망하는 것은 세계인들의 공통적인 관심사항이다.

현재 확인할 수 없는 미래의 결과를 지나치게 걱정하는 순간, 긍정적인 에너지는 사라지고 부정적인 생각들이 마음속에 차오른다. 그리되면 긍정적이며 미래지향적인 생각으로 나아가기 어려워진다. 그래서 과정에 충실하며 결과를 있는 그대로 받아들일 수 있도록 삶의 여유를 충전해야 한다.

긍정적인 일을 생각하면 할수록 행복한 삶으로 점점 더 다가설 수 있다. 부정적인 일을 상상하면 할수록 불행의 터널 속으로 점점 더 빠져들게 된다. 칭찬하며 범사에 감사하는 마음을 갖게 되면 무한 에너지의 보고인 무의식을 긍정적인 방향으로 움직이게 하는 놀라운 경험을 할 수 있다.

시간관리는 성공적인 삶을 이끈다

조선의 지식인들은 차를 마시며 마음이 통하는 지인들과 교제하는 것을 즐겼고, 급하게 의사결정하기보다 순리를 따르는 삶을 중시했다. 준비된 자에게 기회는 찾아오기 마련이다. 큰 꿈을 꾸는 자라도 자신의 꿈이 혹시라도 달성되지 않을 수 있다는 불안감에 사로잡히면 소중한 꿈은 물거품이 되고 만다.

충녕대군은 왕자로서의 소임에 충실했고, 왕실 가족들이 함께 하는 자리에서 세자인 양녕대군의 부적절한 행동을 지적할 만큼 대범한 성격의 소유자였다. 그럼에도 불구하고 양녕과 충녕의 관계는 좋은 편이었다.

태종은 일찍이 충녕대군에게

충녕대군이 임금에게 시의 뜻을 물었는데, 심히 자세하니 임금이 가상하게 여겨 세자에게 말하였다. "장차 너를 도와서 큰일을 결단할 자이다." 세자가 대답하였다. "참으로 현명합니다." 임금이 일찍이 충녕대군에게 이르기를, "너는 할 일이 없으니, 평안하게 즐기기나 할 뿐이다." 하였으므로, 이때에 서화書畫·화석花石·금슬琴瑟 등 모든 유희 애완愛玩의 격물格物을 두루 갖추지 않음이 없었다. 그러므로 충녕대군은 예기藝技에 정하지 않는 바가 없었다. 〈태종실록〉 13년 12월 30일

"너는 할 일이 없으니 평안하게 즐기기나 할 뿐이다." 라고 했음에도 불구하고, 충녕대군은 좌절하거나 자기관리에 소홀하지 않았다. 반면 양녕대군은 폐세자 되어 경기도 광주에서 유배생활을 하면서도 사회적으로 지탄받는 일탈행위를 멈추지 못했다. 그의 일탈행위로 말미암아 가뜩이나 의심의 눈초리로 그를 감시하던 관료들은, 양녕대군의 비행에 관한 상소문을 올리곤 했다. 세종은 양녕대군의 죄를 엄하게 다스려야 한다는 신하들의 주장에 대응하느라 진땀을 흘려야 했다.

양녕대군은 남의 첩을 탐하는 못된 버릇이 있었는데, 유배지에서도 그의 엽기행각은 지속되었다. "양녕이 광주에 있으면서 조금도 뉘우치는 마음이 없고, 이제 또 밤을 이용하여 두 사환을 거느리고 담을 넘어 어느 사람의 집에 들어가, 그 사람의 첩을 빼앗으려다가 그 집에서 굳게 거절하였다 하니, 어찌 하였으면 좋겠는가."

> 양녕대군 이제가 좌군비左軍婢의 윤이와 몰래 정을 통하다가 일이 발각되매 윤이와 그의 어미 기매를 의금부에 내려 국문하니, 양녕대군이 윤이가 갇혔다는 소문을 듣고 근심하고 번민해서 병이 났으므로, 순성군 이개와 내의 노중례와 환자宦者 이귀에게 명하여 약을 가지고 역마를 타고 이천의 사제私第로 가게 하고, 조금 후에 윤이를 석방하였다.
>
> 〈세종실록〉 10년 1월 12일

다른 한편으로 생각해 보면 양녕대군의 엽기행각은 살아남기 위해 의도적으로 행해진 비도덕적 행위일 수도 있다. 만일 세자에서 폐위된 양녕대군이 유배생활하며 너무도 반듯하게 생활하고 있었다면, 세종의 측근들은 양녕대군이 반역을 도모하고 있다는 논리를 내세워 세종의 처지를 더욱 어렵게 만드는 결과를 초래했을 수도 있었다. 양녕대군이 유배지에서 표출한 비이성적 행위들은 최선책은 아닐지라도 살아남기 위한 차선책은 되었을 것이다.

시간관리는 자신에게 주어진 시간을 효율적으로 배분하여 경쟁력을 높여준다. 오전 늦게 일어나 식사도 제대로 하지 못하고 출근하게 되면 업무처리의 효율성은 떨어질 수밖에 없다. 의사결정은 한 박자 빠르면 낭패를 당하기 쉽다. 아침 일찍 일어나는 습관은 여유롭게 사물을 바라보며 해법을 모색할 수 있는 마음의 여유를 선물한다.

사람마다 컨디션이 좋은 시간은 다를 수 있지만, 아침시간에는 정신이 맑고 집중력이 좋아 난제를 해결하는 데 효과적이다. 해결해야 할 문제는 많고 시간이 부족한 상황에서는, 모든 문제를 해결하려고 덤비는 우를 범하지 말아야 한다. 가장 중요한 문제를 선정해 정신을 집중하고, 중요도가 떨어지는 안건들은 과감하게 포기하는 결단력을 키워야 한다.

일상적인 업무가 끝난 저녁시간을 어떻게 활용하느냐, 하는 것도 중요하다. 소중한 사람들과 사랑을 나누며 취미활동에 관심을 갖게 되면 여유로운 삶의 소중함을 깨닫게 된다. 혹자는 늦게 일어나더라도 잠을 충분히 자야만, 머리가 맑아지고 에너지가 충전되어 일의 성과를 높일 수 있다고 주장하지만, 논리적 당위성이 약하다.

21세기는 속도의 시대라고 불릴 만큼 빠르게 변하고 있다. 급변하는 세상에서 기업들은 환경변화의 추세와 방향을 사전에 예측하고 적절히 대응해야만 생존과 번영이 가능하다.

시간관리는 셀프코칭의 관점에서도 이해할 수 있다. 셀프코칭은 자신의 운명을 타인에게 맡기는 수동적인 삶을 경계하고, 자기 자신에게 동기를 부여하며 균형 잡힌 삶을 이끌어준다. 동기부여란 특정한 목표를 향해 행동하게 만드는 근원적인 힘으로서 자동차에 연료를 넣는 것과 같다.32)

자동차는 끊임없이 연료를 공급받아야만 제 힘을 발휘할 수 있다. 인천에서 뉴욕을 논스톱으로 운행하는 비행기는 15시간 이상을 비행할 수 있는 연료를 주입해야 한다. 한두 시간을 운항하는 비행기는 적은 연료로도 충분하지만, 장거리노선을 운항하는 비행기는 충분한 연료를 싣고 이륙해야 한다.

인생의 목표가 아무리 멋지더라도 동기부여가 약하다면 목표 달성은 어려워진다. 목표가 달성되는 마지막 순간까지 동기부여라는 연료가 지속적으로 공급되어야 좋은 결과를 이끌어 낼 수 있다. 또한 현실적으로 실현 가능한 목표를 세워야만 스스로 자신의 성과를 확인하면서 보다 높게 도약할 수 있는 에너지가 충전된다.

비전을 키우는 사람은 기대수준을 높여야 하고, 건강한 자아상을 정립해야 하며, 올바른 생각과 복되는 말을 생활화해야 한다. 아울러 자신의 마음을 지배하고 있는 부정적인 생각의 굴레를 떨쳐 버릴 수 있는 용기를 충전해야 한다. 운동선수들은 세계적인 대회에서 두각을 나타내야만 앞서나갈 수 있다. 하지만 우승을 다투는 최종적인 순간에 스스로의 마인트 컨트롤에 실패하면 금메달을 목에 걸기 어렵다.

진종오 선수는 2016년 리우데자네이루 올림픽에 참가하여 권총 50미터 금메달을 따내 사격에서 올림픽 3연패를 달성했다. 그는 2008년 베이징 올림픽과 2012년 런던 올림픽에서도 권총 50미터 금메달을 목에 걸었다. 리우 올림
픽에서 진종오 선수와 막
판까지 금메달 경쟁을 벌
인 베트남 선수는 마지막
두 발을 남겨놓고, 떨리는
마음을 추스르지 못해 진
종오 선수에게 금메달을 내주었다.

James Canton은 그의 저서인 『극단적 미래예측』에서 미래를 예측하는 데 유용한 네 가지 키워드인 변화 속도, 복잡성, 위험도, 놀라움 등을 제시했다.[33]

변화 속도는 앞으로 눈부실 정도로 빠르게 진행될 것이며, 인간 삶의 모든 영역에서 큰 영향을 미칠 것이다. 향후 변화 속도를 감당하지 못하는 조직은 살아남기 어렵다. 사회적 변화는 급변하는 사회의 흐름 속에서 직업의 변화, 지역사회의 변화, 인간관계의 변화를 주도하고 있다. 세상의 변화에 능동적으로 대응하는 능력은 성공적인 인생의 지름길이다.

복잡성은 서로 관련이 없을 것 같은 분야가 서로 결합하여 새로운 라이프스타일을 창출하거나 삶의 다양성을 지원할 것이다. 기존의 독립적인 업무영역이 혼합되어 새로운 것을 창출하는 경향을 반영한 것으로서 기존에 존재하고 있던 규범적인 가치를 무시한다기보다 새로운 변화를 시도하거나 추구하려는 가치를 담고 있다. 이는 융합을 통해 새로운 가치를 창조하는 접근법이 중요해지고 있음을 의미한다.

위험도는 세계적으로 보편화되고 있는 테러와 강력범죄 등이 증가할 것이라는 점을 부각시키고 있다. 20세기는 국가 간의 전쟁을 종식시키는 것이 세계적인 이슈였다. 21세기는 테러집단을 효과적으로 제압하여 세계평화를 정착시키는 것이 중심적인 화두로 부각되고 있다. 경제적인 이슈 외에 종교적인 갈등이 결합되어 매우 복잡한 양상으로 전개되고 있다. 정치와 경제적으로 안정되어 있는 유럽과 미국의 주요 도시에서 발생하고 있는 테러로 인한 대형 사건들은 전쟁 못지않게 사회불안을 야기하고 있다.

놀라움은 현재 상상하기 어려울 정도의 큰 사건들이 앞으로 전개될 것을 암시하고 있다. 뜻밖의 사건으로 말미암아 전략 수립과 대응책이 일순간에 무산될 수 있는 가능성은 점점 커지고 있다. 따라서 미래전략 수립에 따른 위험분산에 집중해야 한다. 인간의 이성이나 논리적 사고로 설명하기 어려운 사건들은 미래사회의 강력한 불안요소로 자리매김하고 있다.

자존감을 세우고 실력으로 승부하라

세종은 대군시절부터 자존감을 잃지 않았다. 왕세자가 아닌 대군들은 자칫 잘못되면 정치적인 희생양이 될 수 있는 처지였지만, 충녕대군은 왕자로서의 본문에 충실했다.

태종은 공개적으로 충녕대군의 비범함을 칭찬하곤 했다. 충녕대군은 임금과 대신들이 회합하는 자리에서 자신이 갈고 닦은 실력을 유감없이 발휘하여 태종의 마음을 사로잡을 수 있었다. 당연히 왕세자였던 양녕대군의 질투를 유발할 수밖에 없었지만, 표면적으로는 세자와 충녕대군의 심각한 갈등은 나타나지 않았다.

> 서연관에서 병풍을 만들어 『효행록』서 뽑아 그림을 그리고, 이어서 이제현의 찬贊과 권근의 주註를 그 위에 썼는데, 이것이 이루어지자 세자가 충녕대군으로 하여금 해석하게 하였다. 충녕대군이 즉시 풀이하였는데, 그 뜻이 곡진하였다.
>
> 〈태종실록〉 13년 12월 30일

부왕은 세자인 양녕대군과 충녕대군의 능력을 공개적으로 검증함으로써 왕세자의 분발을 유도하였고, 충녕대군에게도 왕이 될 수 있다는 가능성을 암시했다.

　사람들은 현재의 여건이 나쁘면 열등감에 사로잡혀 자포자기하기 쉬운데, 충녕대군은 좌절하지 않았다. 의외로 열등감을 느끼는 사람들 중에는 많이 가진 자들이 있다. 어여쁜 아가씨가 외모에 대한 콤플렉스가 있고, 외고나 과학고를 나와 일류대학에 진학한 학생들 중에도 열등감을 느끼는 자들이 있다. 고등학교 때는 전교

> 임금이, "집에 있는 사람이 비를 만나면 반드시 길 떠난 사람의 노고를 생각할 것이다." 하니, 충녕대군이 말하였다. "『시경』에 이르기를, '황새가 언덕에서 우니, 부인이 집에서 탄식한다.'고 하였습니다." 임금이 기뻐하여, "세자가 따를 바가 아니다." 하였는데, 세자가 일찍이 임금 앞에서 사람의 문무를 논하다가, "충녕은 용맹하지 못합니다." 하니, 임금이 말하였다. "비록 용맹하지 못한 듯하나, 큰 일에 임하여 대의를 결단하는 데에는 당세에 더불어 견줄 사람이 없다."
>
> 〈태종실록〉 16년 2월 9일

일등이었는데, 대학에 진학하여 일등하기가 쉽지 않은 현실이 자신의 오만을 무너뜨릴 때, 열등감과 패배의식이 순식간에 밀려들 수 있다.

　소박한 직장에 다니면서도 행복이 넘쳐나는 사람이 있는가 하면, 고급 승용차를 몰고 다니고 명품 옷으로 치장했는데도 얼굴에는 불안과 공포에 시달리는 사람도 있다. 전자는 행복한 삶을 선택한 사람이고, 후자는 불행한 삶을 선택한 사람이다. 일상적인 삶이 행복으로 넘쳐나려면 자신이 처한 환경을 있는 그대로 받아들이는 열린 마음자세를 지녀야 한다.

　낙천적인 사람이 있는가 하면 비관적으로 살아가는 사람도 있다. 본래 낙천적으로 살아갈 만큼 풍요로운 환경 덕에 낙천적으로 살아갈 수도 있고, 주변 여건은 나쁘지만 잘 풀릴 것이라는 희망을 품고 살아가는 사람도 있다. 반면 풍요로움이 넘쳐나는 여건 속에서도 세

상의 온갖 번뇌를 짊어진 듯 부정적으로 살아가는 사람도 있고, 풍요롭지 못한 환경을 극복하지 못하고 고통스런 삶을 살아가는 사람도 있다.

인생이란 인간의 의지로 통제할 수 없는 다양한 법칙들의 영향을 받는다. 그것은 운명론일 수도 있고, 신의 법칙일 수도 있다. 그래서 자신의 삶에 최선을 다했다면 결과를 있는 그대로 받아들이는 습관을 키워야 한다.

자신의 의지와 상관없이 상속받아 부귀영화를 누리는 사람들이 잘난 척할 필요도 없고, 최선을 다하는 삶을 사는 보통 사람들이, 불로소득으로 부귀영화를 누리는 사람들을 보면서 기죽을 필요도 없다. 국가는 상속이나 불로소득으로 부귀영화를 누리는 자들이 사회적으로 지나친 특권을 누리지 못하도록 해야 할 책무가 있다. 그래야만 보통 사람들이 좌절감을 느끼지 않을 것이고, 가진 자들도 당당하게 생활하며 존경받을 수 있는 여건이 마련된다.

한편 부자나라인 동시에 복지국가 사람들이 자살을 많이 하는 것을 보면 경제여건과 행복지수는 동행하는 것이라고 보기 어렵다. 그래서 최선을 다하는 삶을 살고 있다면, 결과에 상관없이 행복한 삶을 선택하는 지혜가 필요하다.

현재의 고통이란 미래의 행복을 위해 인내해야 하는 것이지만, 그 고통이 장기화되면 습관이 되어 고통스런 삶에 익숙해진다. 결국에는 불행한 삶의 굴레에서 벗어나오지 못하는 습관에 갇힐 수 있다.

현재의 직장생활을 열심히 하면서도 행복하고, 대학 진학을 위해 공부하면서도 행복하고, 자식의 대학 등록금을 마련하기 위해 일하면서도 행복해야만 미래에도 행복한 인생을 누릴 수 있다.

미래를 위해 현재의 삶을 희생할 때는 남다른 각오를 해야 한다. 자식들의 미래를 위해 부모가 희생하고, 동생을 대학 보내기 위해 큰 누나나 형이 희생하고, 남편을 출세시키기 위해 부인이 희생하는 풍토는 도리어 더 큰 부작용을 초래할 수 있다.

부모님이 일찍 돌아가시고 큰형 내외가 온 힘을 다해 동생들을 뒷바라지 했는데, 동생들이 형과 형수의 수고에 감사하지 않을 때 좌절할 수 있다. 시동생이 크게 출세하여 서울 강남에서 떵떵거리고 사는데, 헌신적으로 보필한 형수가 죽을 병이 걸렸는데도 시동생이 나 몰라라 하면 삶의 회의가 밀려올 수 있다.

자신의 고통과 희생의 대가로 타인을 출세시키면 그 희생은 빚이되어 자신도 불행해지고, 빚을 지게 된 상대방도 고통의 굴레를 짊어지게 된다. 결국 관련자들이 고통의 터널 속에 빠져들게 되는 악순환이 지속될 수 있다.

미래에 되돌려 받으려고 누군가를 돕고 있다면 당장 그만두어야 한다. 그래야 자신도 불행의 터널에 갇히지 않게 되고, 자신이 돕고있는 상대방도 불행의 터널에서 빠져나올 수 있다. 누군가를 돕고 있다면 자신이 감당할 수 있는 범위 내에서 도와야 한다. 그리고 되돌려 받을 것을 기대하지 말라. 그리하면 누군가를 돕는 것이 참으로 행복한 일이 된다.

아울러 타인과 비교하는 습관에 갇히게 되면 보다 많이 가진 자들과 비교하며 불행의 늪에 빠져든다. 사회적 동물인 인간은 혼자서는 살아가기 어렵다. 인간이 외롭다는 의미는 진정으로 타인과 소통할 수 없기 때문이다. 인격적인 평등권이 보장되지 못하는 소통 부재 속에서도 부작용이 확산될 수 있다.

소통해야 외롭지 않지만 자존심이 상처받지 않는 소통이라야 행복의 실크로드에 다다를 수 있다. 아쉽게도 고도화된 현대문명은 인간들을 줄 세우려고 혈안이 되어 있다. 초등학교 때는 심각하지 않지만 중학교에 입학하고 나서부터는 극심한 서열경쟁으로 인해 극심한 스트레스를 받게 된다.

우수한 영재로 태어난 사람들은 일등하기 쉽겠지만, 보통 사람들은 밤새워가며 공부해도 일등하기가 쉽지 않다. 최선을 다했는데 일등 못했다고 해서 타인을 시기질투 하거나 부당한 방법으로 이기려는 악한 유혹으로부터 자신을 지켜내야 한다. 악마는 시기질투를 일삼는 사람들의 마음에 달라붙어 악한 행동을 부채질한다.

치열한 경쟁 속에서도 자존감을 바로 세우면 잠재된 피해의식은 자연스럽게 치유된다. 자존감은 자신의 처지를 있는 그대로 받아들이고 가치 있게 여긴다. 자신이 사랑받고 존중받을 자격이 있는 존재라는 걸 깨닫게 되면 자신감 넘치는 삶이 펼쳐진다. 의심이 많은 사람, 외모에 불만인 사람, 자신의 잠재된 능력을 모르는 사람, 자아 정체성이 부족한 사람들은 자존감을 회복하는 데 집중해야 한다.34)

인간의 피해의식과 자존감은 인간 심리의 본질 규명을 통해서도 대안을 모색할 수 있다. 심리학자 프로이트Freud는 인간의 성격을 결정짓는 마음의 세 가지 영역인 이드ID, 자아EGO, 초자아SUPER-EGO에 관한 특성을 밝혀냈다.35)

이드는 내적 또는 외적 자극에 의해 발생하는 흥분을 조절하는 역할을 한다. 지각계를 통해 유입되면 곧바로 운동계를 통해 배설함으로써 긴장을 제거하거나 완화하여 심적 균형을 유지시키며, 쾌락이나 기쁨을 증가시키는 역할을 한다. 또한 심리적 에너지의 1차적 원천으로서 인간의 이성적 판단의 지배하에 있지 않으며, 쾌락을 추구하고 고통을 회피하려는 속성을 지니고 있다.

자아는 이드와 초자아를 다스리고 외부세계와 관계를 맺는다. 자신의 인격과 욕구충족을 높이는 역할을 하는데, 이드가 추구하는 쾌락 원칙 대신 현실적인 욕망에 초점을 맞춘다. 자아가 원활하게 작용하면 현실 적응과 조화로운 삶을 이끌지만 자아의 역할이 축소되면 현실세계에 대한 부적응을 초래하여 고통을 수반한다.

초자아는 현실을 중시하는 자아와 달리 이상세계를 추구하며 도덕적 가치를 중시한다. 쾌락이나 현실적인 만족보다 도덕적 가치의 실천을 통한 인격적인 성숙을 지향하며, 인간이 동물과 구별되는 가치를 실천하는 원동력을 제공한다. 인간이 양심에 따라 행동하는 것은 초자아의 영향이다. 어린 아이들은 부모와 오랜 시간 함께 생활하며 도덕적 규제와 가치를 추구하는 삶의 중요성을 깨닫게 된다.

이드와 자아와 초자아는 서로 밀접한 관련을 맺으며, 각기 독립적인 역할을 수행하기보다 상호 간에 보완적인 역할을 수행한다. 프로이트는 인간의 정신세계에 대한 연구에서 정신질환의 해결책 모색과 멋진 인생을 위한 해법을 모색하는 데도 많은 노력을 기울였다.

최선을 다하는 과정 속에서 행복을 체험하는 데 집중하면 밤새워 공부하고 일등하지 못해도 불행해지지 않는다. 물불을 가리지 않고 일등하려는 탐욕으로부터 자유로워지면, 결과에 상관없이 행복한 삶을 살아갈 수 있는 자존감이 충만해진다.

자존감을 높이기 위해서는 친밀감을 키워야 한다. 자기 사랑을 실천하여 세상살이에 담대하게 대응할 수 있어야 하고, 타인과의 신뢰를 바탕으로 인간관계의 질적 성숙을 도모해야 한다. 외적 변화에 슬기롭게 대처하면서 내적 변화를 두려움 없이 이끌 수 있는 용기와 자신감을 충전해야 한다.

Korean Leadership

7

놀이하는
인간의 성공학

세종대왕은 조선왕조를 상징하는 성군이자 코리안 리더십의 아이콘이다. 세종을 비롯해 여섯 명의 임금이 방문했던 온양행궁은 세월의 흐름 속에서 원형을 상실했고, 현재는 신정비와 영괴대만이 온양관광호텔 내에 보존되어 있다.

세종 집권기에 조선의 국방과 경제는 물론이고 백성들의 삶도 점점 나아졌지만, 그 자신은 중첩되는 심신의 피로로 인해 자주 병치레를 했고, 온양행궁에도 세 차례 방문했다. 그는 온천욕을 즐기며 켜켜이 쌓여 있던 피로도 풀어냈다. 온양행궁이 자리잡고 있는 온양온천은 백제, 통일신라, 고려시대에도 임금들이 방문했던 우리나라 온천의 메카이다.

그는 온양행궁에 머물며 백성들의 목소리에 귀를 기울였다. 첫 번째 방문했던 1433년(세종 15) 4월에 세종은 온양에 머물며 온정의 행궁을 지은 감독관과 공장工匠들에게 쌀과 베를 하사하셨고, 온수현의 빈궁한 사람에게도 곡식을 나누어주었다.

바쁜 일상에서 잠시 벗어나면 무거워진 몸과 마음이 가벼워진다. 심신이 안정되면 자신을 되돌아볼 여유가 생긴다. 때때로 타인과의 경쟁에서 벗어나 자기 자신에게 삶의 여유를 선물해야 한다. 지인들과 우정도 쌓고 맛있는 음식도 맛보며 행복한 삶을 체험해야 한다.

우리의 삶은 전쟁에 비유된다. 자칫 방심하면 삶의 균형을 잃기 쉽고 행복과 거리가 먼 불행의 늪에 빠져든다. 그래서 인생이란 노동과 여가 생활의 균형을 통해 행복한 삶으로 나아가야 한다.

성공하려면 여행을 떠나라

수많은 정적들을 제거하고 권좌에 오른 태종은 조금은 이른 시기에 보위를 물려주었다. 그는 권력을 탐하기 위해 임금이 된 것이 아니라는 것을 증명이라도 하듯 후계자의 선택에 신중을 기했고, 신하들의 반대에도 불구하고 셋째아들인 충녕대군(세종)에게 보위를 물려주었다. 그리고 세종이 자력으로 통치할 수 있을 즈음에 상왕의 특권들을 내려놓았다.

세종은 매사냥을 좋아했다. 직접 매사냥에 참여하기도 했고, 매사냥하는 광경을 구경하는 것도 즐겼다. 아마도 조선왕조를 통틀어 세종처럼 열심히 일한 군주는 없을 것이다. 그는 여가생활에도 적극적으로 동참하여 켜켜이 쌓여있던 심신의 스트레스를 해소하였다.

> 상왕이 내시 홍득경을 보내어 전교를 내리기를, "나는 늙고 또 한가한데 철이 더워지면 매사냥도 할 수 없으니, 매사냥을 해서 꿩이나 잡고 편안히 들어앉아 여름을 날 생각이었다. 그러므로 오늘은 주상과 더불어 동교東郊에 나아가겠다."고 하였다.
>
> 〈세종실록〉 1년 4월 15일

그의 매사냥은 여가생활이자 정치이자 멋진 친교의 시간이었다. 1442년(세종 24) 3월 7일 임금은 평강현平康縣 노벌蘆伐에서 사냥하는 것을 구경하였다. "세자가 활과 화살을 가지고 수레 앞에 서 있는데, 짐승이 앞을 지나가므로 쏘니 화살에 맞아 거꾸러졌다. 여러 대군들도 모두 이리저리 달리면서 활을 쏘았다."

> 직산의 남산에서 매사냥을 구경하고, 오후에는 천안 서정자西亭子 전평前坪에서 매사냥을 구경하였다. 지군사知郡事 여덕윤이 경상境上에서 받들어 맞이하였다. 이날 양궁兩宮께서 온정에서 하연下輦하였다.
> 〈세종실록〉 15년 3월 28일

세종은 온천욕도 즐겼다. 그의 온천행은 단순히 피로를 풀기 위한 여정은 아니었다. 그는 궁궐에서 벗어나 자신의 눈으로 백성들을 관찰하며, 궁궐에서 보고받은 민심과의 괴리를 파악하였다. 또한 백성들과 허물없이 지낼 만큼 인간적인 군주였다. 임금이 온천행에 나설 때는 왕실 가족들이 동행하곤 했는데, 온천에서 만난 병자에게 쌀과 소금을 주기도 하고, 온천 인근에서 농사짓는 농부에게 술과 음식을 주기도 했다.

> 왕과 왕비가 온수현溫水縣으로 행행하니 왕세자가 호종하고, 종친과 문무 군신 50여 인이 호가扈駕하였다. 임영대군 이구·한남군 이어로서 수궁守宮하게 하고, 이 뒤로부터는 종친들에게 차례로 왕래하게 하였다.
> 〈세종실록〉 23년 3월 17일

1442년(세종 24) 11월 24일 임금이 승정원에 이르기를, "내가 병이 있은 이후로 계축년에 온양에서 목욕하고, 또 신유년 봄에 온양에서 목욕하고, 금년에 또 이천의 온정에서 목욕하니, 내 병이 거의 조금 나았으나 그래도 영구히 낫지는 않았다. 이것은 나의 종신토록 지낼 병이므로 목욕으로 능히 치료할 수 없는 것이다. 그러나 목욕한 후에는 나은 듯하므로 또 온양에 목욕하고자 하니, 그 시위侍衛 군사는 간편한 데 따르도록 하고 그대들이 마감磨勘하여 아뢰라." 하였다.

역사적으로 우리의 선조들은 유목문화와 농경문화를 섭렵한 민족이었다. 고구려인은 유목민의 후예로서 말 타며 활쏘기를

대가大駕가 온천의 행궁에 이르자 경중京中의 군사와 번휴番休를 당한 자는 모두 놓아 돌려보내니, 그곳에서 둔屯을 치고 호종하는 자는 겨우 3백 기뿐이었다. 이 행차에 사녀士女가 구름처럼 모여 들었고, 더벅머리 아이들과 흰머리의 늙은이들이 거가車駕를 바라보았는데, 어떤 자는 말을 타고 거가의 곁을 지나가므로 유사有司가 죄주기를 청하니, 임금이 말하기를, "무지한 소인을 어찌 죄주겠느냐." 하였다. 〈세종실록〉 23년 3월 20일

즐겼고, 백제인들도 유목문화를 중시하며 끊임없이 중국대륙으로 진출하고자 노력했다.

휴식을 모르는 일 중독자는 자신이 하고 있는 일에 대한 집착과 탐욕으로 인해 다방면에서 부작용을 초래할 수 있다. 자신의 마음속에 탐욕이 싹트면 여행을 떠나보라. 자연 속에서 사람들은 자신의 육체와 정신을 짓누르고 있던 피로와 스트레스를 일순간 날려버릴 수 있다. 도심 속의 주점에서도 늦은 밤까지 술을 마시며, 세상살이의 불만을 토로해 보면 잠시 잠깐은 가슴이 시원해지지만, 아름다운 대자연을 거닐며 자신을 되돌아보는 여정은 도심 속의 주점과는 격이 다른 치유의 경험을 선물한다.

욕심을 버려 마음을 가볍게 하고, 육체적 욕망과 명예욕으로부터 자유로워진 자는, 버린 만큼 행복의 낙원에 가까이 다가설 수 있다. 그리하면 비운 마음속에 사랑이 싹트고, 고통 속에 갇혀 있던 인생은 어느덧 행복이 넘쳐나는 무릉도원에 다다른다.

여행은 사람들의 마음속에서 이글거리는 탐욕을 정화시켜 세상을 올바르게 바라볼 수 있는 안목을 키워주고, 노동현장에서 터득하기 어려운 삶의 여유와 행복을 선물한다.

고도경쟁사회에 살고 있는 현대인들은 자칫 방심하면 노동으로 인한 극심한 스트레스에 노출되어 질병에 걸리기 쉽다. 사람들은 바쁜 일상생활의 조급증 때문에 그냥 내버려 두면 자연스럽게 치유될 수 있는 질병인데도, 인위적으로 질병부위를 도려냄으로써 건강을 악화시키거나 후유증에 시달릴 수 있다.

도시인들이 질병 치료에 있어서도 조급증을 느끼는 것은 도시문명이 잉태한 경쟁구도와 무관하지 않다. 도시인들은 문제가 발생하면 가급적 빠른 시간 안에 해법을 찾아내려 한다. 경쟁자보다 한 발 앞서 해결책을 제시해야만 승리자가 되는 사회구조가 빚어낸 부작용일 수 있다.

근원적으로 질병이란 몸 상태가 균형을 잃어버리면 찾아온다. 도시인들은 틈틈이 대자연의 숨결을 느낄 수 있도록 청정자연 속에서 건강한 육체와 정신을 회복해야 한다. 푸르른 숲속을 산책하면 여행자의 마음속에 편안한 기분이 스며든다.

도가사상의 대가인 노자의 가르침에도 자연 치유의 해법이 담겨 있다. 노자철학에서 가장 으뜸이 되는 개념은 인위人爲의 반대말인 무위無爲다. 자연의 섭리는 언뜻 보면 일하는 것처럼 보이지 않을 만큼 움직임이 미미하지만, 조화로운 질서를 유지하기 위한 대자연의 법칙에 따라 한 치의 오차도 없이 작용한다. 자연처럼 일하는 것이 무위라는 의미로서 무위자연無爲自然이 성립된다. 무위가 곧 자연인 것이다.36)

노자는 도시문명의 해법이 될 만한 다양한 지혜들도 전해주고 있다. 그는 인간의 행복한 삶의 근원을 정신적인 해법으로 접근했다. 심리적으로 건강해야만 진정으로 행복한 삶이 이루어진다는 신념을 지녔다.

현대인들은 황금만능주의와 극심한 경쟁사회가 빚어낸 고통으로부터 자유로워져야 한다. 하지만 도시에서의 삶이 정신건강에 해롭다고 해서 시골에서 삶의 터전을 일구는 것도 현실적으로 쉽지 않다.

새싹이 자라 거대한 은행나무가 되고 계절의 변화에 따라 푸른 잎들이 누런 낙엽이 되어 떨어지는 현상은 무의미하게 흩어지는 허무나 슬픔이 아닌, 흙이 되어 자연으로 돌아가는 자연의 섭리다.

생활규범이 느슨한 시골에서 자라나 도시에서 공부하면서 겪었던 1980~1990년대 서울의 모습을 회상해 보면 가슴이 먹먹해진다. 횡단보도를 건널 때도 규칙을 따라야 되고, 대학의 구내식당에서 식사할 때도 줄을 서야 한다. 많은 사람들이 공존해야 하는 도시공동체는 그렇게 할 수밖에 없다.

경제적 풍요를 누리고 있는 유럽이나 미국을 여행해 보면 그들의 얼굴과 패션에서부터 풍요로움이 느껴진다. 그들은 행복해 보인다. 그런데 잘 사는 나라일수록 우울증 환자가 많고 자살률이 높다는 것을 생각해 보면 혼란스럽다. 겉으로 보기에는 행복해 보이는데, 그들의 마음속에는 슬픔이 가득하다. 흥미롭게도 경제적으로 낙후되어 있는 티벳 지역 주민들의 얼굴에는 경제적인 궁핍함 속에서도 여유와 행복이 묻어난다.

미래를 내다본 듯 제시한 루소의 자연주의 건강법도 현대인들에게 삶의 지혜를 전해주고 있다. 루소는 '자연으로 돌아가라'는 명언을 남겼다. 그가 강조한 자연이란 인공과 구별되는 오염되지 않은 자연이란 의미인 동시에, 인위적인 삶이 아닌 자연스런 삶을 의미한다. 인위적인 조작이나 개입을 배제하고 자연스럽게 이루어지는 삶의 방식에 익숙해지면 신체의 균형이 유지되고 건강한 삶을 이끌 수 있다.

도시와 농촌을 구분하는 현대문명은 새로운 변화를 시도해야 한다. 자연적이지 못한 공간 속에 갇혀 사는 도시인들은 자연 속에서 보다 많은 시간을 보내야만 자연스런 삶을 이끌 수 있다. 이 모두를 아우를 수 있는 해법으로 여행이 제격이다. 여행을 떠나면 기분이 상쾌해진다. 온갖 스트레스를 날려버릴 수 있고, 아름다운 자연과 매력적인 문화유산을 체험하며 행복한 삶의 에너지를 충전할 수 있다.

흥미롭게도 동서양의 여행문화는 각기 다른 관점에서 발전해 왔다. 지구상에 인류가 출현한 후 인간의 이동은 생존과 번영을 위한 투쟁이었다. 인류문명이 발전하면서 유목민과 농경민은 인간의 이동이나 여행을 바라보는 관점에서 큰 차이를 보였다.

유목민족은 초지가 발달한 지역에서 소나 양을 치며 생활하다 가축에게 먹일 풀이 고갈되면 생존을 위해 불가피하게 다른 지역으로 이동할 수밖에 없었다. 반면 농경민족은 정착생활을 선호하여 타 지역이나 문화권으로의 이동이 적을 수밖에 없었다. 그들은 농사철에 열심히 일하고 농한기에는 여행을 떠나기도 했지만, 유목민처럼 생존과 번영을 위한 불가피한 선택은 아니었다.

본래 우리 민족은 대륙을 호령하던 고구려시대로 거슬러 올라가면 유목민의 삶에 익숙했다. 하지만 고려와 조선시대를 거치면서 점차로 유목민의 기질을 상실했고, 조선시대에는 농경사회의 특성상 근면하고 성실하게 일하는 사람이 존경받았으며, 일하지 않고 떠돌아다니는 사람들은 좋은 평가를 받지 못했다.

조선시대에 여행이란 전쟁에 참여하기 위한 이동을 제외하면 고위 관료들의 해외 출장이나 승려들의 유학 정도에 불과하여, 그 당시 타문화권으로의 여행은 흔치 않았다.

반면 서양사회는 유목문화에 기반한 여행문화를 발전시켜 휴식과 오락적인 재미를 중시하면서도 자신의 성장 동력을 탐구하는 여행문화를 정착시켰다. 서양인들은 여행의 시대, 대여행의 시대, 관광의 시대를 거쳐 대중관광의 시대와 더불어 복지관광의 시대를 맞이하였다. 반면 한국사회는 여행의 시대에서 곧바로 대중관광의 시대와 더불어 복지관광의 시대를 맞이하였다.

여행은 아름답고 낭만적이며 행복한 추억이면서 새로운 아이디어와 상상력을 이끌어 내는 여정이다. 출발 전에 충분히 준비하고 떠나는 여행이라면 학습적이며 문화체험적인 여행이 될 수 있고 삶의 행복지수를 높일 수 있으며, 무한경쟁사회를 선도할 수 있는 창조적인 아이디어와 상상력을 이끌어 낼 수 있다.

일터나 가정에서 극심한 스트레스를 겪고 무작정 떠나는 여행자라 하더라도 세심한 관찰력과 통찰력으로 자신이 고민하고 있는 난제들을 되새겨보면, 난제의 해법을 찾는 데 큰 도움이 된다. 어떤 이들은 음주가무를 통해 일상의 스트레스를 해소하려고 애써 보지만 효과는 신통치 못하다.

여행은 변화 욕구를 충족시키는 데도 효과적이다. 사람들은 인생

목표를 달성하는 여정 속에서 중첩되는 스트레스에 고통 받는다. 농경사회에서는 노동 자체가 힘은 들지만, 스스로 노동시간을 조절할 수 있기에 정신적 스트레스는 그리 크지 않다. 하지만 콘크리트 숲에 갇혀 살아가는 도시인들은 시골에서 생활하는 사람들보다 스트레스가 많을 수밖에 없다. 그래서 도시인들은 자연녹지가 풍부한 곳으로 여행을 떠나는 것이 좋다.

유목문화와 농경문화는 문화적 우열을 가릴 수 없을 만큼 각기 독자적인 문화적 우수성을 지니고 있다. 하지만 농경민에게 여행이란 단어는 생소하게 느껴질 만큼 사치스럽게 인식되었다. 농경민의 제일 덕목은 근면성실이었다. 유교문화가 지향했던 사농공상의 신분제도도 여행문화의 발전을 가로막았다. 농경사회에서 일하는 개미 곁에서 노래 부르는 베짱이는 불량아로 인식되었다.

곳곳에서 위험에 대처해야 했던 유목민들은 현재의 삶을 감사하는 마음으로 받아들일 수 있는 여유와 새롭게 이동해야 하는 신세계에서, 보다 나은 미래를 꿈꿀 수 있는 강인한 도전정신과 탐구정신을 발전시켰다.

비록 한국사회는 여행의 시대, 대여행의 시대, 관광의 시대를 거쳐 대중관광과 복지관광의 시대를 맞이하지는 못했지만, 우리의 여행문화는 음주가무나 놀고먹는 행위를 뛰어넘어 자아실현과 자기계발을 추구해야 한다. 여행자는 일상생활의 억압에서 벗어나 자유롭게 지적 호기심을 충족하며, 평소에 체험할 수 없었던 멋진 경험으로 현재의 난관을 극복하고 미래로 도약할 수 있는 에너지를 충전해야 한다.

그 여행의 출발점은 우리 산하를 샅샅이 살펴보는 여정에서부터 시작하는 것이 좋다. 우리의 문화적 토양과 색채를 제대로 이해하지 못한 채 외국문화에 곧바로 도취되는 여행은 우리 문화와 외래문화의 비교분석이 쉽지 않아, 여행을 통한 가치창조의 효과가 반감된다. 우리의 언론들도 해외의 유명관광지 못지않게 우리 산하의 멋진 자연과 문화유산들을 품격있게 소개하는 여행프로그램 개발에 보다 적극적으로 나섰으면 좋겠다.

노동과 여가생활의 조화

세종 대에 우의정을 지낸 맹사성은 높은 자리에 있었음에도 불구하고 물욕을 제어할 수 있었기에, 사회적으로 존경받는 인물이 될 수 있었다. 그는 파당을 경계하고 삶의 균형을 추구하며 행복한 삶을 누릴 수 있었다. 소를 타고 피리를 불 만큼 소탈한 성격의 소유자이기도 했다.

'조선 최고의 성군으로 칭송받고 있는 세종은 밤새워 공부하거나 난제의 해결책을 모색하느라, 마음 놓고 여가생활을 즐길 수 있었을까?' 하는 의구심이 든다. 그러나 세종은 여가생활을 위해 노동을 했다고 해도 과언이 아닐 만큼 멋진 여가 시간을 보냈다.

그는 공부벌레라고 불려도 될 만큼 왕자 시절이나 임금이 된 후에도 지식 탐구에 집중했다. 일할 때는 열심히 일하고, 쉴 때는 풍류객이라 할 만큼

> 상왕과 임금이 낙천정에서 아차산에 거둥하여 사냥을 구경하고, 상왕은 낙천정으로 돌아가고, 임금은 궁으로 돌아왔다. 광연루廣延樓 별실에서 재계齋戒하고 유숙하였다. 〈세종실록〉 2년 1월 8일

멋진 여가생활을 즐겼다.

문관과 무관을 통솔해야 했고 명나라와 국경을 맞대야 했던 조선의 임금들은 늘 강한 군대를 열망할 수밖에 없었다. 문치에는 뛰어나지만 무인다운 기상이 떨어지는 임금은, 국경을 지키고 외적을 물리쳐야 하는 장군들을 제대로 통솔하지 못했을 것이다.

세종도 문무백관과 백성들에게 강인한 군주로 각인되길 원했다. 임금에게 사냥은 스트레스 해소는 물론이고, 강인한 군주의 위상을 드높이기에 제격이었다. 그는 덕을 베풀 줄 아는 군주였지만 사냥에서만큼은 용맹스런 장수의 기상을 보여 주곤 했다.

임금의 사냥에는 세자가 동행하곤 했는데, 1433년(세종 15) 10월 4일에는 해청海靑을 놓아서 천아天鵝를 잡았다. 이때 우연히 왕세자의 말이 진흙 속에 빠져서 나올 수가 없게 되었는데, 첨지중추원사僉知中樞院事 마변자·상호군 한방지·겸사복兼司僕 성승이 진흙 속에 달려 들어가서, 세자와 함께 안전한 곳으로 빠져나왔다. 이에 세종은 변자·방지에게 유의襦衣 각 한 벌씩을, 성승에게는 활 한 개를 하사하였다.

> 두 임금이 이궁 북편 산에서 사냥하는 것을 구경하였다가, 임금이 노루를 쏘아서 잡았다. 상왕은 이궁으로 돌아가고, 임금은 궁으로 돌아왔다.
> 〈세종실록〉 2년 5월 21일

멋진 여가생활로 조선 중기를 풍미했던 윤선도의 삶도 인상적이다. 그는 보길도에 부용동원림이란 거대한 정원을 꾸며놓고 신선처럼 생활했다. 윤선도는 노동과 여가를 이분법적으로 접근하는 현대인들과 달리, 노동과 여가의 공간을 통합적으로 활용했다. 무릉도원처럼 꾸며놓은 아름다운 보길도에서 업무를 처리하며 틈나는 대로

지인들과 풍류를 즐겼다. 그는 일에서도 성공했고 여가생활에서도
모범적인 삶을 살았던 조선의 선비이자 사업가이자 정치가였다.

조선 왕실의 여가문화도 윤선도가 추구했던 방식과 크게 다르지
않다. 세계문화유산으로 등재된 창덕궁 후원을 방문해 보면 조선 왕
실의 여가문화를 이해할 수 있다. 아늑한 후원의 산책길을 따라 비원
에 다다르면 왕실정원의 품격을 대변하고 있는 부용지가 위용을 드
러낸다.

비원은 단순한 임금의 휴식공간이 아닌 왕실가족의 여가생활과 학
습을 위한 공간이었고, 부용지를 한눈에 내려다볼 수 있는 경사면에
왕실 도서관을 배치함으로써, 유능한 관료들이 멋진 왕실정원에서
연구에 몰입할 수 있도록 꾸며진 공간이었다. 또한 중국 명나라와 청
나라의 궁궐로 쓰였던 자금성 후원인 어화원의 구조와는 사뭇 다르
다. 자금성은 황제의 권위를 상징하는 건축물에는 혼신을 다한 반면,
여가공간인 어화원은 자금성의 규모에 비해 상대적으로 왜소하게 꾸
며졌을 뿐만 아니라, 창덕궁 후원과 달리 다채로운 여가시설도 턱없
이 부족하다.

인간은 일하기 위해 태어난 존재도 아니며 놀기 위해 태어난 존재도
아니라고 볼 때, 일과 여가생활의 조화 속에서 진정으로 행복한 삶을
영위해야 한다. 일에 몰두해 있는 사람은 여가생활에도 남다른 관심과
열정을 쏟아 부어야만 성공적인 인생을 이끌 수 있다. 그렇지 못하면
일중독자가 되거나 음주가무를 탐닉하는 속물로 전락하기 쉽다.

그래서 우리는 조급한 마음을 다스리며 여가활동을 통해 노동으로
인한 스트레스를 해소해야 한다. 우리 사회는 그동안 잘살아보겠다

며 열심히 일한 덕에 세계에서도 그 유래를 찾아보기 힘들 만큼 빠른 속도로 선진국 대열에 합류했다. 올림픽과 월드컵 행사를 멋지게 치러냈고, 21세기 접어들어서는 한류열풍이 아시아를 뛰어넘어 지구촌 전역으로 확산되고 있다.

그런데 한국사회의 여가문화는 사회발전의 속도를 따라잡지 못하고 있다. 조선의 선비들은 풍류문화를 통해 학문적 성숙과 행복한 삶을 도모했지만, 현대인들은 자극적인 놀이와 음주가무 중심의 여가문화에서 쉽사리 벗어나지 못하고 있다. 당시 선비들은 여행하면서 시를 읊기도 하고, 선비로서의 품격에 어울리는 절제된 여가문화를 향유하였다.

여행을 떠나게 되면 바쁜 일상에 쫓기느라 되돌아보지 못했던 삶의 진정한 의미를 음미해 볼 수 있다. 행복한 삶을 영위하려면 치우치는 생각과 행동을 경계하며, 대인관계 외에도 건강관리에 만전을 기해야 한다.

일에서는 성공하고 가정생활에 실패하거나, 노동에 몰입하다 일 중독자가 되거나, 삶의 허무함에 사로잡혀 반사회적인 돌출행동으로 자신은 물론 가족 구성원들을 파멸로 몰고 가는 삶을 경계해야 한다. 삶의 균형감각을 유지하면서 일터에서나 가정에서나 행복한 삶을 이끌어야 한다.

아쉽게도 한국사회는 일 중독자의 증가와 가정 해체, 출산율 저하 등이 큰 우려를 자아내고 있다. 현재 우리사회는 일과 여가생활의 균형을 통해 사회적 갈등과 부작용을 줄여보려고 애쓰고 있다. 개미처럼 일만 해서는 안 된다는 자성의 목소리들이 곳곳에서 감지되고 있

다. 한편에서는 이러한 경향에 대한 우려의 목소리도 있지만, 노동의
질을 개선하기 위해서라도 여가활동의 중요성을 이해해야 한다.

여가생활은 '논다'는 의미를 뛰어넘어 노동이나 학업으로 인한 스
트레스 해소는 물론 심신의 휴식과 재도약을 위한 충전의 기회가 되
어야 한다.

직장생활을 하다가 스트레스 받으면 배낭 메고 무작정 기차여행을
떠나는 이가 있는가 하면, 부부싸움 후에 함께 여행하며 화합을 도모
하는 이들도 있다. 떠나면 보이지 않던 것들이 보이기 시작한다. 여
행은 갈등보다 화합을 이끈다.

일하거나 공부하다 스트레스가 중첩되면 병이 생길 수도 있다. 그
즈음 여행을 떠나면 스트레스는 해소되고 새롭게 도약할 수 있는 에
너지는 충만해진다. 사람들이 추구하는 가치는 각양각색이나 여행지
에서 만난 사람들은 서로서로 낯설게 느껴지지 않는다. 흥미롭게도
그들은 초면인데도 격의 없이 친해질 수 있다. 노동현장에서는 처음
만나는 사람과는 어색하기 마련인데, 여행지에서는 인간에 대한 경
계심보다 서로서로 도와주려 한다.

여행자는 자유롭고 순수한 만남을 통해 인간관계의 본질적인 의미
를 터득할 수 있다. 삶의 현장에서 접촉하는 사람들은 필요에 의해
만나게 되는 계산적이며 의도적인 관계지만, 여행지에서 만나는 사
람들은 우연히 만났다 헤어지는 인간관계다. 여행자들끼리는 서로에
게 호감과 우정을 나눌 뿐 특별히 무언가를 얻으려 하지 않는다.

노동에서 발생하는 스트레스는 여가활동을 즐기면서 해소할 수 있
으며, 삶의 재충전과 새로운 사업구상을 위한 아이디어 도출에도 큰

도움이 된다. 노동과 여가활동이 적절하게 조화를 이룰 때 삶의 질은 개선된다.

조직을 이끌어야 하는 경영자는 많은 스트레스에 노출되기에, 여가활동에도 적극적으로 참여하여 삶의 질을 높이며 창의적인 문제해결능력을 키워야 한다. 하지만 업무의 특성에 따라 노동과 여가의 배분을 달리할 수밖에 없으며, 자신이 몸담고 있는 업무의 성격을 고려하여 자신에게 적합한 여가활동을 설계해야 한다. 현대사회는 '휴테크'라는 용어가 유행할 정도로 여가활동은 인간의 성장을 위한 필수요건으로 자리매김하였다.

이제 지구촌은 동서양간의 문화적 갈등보다 서로의 장점을 배우며 글로벌시대에 걸맞는 세계문명을 추구하고 있다. 현대인들은 농경문화도 유목문화도 아닌 동서양의 다양한 문화가 결합되어 새롭게 창조된 '도시유목민'으로 살아가고 있다. 우리 스스로 농경문화의 장점과 유목문화의 핵심가치인 학습적이며 탐구적인 여가문화를 접목시켜 지구촌시대를 이끌어야 한다.

여행자를 감동시키는 서비스

세종의 여가활동은 휴식과 재충전의 시간이었고 일상적인 공간에서는 쉽게 풀리지 않는 난제들의 실마리를 찾아내는 마법의 시간이었다. 오늘날에도 거대한 금액이 오가는 계약을 사무실에서 체결하기도 하지만, 바이어와 함께 운동하거나 공연을 관람한 후 체결할 수도 있다.

분위기가 딱딱한 업무공간에서 큰 거래가 성사되기는 쉽지 않다. 서로서로 상대방에 대한 긴장의 끈을 조이고 있는 상황 하에서는 합의 도출이 어렵다. 그보다는 함께 즐길 수 있는 골프장이나 수영장에서 신뢰를 쌓게 되면 의외로 쉽게 중요한 계약을 맺을

철원의 산에서 사냥하였다. 강원도 도사 권자홍이 와서 문안하였다. 철원부 마장관馬場串에 머물러 잤다. 이날 효성산 기슭에 있는 사장射場에서 거가를 머무르고 부사직 안사의와 승정원 연리椽吏 김이를 불러 힘을 겨루게 한 바, 김이가 이기매 안숭선에게 명하기를, "내가 김이를 갑사로 삼고 이내 거가를 수종하게 하려고 하는데 어떤가." 하니, 숭선이 아뢰기를, "좋습니다. 그러하오나, 말이 없어서 거가를 수종하기는 어려울 것입니다." 하매, 명하여 사복시司僕寺의 말을 하사하고 즉시 거가를 수종하게 하였다.

〈세종실록〉 16년 2월 12일

수 있다.

　세종은 여행을 떠나면 현지에서 만난 백성들과 빈번하게 교제하며, 어려운 처지에 있는 백성들에게 다양한 형태의 곡식을 선물하곤 했다. 인간관계의 기본원칙은 기브 앤 테이크give & take인데, 세종은 백성들의 어려운 처지를 먼저 헤아려 보살피는 인간미를 발산했고, 백성들과의 진솔한 대화를 통해 민심의 실체를 정확히 파악할 수 있었다. 그는 여행하며 심신의 피로회복에 주력하면서도 신세계에서 만난 백성들의 삶의 현장에서 군주로서의 책무를 되새겨보곤 했다.

> 임금이 도승지 김돈에게 이르기를, "근일에 중궁이 온천에 거둥할 터인데, 본읍本邑의 인민들이 반드시 폐해를 많이 받을 것이다. 그 호조에 명령하여 사람마다 환상곡과 콩 각 한 섬씩을 주게 하고, 80 이상 노인에게는 곡식과 콩 각 한 섬씩을 감면하게 하고, 지나가는 도로에 손상시킨 보리밭은 역시 형편을 요량하여 보상하게 하라." 하였다.
>
> 〈세종실록〉 22년 3월 1일

　여행자를 유혹하는 관광명소는 '아름다움美'을 상품화한다. 조물주가 빚어놓은 비경이나 인간들이 창조해 낸 명소들은 각자의 아름다움으로 여행자들을 매료시킨다. 온갖 스트레스에 짓눌린 사람들은 자유롭고 아름다운 명소에 매료될 수밖에 없다. 아름다운 공간에서 여행자는 행복한 삶으로 향하는 빛을 발견한다.

　어디론가 떠나고 싶어 하는 변화 욕구는 여행자를 미지의 세계로 인도한다. 설악산이나 한라산을 방문해 보면 아름다운 비경에 가슴이 설렌다. 경복궁이나 로마의 콜로세움을 방문해도 문화적 아름다움에 빠져든다.

　여행자들은 서로서로 상대방을 존중한다. 캠핑장에서는 처음 보는 사람인데도 친한 친구처럼 대한다. 텐트 치는 것을 도와주고 음식도 나눠먹으며, 더불어 행복해지는 것을 배운다. 가족 여행자들은 서먹하던 관계도 자연스럽게 좋아진다.

끊임없이 미지의 세계로 떠나려는 여행자가 있는가 하면, 자신이 좋아하는 여행지를 반복해서 방문하는 여행자도 있다. 새로운 아름다움을 갈망하는 자와 익숙해진 아름다움을 선호하는 자는, 각자의 방식대로 추억을 만든다.

새로움을 갈망하는 여행자는 유목민처럼 여행하는 자다. 새로운 여정은 늘 가슴을 설레게 한다. 해법을 모색하기 어려운 난제들을 만났을 때 여행자는 도전정신을 불태운다. 갈등을 스스로 극복한 여행자는 세상살이의 난제를 해결할 수 있는 에너지를 충전한다.

익숙해진 아름다움을 갈망하는 자는 농경민처럼 여행하는 자다. 낯선 곳에서 어색해하기보다 익숙한 곳에서 편안함을 즐긴다. 이들은 도전정신을 불태우지는 않지만, 깊이 있는 사색과 세심한 관찰력으로 사물을 심도 있게 분석하고, 대안을 모색하는 습관을 키운다.

여행자의 행복은 여유로움을 선물한다. 여유가 생기면 타인을 이해할 수 있고 유머를 발휘할 수 있다. 아름다운 산책길을 거닐거나 멋진 예술작품을 감상하면 삶의 여유가 샘솟는다. 여행자는 자신을 억압하는 일상생활에서 벗어나 자유를 누릴 수 있다. 여행이 선물하는 자유는 그 자체만으로도 아름답고 행복한 여정이다. 새로움과 익숙함은 높음과 낮음도 아니요, 왼편이나 오른편도 아니다.

여행지에서 만난 사람들은 굳이 자신의 사회적 지위를 밝히지 않아도 된다. 자신의 신분을 밝히게 되면 여행의 자유가 억압당해 불편해지고, 상대방을 의식하게 되면서 여행의 재미가 반감된다. 신분을 노출하지 않은 채 여행자들의 만남이 이루어지면 서로를 의식할 필요도 없고, 사소한 잘못 때문에 고민할 필요도 없다. 관심을 받아도 재미있고 시선을 끌지 못해도 행복하다. 평등공동체 속의 여행자들은 허심탄회하고 진지하게 교류하며, 인생의 등대에서 발하는 빛을 발견한다.

여행자를 멋진 명소로 안내하는 관광기업들은 고객감동을 실현하기 위해 혼신의 힘을 다한다. 고객감동을 실천하고 있는 기업만이 생존과 번영을 누릴 수 있기 때문이다. 고객감동 전략은 종사원인 내부고객을 우선적으로 만족시켜야 성공할 수 있다. 종사원들의 불만이 폭증하는 기업은 고객감동은커녕 고객만족도 기대하기 어렵다.

내부고객인 종사원을 감동시키는 인터널 마케팅internal marketing은 근무환경 개선, 민주적인 의사소통, 기업의 이미지, 능력에 따른 합리적인 보상 등을 중요시한다. 권위주의를 내세우는 경영자보다 인간미가 물씬 풍기는 감성적이며 민주적인 경영자라야 내부고객관리인 인터널 마케팅의 성과를 기대할 수 있다. 전통적으로 마케팅은 자사의 상품을 구매하는 고객에게 관심을 집중시켜 왔지만, 고객과 접촉해야 하는 종사원들의 근무여건과 만족도에 따라 마케팅의 결과는 크게 좌우된다.37)

한편 여행자들을 인솔해야 하는 투어 에스코트는 여행자들의 감동적인 체험을 이끌어야 한다. 인천공항으로 출발하기 전 상사로부터 심한 질책을 받고 여행자들을 만나게 되면 고객감동을 실현하기 어렵다.

여행사는 여행자를 감동시켜야 하는 투어 에스코트나 투어 가이드의 욕구를 충족시킴으로서 고객감동을 실천할 수 있는 여건을 조성한다. 고객과 접촉해야 하는 현장 종사원들은 마케팅의 성과를 좌우하는 핵심적인 자산이다.

제조업과 서비스기업을 구분하는 것이 무색할 정도로 서비스기업은 물론이고 제조업마저도, 상품판매 과정의 서비스와 애프터 서비스가 부실하면 좋은 성과를 달성하기 어렵다. 내부고객인 종사원들을 만족시키지 못하면 그 피해는 고객에게 전가된다. 불만족한 종사원은 자신이 근무하는 회사에 다방면에 걸쳐 피해를 끼칠 수 있다.

불만족한 종사원은 자사의 상품을 홍보하는 것이 아니라 비방하는 행위를 감행할 수도 있다. 불만이 가득한 판매사원은 방문한 고객에게 타 회사의 상품이 우수하다고 말할 수도 있고, 자신이 알고 있는 다양한 사람들에게 불평을 털어 놓게 되면서 해당 기업과 상품의 이미지는 급격히 나빠질 수 있다.

또한 자신에게 주어진 업무를 불성실하게 처리할 수도 있다. 불만이 가득한 직원이 몸담고 있는 회사를 위해 자발적으로 열심히 일한다는 것은 현실적으로 불가능하다. 그 직원은 자율적이며 능동적으로 업무에 임하기보다, 현재 자신에게 주어진 업무를 수동적으로 처리하는 사람으로 전락하고 만다.

기업의 경쟁력은 서로 돕고 신뢰하는 근무여건 속에서 강화된다. 불평불만 하는 종사원들이 많아지면 조직 내의 신뢰는 금이 가고 화합은 어려워진다. 자연스럽게 이직률은 높아져 해당 기업의 경쟁력이 떨어지는 악순환이 되풀이된다.

나는 홍콩을 방문하면 구룡반도에 위치한 페닌슐라호텔을 방문하곤 했다. 그 호텔 커피숍의 웨이터는 "무엇을 원하십니까?"라는 질문을 하기보다 내가 마음속으로 마시고 싶어 하는 음료를 추천해 줘서 놀란 경험이 있다. 커피를 마시고 싶어서 방문했는데, 오늘 날씨에는 커피가 잘 어울릴 것 같다며, 커피를 권하는 웨이터의 응대에 나는 감동받을 수밖에 없었다.

항공기의 안전과 정시도착 등 항공기 자체의 기술적 요인과 안전에 민감한 항공사들도 고객감동을 추구하는 서비스전략으로 경쟁력을 높여 나가고 있다. 항공산업에서 서비스경영으로 경쟁력을 높인 선도적 기업은 스칸디나비아항공사SAS다.

1981년 만성 적자에 허덕이던 스칸디나비아항공사의 CEO로 새롭게 부임한 얀 칼슨Jan Carlzon 회장은 고객감동을 실현시키기 위해 항공사 직원들이 고객과 접촉하는 15초 동안의 초기 응대에 관심을 집중시켰다. '진실의 순간Moments of Truth' 프로젝트로 알려진 서비스 경영전략은 경쟁력 있는 항공사로 발돋움하는 계기가 되었다.[38]

얀 칼슨 회장은 전통적인 경영방식을 개혁했다. 항공기와 관련된 업무영역 중심의 경영에서 과감하게 탈피해, 고객과 접촉하는 일선 종사원의 서비스 질에 경영의 초점을 맞추었다.

그는 대형 에어버스와 보잉 747 대신 가격이 저렴하고 사업여행자에게 적합하며 기내의 공간 활용이 유용한 DC-9기를 사용하여 관련자들을 놀라게 했다. 그리고 일선종사원들의 서비스 수행능력을 개선하는 데 집중적으로 투자해 항공업계의 관심을 집중시켰다. 결과는 대성공이었다. 스칸디나비아항공사는 흑자기업으로 도약하며 항공사 경영의 새로운 패러다임을 제시했다.

브랜드가 지배하는 세상

세종대왕 자체가 조선을 대표하는 브랜드인 것처럼 예나 지금이나 사람들은 일류 브랜드를 선호한다. 조선의 제1궁인 경복궁에는 경회루가 위용을 뽐내고 있다. 임금은 국가적으로 중요한 행사를 할 때나 외국의 사신들이 방문했을 때 경회루에서 연회를 베풀곤 했다. 경회루는 규모 면에서도 창덕궁 후원의 부용정과는 대조된다. 경복궁은 임진왜란 때 전소되어 방치되다가 조선 말기인 고종 집권기에 중건되었다.

> 안숭선에게 명하여 사신을 태평관에서 맞이하게 하였다. 창성과 장정안 등이 이르니, 임금께서 맞이하여 경회루에 들어가서 온짐연溫斟宴을 베풀었다. 윤봉이 병으로 오지 못하였으니 정분에게 명하여 술과 고기를 가지고 가서 위로하게 하였다.
>
> 〈세종실록〉 14년 7월 7일

또한 온양온천은 우리나라 온천의 메카로 불린다. 전국적으로 많은 온천이 존재하지만 온양온천이 우리나라 온천을 대표하는 상징성을 지닌 이유는 세종대왕을 비롯해 여섯 명의 임금이 방문했던 상징성을 함축하고 있기 때문이다. 세종은 온양온천을 무척 사랑했고, 이

곳을 세 번 방문하면서 온양행궁을 건립하였다.

온양행궁은 역사적으로 변천을 거듭하다 오늘날에는 온양관광호텔이 온양행궁터를 점하고 있다. 이곳은 임금님의 온천이라는 브랜드 가치에 매혹되어 1970년대만 하더라도 우리나라의 대표적인 신혼여행지로 인기를 누렸다. 세종은 청주의 초정약수에도 방문했는데, 세월에 따라 흔적도 없이 사라진 초정행궁을 청주시민들이 힘을 모아 복원하였으며, 해마다 '세종대왕과 초정약수 축제'도 개최하고 있다.

임금이 왕비와 더불어 충청도 온양군 온천에 거둥하매, 왕세자가 따르고 대군 및 여러 군과 의정부·육조·대간의 각 한 사람씩을 호가扈駕하게 하고, 광평대군 이여와 수춘군 이현으로서 궁을 지키게 한 후, 대군과 여러 군을 윤번으로 왕래하게 하였다. 〈세종실록〉 25년 3월 1일

어떤 사람이 와서 아뢰기를, "청주에 물맛이 호초胡椒 맛과 같은 것이 있어 이름하기를 초수椒水라 하는데, 모든 질병을 고칠 수 있고, 목천현과 전의현에도 또한 이러한 물이 있습니다." 하니, 임금이 이를 듣고 장차 거둥하여 안질을 치료하고자 하여 내섬시윤內贍寺尹 김흔지를 보내어 행궁을 세우게 하고, 이 물을 얻어 가지고 와서 아뢴 자에게 목면 10필을 하사하였다. 〈세종실록〉 26년 1월 27일

현대사회는 브랜드가 지배하는 세상이라고 해도 과언은 아니다. 기업도 국가도 앞다투어 브랜드 가치를 높이기 위해 혼신의 힘을 다한다. 브랜드가 지배하는 사회는 인터넷을 비롯한 정보통신기술의 비약적인 발전과 밀접한 관련이 있다.

'상표商標'를 의미하는 '브랜드brand'는 자사 상품을 돋보이게 하고, 경쟁업체의 상품과 구별하기 위해 사용하는 기호, 문자, 도형 따위의 일정한 표지를 의미한다. 브랜드는 단순히 특정기업의 상품을 의미하는 차원을 뛰어넘어 기업 이미지와 기업문화는 물론이고 상품의

품질 등을 함축하고 있다.39)

여행자도 관광상품을 구매하면서 브랜드에 민감한 반응을 보인다. 항공권이나 호텔을 예약할 때 이용하는 인터넷 사이트는 수없이 많지만, 여행자는 가격 경쟁력 못지않게 시장 지배력이 큰 선도적인 예약사이트를 선호한다.

항공, 호텔, 렌터카 등의 분야에서 세계적인 시장지배력을 갖춘 프라이스라인priceline.com에 접속해 보면 다른 예약사이트들과 흡사한 모습을 띄고 있다. 프라이스라인의 경쟁력은 소비자들의 뇌리 속에 각인되어 있는 선도적인 여행 예약사이트라는 브랜드 가치에 기반하고 있다.

여행자는 거액을 들여야 하는 해외여행상품을 구매할 경우에는 여행 브랜드에 매우 민감하게 반응할 수밖에 없다. 청바지는 구매 후 문제가 발생하면 반품이나 환불을 하면 소비자 피해를 최소화할 수 있다. 반면 해외여행상품은 문제가 발생하면 돌이킬 수 없는 후유증이 발생한다. 여행 중의 문제에 대해 경제적 보상을 받는다 할지라도 망쳐버린 여행경험은, 그 어떤 보상으로도 되돌리기 어렵다.

여행이 종료되고 나면 추억과 사진이 남는다. 여행상품은 핸드폰이나 냉장고와 같은 유형재와 달리 무형 서비스를 중심으로 상품이 구성되며 관광지 이미지를 상품화하는데, 특정 관광지의 브랜드 가치는 여행사 마케팅에 절대적인 영향을 미친다.

또한 브랜드는 소비자와 여행상품을 연결시켜 준다. 여행사는 자사의 브랜드에 우호적인 소비자들을 체계적으로 관리하고, 브랜드를 통해 교감하며 고객들과 지속적으로 소통하기 위한 다양한 문화이벤트를 개최한다.

이제 여행자는 여행상품을 구매한다기보다 여행브랜드를 구매한다고 볼 수 있다. 관광기업은 브랜드 마케팅을 통해 여행의 질을 높이는 다양한 노력과 문화적 연대를 확산시키고 있다. 어떤 이들은 세계 각지를 여행하며 스타벅스 커피를 애호하고, 어떤 이들은 폴로 진을 즐기며, 어떤 이들은 방탄소년단에 열광한다. 소비자들은 상품을 판매하는 판매자와의 직접적인 접촉에 의한 구매뿐만 아니라 인터넷 쇼핑과 홈쇼핑 등의 언론매체를 통해 대면접촉을 생략한 채 상품을 구매할 수도 있다.

소비자들은 Samsung, Hyundai, Coca Cola, Starbucks 등의 상품을 구매하면서 자신의 사회적 정체성과 문화적 색채를 확인하기도 하고, 때로는 자신의 문화적·경제적 우수성을 과시하기도 한다.

성공적인 브랜드는 기업 편익을 뛰어넘어 소비자 중심의 마케팅철학을 중시한다. 일류 브랜드는 소비자와 약속한 가치를 일관되게 지켜 나가면서 끊임없는 혁신을 통해 소비자의 변화 욕구에 능동적으로 대응한다. 또한 디자인과 결합되어 시각, 청각, 촉각, 미각, 후각 등의 오감을 중시하는 현대인들의 감성적 욕구에 적절하게 대처한다.

아울러 브랜드는 기능과 혜택에 초점을 맞추었던 전통적인 방식에서 탈피하여, 기업과 소비자를 유기적으로 연결시키는 관계 개선과 문화적 교류를 촉진시킨다. 브랜드는 특정 기업이나 집단의 소유물이지만 글로벌시장을 이끌고 있는 일류 브랜드는, 소비자와 공유되는 문화적 상징물로 인식되고 있다.

세계 4대 종교인 기독교, 불교, 힌두교, 이슬람교의 신자들은 자신

들이 믿고 따르는 종교적 신념과 교리를 통해 신자들 간에 깊은 유대
관계를 형성한다. 사람들에게 지대한 영향력을 행사하고 있는 종교
들이 기독교, 불교, 힌두교, 이슬람교라는 브랜딩을 하지 않았다면
세계적인 종교로 발전하지 못했을 것이다.

연예인들은 가명을 사용하는 예가 많은데, 브랜드가 미치는 영향
력을 너무도 잘 알고 있기 때문이다. 동일한 사람인데 이름에 따라
그 이미지나 가치는 크게 달라질 수 있다. 신혼부부들은 아이를 낳으
면 자신들이 생각해 둔 이름을 사용하기도 하지만, 종종 작명소를 찾
아가 대가를 지불하고 새로 태어난 사랑스런 아이의 이름을 짓는다.

상품의 이름을 정하는 브랜딩branding 과정은 다차원적인 접근이
필요하다. 기업 차원에서는 기존의 브랜드와 차별화되는 포지셔닝
전략을 수립해야 한다. 브랜드의 정체성을 명확히 해야 하고, 브랜드
의 문화적 가치와 디자인이 대중들의 시선을 사로잡을 수 있을 만큼
매력적이어야 한다. 브랜드 디자인은 소비자의 감성적 구매를 자극
할 수 있는 강력한 유인책이다. 소비자들은 가격과 품질의 관련성을
고려하면서도 감성적 매력을 중시한다.

21세기에 환경문제가 글로벌 이슈로 부각되자 자동차회사들은 환
경파괴를 최소화할 수 있는 자동차를 적극적으로 개발하고 있다. 온
실가스 배출을 줄이기 위해 하이브리드 자동차를 상용화하였고, 전
기차와 수소연료전지차, 바이오연료 개발에도 박차를 가하도 있다.
환경오염 물질을 줄이거나 환경친화적인 자동차를 개발하는 데는 엄
청난 연구개발비가 투입된다.

철강회사들도 철강생산과정에서의 오염물질을 획기적으로 줄이기

위해 그린경영을 실천하고 있다. 온실가스는 물론이고 철을 생산하면서 발생하는 이산화탄소량을 혁신적으로 감축하는 신기술 개발에도 적극적으로 대응하고 있다. 포스코에서 개발한 파이넥스 공법은 쇳물을 생산하는 과정에서 기존 용광로 공법에 비해 생산비용을 15% 정도 절감하였고, 환경오염물질인 황산화물과 먼지 등을 대폭적으로 줄일 수 있었다.

명품기업인 루이비통은 자사의 사업방향과 직접적인 연관성이 적은 숲을 조성하는 데 많은 노력을 기울이고 있다. 환경보호를 중시하는 시민들은 환경친화적인 기업이나 브랜드에 높은 관심을 보인다. 소비자들은 자신이 구매하는 상품이 병든 지구를 치유하는 데 기여하고 있는지를 살펴보기 시작했다.

일류 브랜드는 선도적인 시장지배력을 뒷받침하며, 고객의 브랜드 충성도와 높은 부가가치를 창출하는 핵심자산이다. 선도적인 브랜드는 경쟁 브랜드의 시장 진입을 억제함으로써 지속적인 경쟁우위를 지탱하며, 프리미엄 가격과 높은 마진의 토대를 제공한다.

경쟁상품을 압도할 수 있는 브랜드는 무한경쟁으로 인한 수익감소의 위험을 줄이면서 높은 수익성을 유지시켜준다. 소비자들은 특정 브랜드의 상품을 반복적으로 구매하면서 단골고객이 되는데, 자연스럽게 특정 브랜드를 확산시키는 마케터의 역할을 담당한다.

성공적인 브랜드는 다양한 접근법으로 경쟁력을 높인다. 세계적인 명품을 지향하는 브랜드가 있는가 하면, 저가 브랜드로 성공한 기업들도 있다. 브랜드란 단순히 고급화하는 것이 최선의 전략은 아니다. 브랜드를 관리하는 기업의 입장에서는 자사의 역량에 어울리는 전략을 구사해야만 영향력을 확대할 수 있다.

또한 브랜드는 단순히 시장 지배력을 강화하는 것만이 능사는 아니다. 특정기업이 경쟁환경에서 과반이 넘는 시장지배력을 지니고 있다 해도 돈을 벌지 못하는 상황이 발생할 수 있고, 시장지배력은 적은 편이지만 높은 수익을 창출할 수도 있다. 그래서 브랜드 관리는 차별화되어야 한다.

일류 브랜드가 되려면 고객들이 원하는 가치를 경쟁기업보다 한발 앞서 제공할 수 있어야 하며, 현재의 히트상품에 안주하지 말고 끊임없는 신기술과 변신으로 까다로운 고객의 욕구에 능동적으로 대응해야 한다.

소비자는 끊임없이 신상품을 갈구하지만 익숙하면서도 참신한 상품을 선호한다. 상품 개발자는 신상품의 참신성에 몰두하다가 관련 상품에 익숙해진 소비자들의 기존 경험을 무시하는 우를 범해서는 안 된다. 수요과 공급의 인과관계를 다루는 경제학의 관점에서도 브랜드의 중요성은 공급이 수요를 초과하는 현상이 지속되는 한 유효하다.

글로벌 에티켓은 여행자의 품격이다

조선시대에도 타국의 사신을 맞이하는 등의 국제교류에는 상대방을 배려하는 예법을 중시했다. 세종 대에 외국과의 문화교류는 예조에서 담당했는데, 황제나 왕이 보낸 사신을 맞이하는 예법과 장사할 목적으로 조선을 방문한 사업가를 대하는 예법은 구분되었다. 조선시대에는 외교관계 외에도 전통혼례 및 제사를 지내는 방식뿐만 아니라 궁중에서 연주되는 음악도 예법을 중시했다.

> 예조에서 경상도 감사의 관문에 의거하여 아뢰기를, "유구국琉球國 객인이 내이포에 와서 정박하였사온데, 만약 국왕의 사신이라면 그 접대하는 예를 일본 국왕의 사신의 예에 의할 것이며, 만약 장사하기 위하여 사사로이 온 것이라면 여러 섬들의 객인의 예에 의하기를 청하옵니다." 하니, 그대로 따랐다.
>
> 〈세종실록〉 13년 9월 6일

세종은 명나라 사신을 맞이할 때 조선과 명나라의 예법이 상이한 경우 사신을 맞이하는 데 문제가 발생하지 않도록 신하들과 많은 논의를 하였다. 사신과 지방 수령이 접견하는 예법도 각기 다른데, 어느 선에서 교제해야 하는지 격론이 벌어지기도 했다.

임금은 신하들에게 나라 간의 예법이 서로 다른 부분에 대해서는 상대방을 배려하며 지혜롭게 처신할 것을 주문하였다. "중국의 제도로서 본다면 임금의 사자 使者는 비록 지극히 미세한 자일지라도 지방에 출사하면 1품관인

> 상정소에서 사신과 지방의 수령이 서로 접견하는 예의를 아뢰니, 임금이 말하기를, "중국의 춘추시대에는 왕실이 쇠미하였기 때문에, 공자는 오로지 임금을 높이고 신하를 억압하는 것을 중하게 여기었다. 진秦나라의 제도가 임금을 높이고 신하를 누르는 것이 지나쳐서 식자識者들이 비난하였다. 〈세종실록〉 14년 2월 4일

지방관의 위에 위치한다. 이것은 춘추에 '임금의 사자는 비록 미세한 자일지라도 제후의 위의 서열에 선다.'는 뜻을 취한 것이다. 우리나라에서는 《원전》에 지방관이 2품 이상이면 3품 이하의 사신은 도리어 지방관에게 뵙기를 청하는 예를 행하게 되어 있어서, 중국의 제도와는 같지 않다. 대의로서 논평한다면 사신은 비록 미천하더라도 임금의 명령은 존중해야 할 것이니, 그들의 교제도 또한 엄해야 할 것이다."

유교적 예법을 중시했고 계급사회였던 조선의 권위주의 문화는 오늘날에도 우리사회에 막대한 영향을 미치고 있다. 아직까지도 한국 사회는 서비스업에 근무하는 종사원들을 인격적으로 대우하지 못하는 풍조가 사라지지 않고 있다. 우리 사회에서 서비스업에 근무하는 종사자는 낮은 자세로 손님들을 떠받들고 봉사해야 한다는 편견이 존재하고 있음을 부인하기 어렵다.

조선시대로 거슬러 올라가면 지체 높은 관료들을 위해 기생들이 가야금을 켜며 분위기를 띄우는 서비스문화가 있었다. 유교적인 관념하에 서비스란 아랫사람이 윗사람을 섬기는 행위라는 차별적인 예

법을 만들어냈다.

직업에 대한 선호도에는 차이가 있을지언정, 종사원이 고객으로부터 수모를 당하는 행위가 용납되는 사회는 정의롭지 못하다. 세계적으로 통용되고 있는 서비스문화는 서비스 제공자와 수혜자 간에 인격적으로 상호 존중하는 가치를 중시한다. 식당을 방문해 보면 간혹 "아줌마, 물 한 잔 갖다줘"와 같은 반말을 내뱉으며, 종사원들을 함부로 대하는 사람들을 이따금씩 보게 된다.

서비스문화의 중요성은 사람들이 즐겨 마시는 커피 문화 속에서도 찾아볼 수 있다. 대학 캠퍼스를 비롯한 공공장소에서는 자판기 커피를 판매하고 있는데, 가격이 저렴하여 부담 없이 마실 수 있다. 반면 일류호텔 커피숍에서 커피 한 잔 마시려면 만원이 넘는 돈을 지불해야 한다.

고급호텔의 커피숍은 커피 재료의 원가에 비해 지나치게 비싼 커피를 파는데도 손님들이 많다. 일류호텔이 비싼 커피를 판매할 수 있는 논리적 근거는 화려하고 고급스런 인테리어 외에도, 일반 호텔이나 레스토랑에서 경험할 수 없는 격조 높은 서비스를 제공하기 때문이다.

고객을 편하게 대해주며 인격적으로 존중해주고 상대방이 원하는 것을 시기적절하게 제공해주며, 고객감동을 실현하는 서비스기업의 종사원은 잠시나마 고객들에게 행복을 선물한다.

서비스의 중요성은 첨단기술에 의존하고 있는 전자업계도 마찬가지다. 삼성전자는 핸드폰과 반도체가 세계적인 경쟁력을 확보하게 되면서 초일류기업으로 성장했다. 경쟁기업을 압도할 수 있는 첨단

기술 못지않게 차별화된 서비스체계는 삼성전자가 초일류기업으로 성장하는 초석이 되었다. 삼성전자는 애프터서비스 차원에서 타의 추종을 불허할 만큼, 고객들로부터 두터운 신뢰를 얻고 있다.

이제 은행과 병원은 물론이고 법률시장마저도 서비스업의 영역으로 간주되고 있다. 일류기업이 추구하고 있는 서비스 정신은 서비스 제공자인 종사원과 서비스 수혜자인 고객 간에 서로서로 배려하는 인격적인 관계를 중시한다. 더 나아가 일류기업의 종사원들은 고객들에게 수평적인 인간관계의 차원을 뛰어 넘어, 자신들이 판매하고 있는 상품에 대한 전문적인 지식과 고객의 마음을 사로잡을 수 있는 능동적인 서비스로 고객감동을 실현하고 있다.

1990년대만 하더라도 해외여행을 떠나는 한국인들 중에는 기내에서 술을 마시고 주변 사람들에게 피해를 주거나 현지에 도착하여 투어 가이드에게 행패를 부리는 자들이 있었다. 당시 특이한 행동으로 단체여행의 분위기를 망치는 여행자들이 있었는데, 사람들이 흔히 이야기하는 졸부들의 꼴불견을 겪곤 했다.

한번은 일행 중에 기내에서 맥주와 와인 등을 마시고 여승무원에게 행패를 부려 진땀을 흘려야 했고, 태국 방콕의 국제공항에 도착해서는 빨리빨리 여행하지 않고 시간을 낭비한다면서 현지의 관광가이드를 혼내는 것도 모자라, 일행들의 태국 입국을 확인하고 나타난 투어 에스코트에게 삿대질을 하며 행패를 부리는 일도 있었다.

세계화시대에 살면서 글로벌 에티켓을 지키지 않으면 상대방에게 불쾌감을 줄 수 있다. 서로 각자의 처지에서 주의해도 문제가 생길 수 있다는 점에서 글로벌 에티켓은 사전교육이 중요하다.

여행단체를 인솔하는 투어 에스코트tour escort는 출발지의 공항에서부터 여행이 끝날 때까지 여행자의 안전과 평생 기억에 남을 만한 추억을 창출하기 위해 능력을 발휘해야 한다. 출발지의 공항에서 투어 에스코트는 자신이 인솔해야 하는 고객들의 성향을 단시간 내에 파악해야 하고, 고객들도 자신들의 안전과 여행스케줄을 책임지게 된 투어 에스코트의 자질을 나름대로 평가한다. 유능한 투어 에스코트는 여행자들의 욕구를 사전에 파악하여 맞춤형 서비스를 제공한다. 또한 여행자들의 예상을 뛰어넘는 풍부한 지식과 품격있는 서비스로 여행자들에게 특별한 추억을 선물한다.

호텔경영분야에서 세계적인 명성을 지니고 있는 미국 코넬대학교 호텔스쿨의 학생들은 대학 졸업 후 세계적인 일류호텔의 경영자가 되기 위해 호텔의 웨이터나 웨이트리스로 근무하는 것을 기피하지 않는다. 현장을 도외시하는 경영자는 바다를 벗어나면 생존할 수 없는 고래처럼 능력을 발휘하기 어렵다.

글로벌 에티켓의 관점에서 한국인들의 팁문화는 세계적인 추세와 동떨어져 있어서 개선되어야 한다. 미국에서 레스토랑을 방문해 보면 처음에는 한국에서 경험해 보지 못한 팁 문화 때문에 식당 방문하는 것을 꺼릴 만큼 어색한 기분이 든다. 자신이 주문한 음식가격의 10%가 넘는 금액을 팁으로 지불하는 서구사회에서 고급 레스토랑의 웨이터나 웨이트리스는 자부심도 대단하고 고소득도 보장된다.

점심때는 음식 가격의 10퍼센트 이상을, 저녁때는 음식 가격의 15퍼센트 정도를 팁으로 주는 것이 아깝기도 하고, 카드 금액 아래에 팁 금액을 적어놓고 나오는 것이 불편하기도 하다. 하지만 식당을 방문하는 횟수가 거듭될수록 우리 일행을 위해 헌신적으로 봉사하는 웨이터나 웨이트리스에게 주어야 하는 팁이 경제적 손실이라는 생각보다, 방문한 레스토랑에 대한 특별한 인상을 결정짓는 흥미로운 체험으로 자리매김한다.

한국에도 팁 문화가 있다. 그러나 서양인들의 팁 문화와는 성격이 좀 다르다. 우리나라도 고급 호텔이나 레스토랑에서 팁을 받고 있지만, 손님이 종사원에게 직접 팁을 건네는 방식 대신 계산할 때 10퍼센트의 팁을 합산하여 계산하면 되는 식이다. 한국에서는 팁을 주면서도 종사원의 서비스 능력을 고려하여 팁을 더 주기도 하고 덜 줄 수도 있는 소비자의 선택권이 보호받지 못하고 있다. 아울러 내가 지불한 팁이 감동적인 서비스를 제공한 종사원에게 정확하게 전달되는지 확인하기도 어렵다.

한국인은 '우리'라는 용어에 익숙하다. '나의 가족'이라는 말보다 '우리 가족'이라는 말에 익숙하다. 우리 민족은 역사적으로 공동체의식이 강하며, 나만을 위하는 이기심을 지양하고 더불어 살아가는 가치를 중시해 왔다. 더불어 살아가면서 행복을 나누고, 상대방을 배려하며 인간적인 정을 나누기 위해서는 전통예절이 뒷받침되어야 한다.

어느덧 한국인들은 우리끼리만 살아갈 수 없는 세계화시대에 살고 있다. 이제 동양인과 서양인이 함께 어우러져 생활하는 것은 그리 낯설지 않은 풍경이다. 동북아시아는 나라마다 정도의 차이는 있을지언정 유교와 불교 문화의 영향 속에서 각 나라의 예절에서 공통점이 발견된다. 특히 유교적 예법은 광범위하게 한국과 중국과 일본의 전통예절에 지대한 영향을 미쳤다.

외국에서 중국인이나 일본인을 만나면 왠지 동질감이 느껴지고, 서로 다른 환경에서 성장했다는 사실이 믿겨지지 않을 만큼 금세 친해질 수 있다. 특별히 서양인들과 함께 어우러지는 파티에서는 더더욱 그렇다.

아쉽게도 서양예절은 동양예절과 여러 면에서 차이를 보이고 있다. 한국인들은 외국인들로부터 예의 바른 민족이라는 평가를 받기도 하지만, 대인교제의 다양한 영역에서 문화적인 갈등을 일으킬 수 있다. 우리만의 독창적인 예법들은 세계인들과 자연스럽게 소통하지 못하는 한계를 지니고 있기 때문이다.

서양사회에서 예절의 중요성이 대두된 시기는 16세기로 거슬러 올라간다. 에라스무스는 교제 시의 몸가짐을 중시했는데, 얼굴표정뿐만 아니라 식사예절과 상황에 맞는 의상 연출 등의 관점에서 예절의 중요성을 역설했다.[40]

서양인들은 낯선 사람들과 공존하며 문명을 발전시켜 왔던 유목민 특유의 기질이 상대방을 도와주고 배려하는 가치관과 결합하여 세계인들이 공유할 수 있는 국제매너를 이끌어 왔다. 서구사회에서 매너란 서로 존중해 주고 인간다운 삶을 살아가기 위한 필수적인 덕목으로 인식되고 있으며, 교육기관이나 기업은 물론 가정에서도 지켜야 하는 사회적 규범으로 자리잡았다.

이제 세계인들과 원활하게 교류하려면 우리의 전통예절뿐만 아니라 글로벌 에티켓을 몸에 익혀야 한다. 반면 한국인들이 수천 년간 소중히 여겨왔던 예법들을 무시하며 서양 중심의 예법을 맹목적으로 추구하는 것은 경계해야 한다.

　남과 다른 언행이 상대방을 불편하게 한다면 인간관계를 개선하지 못하겠지만, 세계인들이 공유하는 글로벌 에티켓의 가치를 존중하면서도 한국적인 문화와 전통예절의 멋을 표현하고 실천한다면 국제무대에서 자신의 가치를 부각시키는 데 도움이 될 수 있다.

　코리안 특급 박찬호 선수는 미국의 야구장에서 관중들에게 모자를 벗고 허리 숙여 인사하던 장면이 외국 언론에서 주목을 받은 일이 있었다. 서양 선수들은 그렇지 않은데 한국에서 건너온 젊은 선수의 행동이 아마도 그들에게는 신선한 문화적 충격이었을 것이다.

　지구촌시대의 글로벌 에티켓은 동양예절의 자기절제와 세련된 위계질서, 서양예절의 공공질서와 인권과 타인을 배려하는 가치들이 통합적인 관점에서 새롭게 정립되고 있다.

　'로마에 가면 로마법을 따르라'는 격언이 있는데, 예절에 있어서도 나라별로 추구하는 가치들이 달라 새로운 문화권을 방문할 경우에는, 그 지역의 문화와 예절을 충분히 이해하고 수용하는 용기가 필요하다. 또한 세계인들과 경쟁하면서 글로벌 에티켓을 실천하는 과정에서도 차별화전략을 추구해야 한다. 아무리 뛰어난 사람일지라도 차별화되지 못하면 세상 사람들의 관심을 이끌어 내기 어렵다.

감성적인 매력을 발산하다

　세종은 어려움에 처한 백성들과 격의 없이 소통하며 그들의 눈물을 닦아주었다. 1443년(세종 25) 3월 19일 임금은 명하여 온양군 사람에게 환자還上를 매호에 2섬씩 감하여 바치게 하고, 그 고을의 노인 25인에게 곡식을 차등 있게 하사하였다. 또한 6인의 주민들에게 면포를 차등 있게 하사하였다.

　감성리더십이란 이성적인 힘이나 논리로 상대방을 제압하는 처세술이 아닌, 인간적이며 따뜻한 마음으로 상대방을 감동시키는 지도력이다. 1443년(세종 25) 5월 5일 세종은 병조에 전지하기를, "감사는 한 지방을 전적으로 맡아서

> 온수현의 빈궁한 사람 76명에게 벼와 콩 각 1석씩, 나이 80이상인 곤궁한 백성 9명에게 벼 2석과 콩 1석씩, 나이 70이상인 곤궁한 백성 18명에게 벼와 콩 각 1석씩을 하사하고, 또 감사에게 명하여 토지가 행궁 근처에 있어서 농사를 짓지 못한 자에게는 그 결복結卜의 수로 값을 주게 하였다. 〈세종실록〉 15년 4월 7일

온갖 사무가 번다하고 바쁜데, 거둥할 때에 여러 날을 행궁에 머물러 임금을 보필한다면 업무 처리가 늦어져서 그 폐단이 백성에게 미치

게 된다. 이제부터는 크고 작은 거둥이 있을 때에는 그 도의 감사와 수령관은 각자의 지역에서 맞아 뵈온 후에는 근처에 머물러 있지 말고, 행궁에서 1백 리가 넘는 주현州縣을 순행하면서 공사를 처결하고, 임금에 대한 음식

> 온정溫井 부근의 농민들을 궤휼하도록 명하여 남녀 아울러 5백 16인에게 술과 밥을 먹이고, 이어서 내수內竪에게 명하여 순패巡牌를 나누어 규찰하게 하였다. 병조에 전지하여 온정 부근의 보리밭이 짓밟혀서 손해를 당한 것은 1복卜마다 쌀 5두씩을 보상하게 하였다.
> 〈세종실록〉 25년 4월 1일

접대에 관한 모든 일은 지응사支應使와 도차사원都差使員으로 하여금 전적으로 관장하도록 하라." 하였다.

'세종'은 한국문화의 상징이자 코리안 리더십의 아이콘이다. 그의 진면목을 체계적으로 학습할 수 있는 다채로운 교육 프로그램과 시설 개발은 시급한 과제라 할 수 있다. 세종대왕을 이해하고 체험하기 위한 시설들은 테마파크의 관점에서 연구해 볼 필요가 있다.

세계적으로 디즈니랜드가 출현하기 이전의 테마파크들은 대부분 특정한 컨셉을 중심으로 설계되었다기보다 단순한 놀이시설을 배치하였기에, 한 번 체험하고 나면 재방문하고 싶은 욕구를 불러일으키지 못했다. 그래서 여행자들은 끊임없이 새로운 관광지로 떠나는 여행을 선호했다.

월트 디즈니Walt Disney는 1955년 3차원의 공간 속에 다양한 오락시설과 쇼핑센터 등을 결합하여 디즈니랜드를 설립하였다. 본래 그는 만화영화의 제작자였다. 자신이 꿈꿔 왔던 낭만적이고 환상적인 세계를 드넓은 공간에 재현함으로써 방문자들에게 행복을 선물하려는 야심찬 계획은 완성되었다. 20세기 중반까지 테마파크는 유럽을 중

심으로 소규모의 놀이공원 수준으로 운영되고 있었다. 그는 인기를 누렸던 기존의 유럽식 놀이공원을 뛰어 넘는 대규모의 테마파크를 건설함으로써 세상 사람들을 놀라게 했다.[41]

디즈니랜드는 세계적으로 선풍적인 인기를 모았던 '미키마우스'가 중심 컨셉이 되었다. 만화영화에서 대중들의 마음을 사로잡았던 이상세계에 대한 소망과 과거로 회귀하고픈 욕망을 담고 있는 향수의 그리움을 3차원의 현실세계에서 체험할 수 있도록 구현하였다.

월트 디즈니는 디즈니랜드를 건설하면서 시설적인 측면 못지않게 스토리텔링 기법을 접목하여 방문객들이 거대한 인공시설물 속에 존재하면서도, 자신이 좋아하는 스토리에 빠져들도록 설계했다.

결과는 대성공이었다. 디즈니랜드는 온가족이 즐길 수 있는 다채로운 시설들을 종합적으로 배치함으로써 남녀노소가 어우러져 즐길 수 있는 놀이공간의 대명사가 되었다. 가족 오락을 중시하는 전략은 주효했다. 예를 들어 스릴을 즐기는 놀이기구의 경우에도 온가족이 함께 체험할 수 있도록 난이도를 적절한 수준에서 관리하고 있다.

그는 달의 암석처럼 일회성으로 그치는 테마파크를 탈피하기 위해 미키마우스를 중심으로 하는 컨셉을 지속적으로 발전시켜 방문자들의 호기심을 불러 일으켰고, 재방문율을 70% 이상으로 끌어 올림으로써 운영비용을 안정적으로 관리하면서 고수익의 사업 모델로 성장시켰다.

디즈니랜드는 사람들의 무한한 상상력의 보고인 환상의 세계를 놀이시설에 접목시켜 호평을 받았고, 인간의 마음속 깊은 곳에 내재되어 있는 향수의 본능을 자극하는 시설들을 설치하여 경험이 반복돼도 지루하지 않은 테마파크를 완성시킬 수 있었다.

향수는 사람들의 재방문을 유도하는 핵심적인 요인으로서 여가활동의 재미를 더해준다. 향수란 과거의 경험을 미화시키는 힘을 지니고 있어서, 어린 시절의 추억을 되살려줄 수 있는 놀이기구들을 접하게 되면 사람들은 쉽사리 동심의 세계에 빠져든다.

행복했던 추억들은 경험이 반복돼도 어렴풋한 기억들을 되살려준다. 레스토랑 인테리어에 복고풍 디자인을 도입하는 것이나 패션계에서도 과거에 유행했던 디자인을 도입하는 것은 다분히 인간의 향수를 자극하는 접근법으로 봐야 한다.

또 다른 디즈니랜드의 성공요인을 꼽으라면 감성적인 서비스를 빼놓을 수 없다. 사회적인 지위를 초월하여 순수한 마음으로 상대방의 기쁨과 슬픔에 동참하거나 어려운 사람들을 도와주는 배려의 손길은 방문자들을 감동시키기에 충분하다.

디즈니랜드는 고객 서비스의 품질을 안정적으로 관리하기 위해 종사원들의 교육에도 심혈을 기울이고 있다. 방문객들의 안전사고를 예방하기 위해 정규적인 교육과 놀이기구와 방문자들의 동선 설계에 체계적으로 대응하고 있다. 안전교육은 사고의 사전예방과 신속한 사후처리에 초점을 맞추고 있다. 테마파크는 밀집된 공간 속에 다수의 인파가 몰려들기에, 예기치 못한 사고가 발생할 수 있다.

또한 종사원들의 몸가짐과 서비스 체계는 방문자들의 편안하고 안전한 체험에 최적화되어 있다. 이밖에 디즈니랜드는 놀이공원 곳곳에서 다채로운 쇼를 연출함으로써 재미와 환상적인 체험을 극대화하고 있다.

종사원들을 대상으로 하는 예절교육도 이용자들의 재방문율을 높이는 데 기여하고 있다. 교육은 매뉴얼을 활용한 교육보다 사례를 중심으로 현장에서 곧바로 응용할 수 있도록 진행된다. 종사원들은 성별에 따른 차별화된 외모와 서비스를 통해 방문자들의 만족도를 높이고 있다.

테마파크를 거닐다 보면 공상과학영화나 헐리우드 액션영화를 방불케 하는 이벤트가 방문객들의 눈과 귀를 즐겁게 해 준다. 동일한 공간이지만 방문할 때마다 방문자의 기대를 뛰어넘는 이벤트들이 방문객들의 행복감을 증진시킨다. 이처럼 환상적인 쇼나 퍼레이드는 단숨에 사람들을 매료시켜 주최자의 의도를 관철시킬 수 있는 마력을 지니고 있다.

월마트를 설립한 샘 월튼Sam Walton도 방문객들에게 기쁨을 주기 위해 다양한 이벤트를 접목시켜 큰 성과를 거두었다. 야채를 사러 왔다가 뜻밖의 쇼를 목격한 소비자는 월마트를 새로운 시선으로 바라보기 시작했다. 어떤 때는 야채를 사기보다 쇼를 보기 위해 월마트를 방문하는 자들이 늘어나기 시작했다. 소비자를 기쁘게 하던 쇼는 할인행사와 접목되어 높은 경영성과를 이끌어냈다.[42]

그는 경영진과 종사원들이 긍지를 느끼며 근무할 수 있는 분위기를 조성하는 데도 많은 공을 들였다. 또한 언론매체를 활용하는 데도 탁월한 수완을 발휘했다. 조금은 비현실적인 이벤트를 개최하여 코믹하면서도 재미있는 분위기를 연출하던 월마트는 기자들의 시선을 사로잡는 데 성공했다.

이러한 접근법은 술과 음식을 제공하며 부족원들을 감동시켰던 고

대 부족국가의 축제이벤트와 흡사하다. 즐거움과 멋진 추억을 제공
하는 장소에 사람들은 모여들기 마련이다.

유통업에서 고객을 만족시키려면 좋은 품질, 상품의 다양성, 합리
적인 가격, 품질보증, 고객감동, 고품격 서비스, 편리한 이용시간, 자
유로운 주차, 즐거운 쇼핑체험 등이 뒷받침되어야 한다. 한국처럼 인
구밀도가 높고 땅값이 비싼 지역에서는 넓고 쾌적한 주차장을 확보
하는 것이 어렵기에, 고객에 대한 세심한 배려가 필요하다.

또한 커피시장을 선도하며 세계적인 기업으로 성장한 스타벅스를
이끈 하워드 슐츠Howard Schultz는 1954년 가난한 트럭운전수의 장남
으로 태어났지만 좌절하지 않았다. 그는 노스미시간대학교 졸업 후
제록스사의 세일즈맨 생활도 하였고, 여러 분야에서 다채로운 경험
을 쌓았다. 성공적인 직장생활을 하던 슐츠에게 호기심을 자극하는
거래처가 나타났다. 시애틀의 커피전문점인 'Starbucks Coffee and
Tea'였다. 그는 고급 원두커피의 맛과 분위기에 매료되었다.43)

하워드 슐츠는 스타벅스 커피가 미국은 물론 세계시장을 공략할
수 있다는 확신이 들었다. 그러나 스타벅스 창업자들은 미국 전역으
로의 사업확장을 반대했고, 시애틀의 커피명소로 만족한다는 의견을
제시했다. 기회를 엿보던 그는 1987년 '스타벅스 커피 앤드 티'를 인
수하고 사명을 '스타벅스Stabucks Corporation'로 변경하였다.

스타벅스는 1987년 이후 미국을 뛰어넘어 빠른 속도로 세계의 주
요 도시에 커피숍을 오픈하고 있다. 커피를 마시는 고객들에게 감성
적으로 접근하는 전략은 큰 호응을 불러일으켰다. 스타벅스는 감성
적 매력을 중시하는 젊은이들에게 독특한 커피 맛 외에도 단골고객

들을 연결시키는 커피문화를 정착시켰다. 고객만족을 뛰어넘어 고객 감동을 구현하려면 종사원들이 주인의식을 갖고 근무할 수 있어야 한다.

　스타벅스는 현재 돈이 많이 드는 광고에 의존하기보다 각각의 커피숍이 광고판 역할을 담당하도록 하는 전략을 추구하고 있다. 이로써 광고비를 절약하여 커피의 품질을 개선하는 데 투자한다. 또한 새로운 커피숍을 개장할 때마다 통일된 전략을 구사하기보다 해당 지역 소비자들의 관심사항을 꼼꼼히 체크하여 대응하는 현지화전략을 중시하고 있다.

Epilogue

충녕대군(세종)은 태종의 셋째아들로 태어났고 큰형인 양녕대군이 이미 세자의 자리에 있었기에 임금이 되기 힘든 처지였다. 그는 부왕인 태종의 가르침을 거역하지 않으며 자신의 본문에 충실했다. 충녕대군은 무리수를 써가며 임금이 되려 하지 않았지만, 임금이 되어야 한다는 대세를 거부하지도 않았다.

세종은 무의식에 내재된 천부적 재능을 발휘한 군주였다. 타인과 비교하며 인생을 허비하기보다 자신이 좋아하며 행복해질 수 있는 일에 매진하여 성공의 실크로드에 오를 수 있었다. 그는 대군시절부터 자존감을 잃지 않았고, 태종은 공개적으로 충녕대군의 비범함을 칭찬하곤 했다. 충녕대군은 부왕과 세자인 양녕대군과 신하들이 회합하는 자리에서 자신이 갈고 닦은 실력을 발휘하여 태종의 마음을 사로잡을 수 있었다.

흐르는 물에는 이끼가 끼지 않는다. 영웅이라도 도전정신을 잃어버리면 순식간에 위험에 노출된다. 예고 없이 찾아오는 위기상황을 슬기롭게 극복하려면 틈나는 대로 도전정신을 연마해야 한다.

충녕대군은 묵묵히 자신의 소임에 충실하며 한 걸음씩 미래로 나아갔고, 한 방울씩 떨어지는 낙숫물에 바위가 뚫리듯 조선왕조의 제4대 임금이 되었다. 그는 훈민정음을 창제했고 과학기술을 획기적으로 발전시켰으며, 국방과 영토 확장에도 비범한 능력을 발휘했다.

멋진 건물을 지으려면 멋진 설계도가 필요한 것처럼 성군 세종의 치적은 일류국가를 꿈꾼 태종의 설계도가 있었기에 가능했다. 세상살이는 부분적인 것에 도취되기보다 인생을 조화롭게 이끌어야만 멋진 삶이 펼쳐진다. 자혜로운 자는 부분에 집착하다 전체를 망치는 어려석음을 범하지 않는다.

세종은 심학을 실천하며 모범적인 삶을 살았다. 심학이란 혼자 있을 때나 함께 있을 때나 부끄럽지 않게 행동하도록 자신을 관리하는 능력이다. 조선의 선비들이 중시했던 심학은 자기 자신을 다스리는 지혜인 동시에, 중용을 추구하며 행복한 삶을 터득하는 지혜를 함축하고 있다.

성공하려면 기본적으로 건강해야 하고, 자신의 전문영역에서 능력을 발휘할 수 있어야 한다. 충녕대군이 임금이 되고자 간계를 부려 양녕대군을 몰아냈다고 볼 수는 없지만, 큰형인 양녕대군이 세자의 자리에 있었음에도 불구하고 자기계발에 만전을 기한 행위로 미루어 짐작해 보면, 그의 야심 또한 남달랐다고 평할 수 있다.

오만한 자는 자신의 능력만으로 세상살이에 임하지만, 겸손함과 존경하는 마음으로 세상 사람들과 소통하는 자는 삼라만상의 에너지가 충전되어 무한경쟁을 선도할 수 있는 지혜를 터득할 수 있다. 세종은 즉위 후에도 자신의 마음속에 이글거리는 교만과 탐욕과 시기와 질투를 떨쳐버리기 위해 혼신의 힘을 다했다.

살다보면 화낼 일들이 곳곳에서 발생한다. 어떤 이는 화가 나도 내색하지 않고 웃는 얼굴로 상대방을 대한다. 어떤 이는 화를 내지만 상대방이 감당할 수 있는 선에서 자신의 마음을 추스른다. 어떤 이는 화가 나면 원인 제공자를 원수처럼 대하며 복수를 서슴지 않는다. 하지만 화를 내면 마음의 상처가 위로받지도 못한 채 자신의 영혼과 육체만 힘들어진다.

태종(이방원)은 자신의 출세가도에 걸림돌이 되면 과감하게 칼을 빼드는 기질의 소유자였지만, 세종은 폐세자된 양녕대군에 대해 엄하게 다스려야 함을 전하는 지속적인 상소에도 아랑곳하지 않고, 양녕대군을 지켜주었을 뿐만 아니라 그의 생활이 불편하지 않도록 세심하게 챙겼다.

창조적 혁신은 차별화된 비전을 달성하는 여정이자 새로운 가치를 창조하는 여정이다. 세종은 국정의 시급한 과제로 백성들의 굶주림을 해결하는 데 주력했다.

역사적으로 우리의 선조들은 유목문화와 농경문화를 섭렵한 민족이었다. 고구려인은 유목민의 후예로서 말을 타며 활을 쏘던 민족이었고, 백제인 또한 유목문화를 중시하며 끊임없이 중국대륙으로 진출하고자 노력했다.

실력이 뛰어난 인재도 열정이 부족하면 높게 도약하기 어렵다. 산악인들이 목숨을 걸고 빙벽을 등반할 수 있는 원동력은 산에 오르다 죽어도 좋을 만큼 산을 사랑하기 때문이다. 세종은 명나라의 사신들이 도를 넘는 것을 원할 때는 맞춤형 전문가를 내세워 소통하며, 나라의 품위를 지키고 국익을 위해 혼신의 힘을 다했다.

사람은 높은 자리에 오를수록 처리해야 할 업무량이 증가하며, 의사결정을 독단적으로 처리하기보다 함께 일하는 동료들과 정보를 공유하며 민주적으로 처리해야 한다. 최상의 의사결정이란 넘치지도 부족하지도 않은 타이밍에 행동으로 옮기는 것이다.

세종의 통치술은 순리를 중시했다. 그는 신하들의 처지에서 생각해 보며 그들의 입장에서도 납득이 될 만한 판결을 내리는 데 주력했다. 인간의 욕망 자체가 나쁜 것은 아니지만 타인의 권리를 유린하거나 조직에 해를 끼치면서까지 자신의 이익을 추구할 때, 욕망은 범죄가 되고 관련자들은 심각한 고통을 받는다.

꿈꾸는 자는 미래를 대비하는 안목을 키워야 한다. 세종 서거 후 조선 왕조의 기틀은 순식간에 무너져 내렸다. 만일 세종 사후에도 조선의 임금들이 그의 위대한 업적들을 계승 발전시켰다면 조선의 국운은 크게 달라졌을 것이다. 단기간에 좋은 업적을 남겼을지라도 위대한 업적을 지속시키지 못하는 조직은 모범적이지 못하다.

세종은 최고의 자리에 있으면서도 스스로 자신을 통제하며 탐욕의 미로에 갇히지 않았다. 그는 왕이었지만 교만하지 않으려고 부단히 노력했으며, 백성을 하늘이라 여겼다. 인생은 미로처럼 복잡한 구조로 되어 있다. 물질적 탐욕 외에 성적 탐욕도 멋진 삶을 방해하는 복병이다.

그는 무수히 많은 일들을 처리하며 신하들과의 소통을 중시했고, 판결이 잘못되어 억울한 백성이 발생하지 않아야 한다는 통치철학을 지니고 있었다. 매력적인 사람은 가식적인 인간관계를 멀리하며, 솔직하고 진솔하게 상대방을 대한다.

성공한 사람들을 만나보면 카리스마 넘치는 이미지보다 소탈한 동네 아저씨나 아줌마 같은 다정한 이미지를 풍기는 이들이 많다. 세종은 신하들과 백성들을 만나며 사랑과 휴머니즘을 실천하였다. 자신감이 넘치는 자세와 부드럽고 환하게 웃는 얼굴표정은 절반 이상의 성공을 보장받은 셈이다. 유머러스한 사람은 본인도 행복하고 상대방도 행복하게 만들며, 질병을 이겨내는 힘도 강해진다.

사람은 자신이 존중받고 있다고 느낄 때 진지한 태도를 지니게 된다. 세종은 경청의 달인이라 불려도 손색이 없다. 신하들의 의견에 귀를 기울였고 자신의 마음에 들지 않아도 쉽게 불편한 심기를 드러내지 않았다. 또한 단순하고 간결한 표현이야말로 감동적인 연설이나 대화를 이끄는 지름길이다. 불필요한 언어의 사용을 자제하고 중언부언하는 언어

습관에서 벗어나야 한다.

세종은 덕으로 나라를 다스리며 백성들로부터 존경받는 군주였지만, 칼을 빼들 수밖에 없을 때는 단호하게 대처하였다. 인간들이 살아가는 세상은 복잡하여 덕으로 다스려야 할 때가 있고, 엄격한 법으로 다스려야 할 때가 있다. 경영자는 맞춤형 전략으로 승리를 이끌어야 하는데 때로는 지지 않기 위해 창피함도 무릎 쓰고 물러서는 것도 주저하지 말아야 한다.

그는 신하들의 단점 때문에 괴로워하기보다 신하들이 잠재능력을 발휘할 수 있도록 혼신의 힘을 다했다. 피그말리온 효과의 사전적 의미는 타인의 기대나 관심 때문에 능률이 오르고 결과가 좋아지는 현상이다. 사람들은 타인으로부터 칭찬을 받으며 해낼 수 있다는 긍정적 평가를 받게 되면 자신감이 충만해져 보다 훌륭한 결과를 도출해 낸다. 경제적 보상은 처음에는 큰 효과를 기대할 수 있지만 시간이 지날수록 그 효과는 반감된다. 지나친 보상이나 처벌 모두 옳지 못하다.

조선사회는 노동과 여가를 이분법적으로 접근하는 현대인들과 달리 노동과 여가의 공간을 통합적으로 활용했다. 세종은 틈틈이 무릉도원처럼 꾸며놓은 멋진 공간에서 업무를 처리하며, 틈나는 대로 신하들뿐만 아니라 백성들과 소통했다. 우리의 삶은 전쟁에 비유된다. 바쁜 일상에서 잠시 벗어나면 무거워진 몸과 마음이 가벼워진다.

욕심을 버려 마음을 가볍게 하고 육체적 욕망과 명예욕으로부터 자유로워지면 행복의 낙원에 가까이 다가선다. 그리하면 비운 마음속에 사랑과 행복이 자라게 되고, 고통 속에 갇혀 있던 삶은 어느덧 무릉도원에 다다른다.

세종은 온천욕과 사냥 등을 즐기며 켜켜이 쌓여있던 피로도 풀어냈다. 여행자는 세심한 관찰력과 통찰력으로 자신이 고민하고 있는 난제들을 되새겨보면 해법을 찾는데 큰 도움이 된다. 여행은 아름답고 낭만적이며 행복한 추억이면서 새로운 아이디어와 상상력을 이끌어 내는 여정이며, 사람들의 마음속에 이글거리는 탐욕을 정화시켜 세상을 올바르게 바라볼 수 있는 안목을 키워준다. 또한 노동현장에서 터득하기 어려운 삶의 여유와 행복을 선물한다.

세종대왕 자체가 조선을 대표하는 브랜드인 것처럼 사람들은 고급브랜드를 선호한다. 경복궁에는 경회루가 위용을 뽐내고 있다. 임금은 국가적인 중요한 행사 때나 외국의 주요한 사신을 맞이할 때 경회루에서 연회를 베풀곤 했다. 오늘날에는 국가도 기업도 앞 다투어 브랜드 가치를 높이기 위해 노력하고 있다.

아울러 서로 각자의 처지에서 주의해도 문제가 생길 수 있다는 점에서 글로벌 에티켓은 사전교육이 중요하다. 조선시대에도 타국의 사신을 맞이하는 등의 국제교류에는 상대방을 배려하는 예법을 중시했다. 세계적으로 통용되고 있는 서비스문화는 서비스 제공자와 수혜자 간에 인격적으로 상호 존중하는 가치를 중시한다.

세종은 백성들과 허물없이 지낼 만큼 인간적인 군주였다. 그는 자신의 눈으로 백성들의 삶을 관찰하며 궁궐에서 신하들로부터 보고받은 백성들의 삶과 비교하면서 현실세계와의 간극을 파악하였다. 조선의 선비들은 여행하며 시를 읊기도 하고, 선비로서의 품격에 어울리는 멋진 여가문화를 향유하였다. 그들이 추구했던 여가문화에는 현대인들이 지향해야 할 여가생활의 지혜가 깃들어 있다.

1) 이영관. 『스펙트럼 리더십』, 대왕사, 2010.
2) 유한준. 『빌 게이츠 리더십』, 북스타, 2014.
3) 김종래. 『CEO 칭기스칸』, 삼성경제연구소, 2002.
4) 박동운. 『마거릿 대처』, 살림출판사, 2007.
5) 김화성. 『CEO 히딩크』, 바다출판사, 2002.
6) 박경리. 『토지』, 마로니에북스, 2012.
7) 류근관. 『통계학』, 법문사, 2013.
8) 이윤기. 『이윤기의 그리스 로마 신화』, 웅진지식하우스, 2000.
9) 피에르 브리앙 저·홍혜리나 역. 『알렉산더 대왕』, 시공사, 1995.
10) 정주영. 『시련은 있어도 실패는 없다』, 제삼기획, 2001.
11) 유재웅. 『위기관리의 이해』, 커뮤니케이션북스, 2015.
12) 이영관. 『조선의 리더십을 탐하라』, 이콘출판, 2012.
13) 노자 저·소준섭 역. 『도덕경』, 현대지성, 2019.
14) 김봉관. 『인간관계와 커뮤니케이션』, 대왕사, 2018.
15) 스티븐 코비 저·김경섭 역. 『성공하는 사람들의 7가지 습관』, 김영사, 2017.
16) 페르베즈 K 외 저·한국MC연구회 역. 『인터널 마케팅』, 지식공작소, 2007.
17) 권혜경. 『감정조절』, 을유문화사, 2016.
18) 이상호. 『맥아더와 한국전쟁』, 푸른역사, 2012.
19) 마리안 라프랑스 저·윤영삼 역. 『웃음의 심리학』, 중앙북스, 2012.
10) 백인선. 『나만의 이미지 만들기』, 이담북스, 2009.
21) 대니얼 골먼 저·장석훈 역. 『SQ 사회지능』, 웅진지식하우스, 2006.
22) 박대령. 『사람의 마음을 얻는 심리 대화법』, 대림북스, 2016.
23) 나관중 저·이문열 역. 『삼국지』, 민음사, 2002.
24) 니콜로 마키아벨리 저·강정인 외 역. 『군주론』, 까치, 2015.
25) 케네스 머렐 외 저·김기쁨 역. 『권한위임의 기술』, 지식공작소, 2004.
26) 존 휘트모어. 『성과 향상을 위한 코칭 리더십』, 김영사, 2007.

27) 프랭크 매클린 저 · 조행복 역.『나폴레옹』, 교양인, 2016.

28) 로버트 로젠탈 외 저 · 심재관 역.『피그말리온 효과』, 이끌리오, 2003.

29) 김진수.『한국 기업문화의 비밀』, 에세이퍼블리싱, 2012.

30) Rob Goffee et al.. *Harvard Business Review on Managing People*, Harvard Business School Press, 1999.

31) 조엘 오스틴 저 · 정성묵 역.『긍정의 힘』, 긍정의힘, 2005.

32) 이정숙.『셀프 코칭의 기술』, 청림출판, 2009.

33) 제임스 캔턴 저 · 송희령 외 역.『극단적 미래예측』, 김영사, 2007.

34) 선안남.『행복을 부르는 자존감의 힘』, 소울메이트, 2011.

35) 지그문트 프로이트 외 저 · 설영환 역.『프로이트 심리학 해설』, 선영사, 2018.

36) 노자 저 · 소준섭 역.『도덕경』, 현대지성, 2019.

37) 페르베즈 K 외 저 · 한국IMC연구회 역.『인터널 마케팅』, 지식공작소, 2007.

38) 김영한.『결정적 순간 15초』, 다산북스, 2006.

39) 안광호 외.『전략적 브랜드 관리』, 학현사, 2019.

40) 오정주 · 권인아.『비즈니스 매너와 글로벌 에티켓』, 한올출판사, 2017.

41) 이토마사미 저 · 박석희 역.『테마파크의 비밀』, 일신사, 1995.

42) 샘 월튼 저 · 김미옥 역.『샘 월튼 불황없는 소비를 창조하라』, 21세기북스, 2008.

43) 하워드 슐츠 외 저 · 홍순명 역.『스타벅스 커피 한잔에 담긴 성공신화』, 김영사, 1999.

저자약력

이 영 관

순천향대학교 관광경영학과 교수

1964년 충청남도 아산에서 태어났다. 한양대학교 관광
학과 졸업 후 인류 역사를 빛낸 위인들의 발자취를 답사
하며 글로벌 리더십의 중요성을 깨달았고, 우리 역사를
빛낸 영웅들을 연구하며 코리안 리더십을 체계화하고
있다.
한양대 대학원에서 기업윤리를 연구해 박사학위를 받았
으며, 미국 코넬대학교 호텔스쿨과 메사추세츠대학교
(Umass) 경영대학의 교환교수, '세종 온양행궁 포럼' 상
임공동대표를 역임했다.

리더십 연구는 비전을 제시하며 조직 경쟁력을 높여야
하는 최고 경영자의 관점에서 접근할 수도 있고, 조직 구
성원들과 민주적으로 소통하며 팀이나 부서의 성과를
향상시켜야 하는 중간 관리자의 관점에서도 해법을 모
색할 수 있으며, 남녀노소를 불문하고 성공을 꿈꾸는 사
람들의 자기계발 차원에서도 삶의 지혜를 이끌어 낼 수
있다.

주요저서로 『조선의 리더십을 탐하라』, 『스펙트럼 리더
십』, 『한국의 아름다운 마을』, 『대한민국 걷기 좋은 길
111』(공저), 『우리 강산 샅샅이 훑기(서해안 여행)』(공저),
『여행업 창업과 경영』(공저), 『1박2일 실버여행』(공저), 『대
한민국 머물기 좋은 방 210』(공저) 등이 있다.

코리안 리더십 세종에 묻다

2020년 2월 15일 초판 1쇄 인쇄
2020년 2월 20일 초판 1쇄 발행

지은이 이영관
펴낸이 진욱상
펴낸곳 (주)백산출판사
교 정 박시내
본문디자인 구효숙
표지디자인 오정은

등 록 2017년 5월 29일 제406-2017-000058호
주 소 경기도 파주시 회동길 370(백산빌딩 3층)
전 화 02-914-1621(代)
팩 스 031-955-9911
이메일 edit@ibaeksan.kr
홈페이지 www.ibaeksan.kr

ISBN 979-11-90323-61-1 03190
값 18,500원